国企改革探索与实践

——中央企业集团15例

国务院国资委改革办◎编

中国经济出版社
CHINA ECONOMIC PUBLISHING HOUSE
·北京·

图书在版编目（CIP）数据

国企改革探索与实践：中央企业集团15例／国务院国资委改革办 编.
北京：中国经济出版社，2018.1（2022.6重印）
ISBN 978－7－5136－4910－0

Ⅰ.①国… Ⅱ.①国… Ⅲ.①国企改革—研究—中国 Ⅳ.①F279.21

中国版本图书馆CIP数据核字（2017）第251927号

责任编辑　李煜萍
责任印制　马小宾

出版发行　中国经济出版社
印 刷 者　北京中石油彩色印刷有限责任公司
经 销 者　各地新华书店
开　　本　710mm×1000mm　1/16
印　　张　23.25
字　　数　450千字
版　　次　2018年1月第1版
印　　次　2022年6月第7次
定　　价　49.00元
广告经营许可证　京西工商广字第8179号

中国经济出版社 **网址** www.economyph.com **社址** 北京市东城区安定门外大街58号 **邮编** 100011
本版图书如存在印装质量问题，请与本社销售中心联系调换（联系电话：010－57512564）

编委会

总　序

国有企业改革在各领域各环节全面深化
呈现崭新局面　取得丰硕成果

党的十八大以来的五年，是党和国家发展进程中极不平凡的五年，也是国有企业改革发展极不平凡的五年。在这五年里，习近平总书记站在党和国家发展全局的战略高度，就国有企业改革发展发表了一系列重要讲话，作出了一系列重要指示批示，用一系列相互联系、相互贯通的重大理论创新和科学判断，深刻回答了在新的历史条件下要不要办国有企业、办成什么样的国有企业、怎样办好国有企业等重大理论和实践问题，形成了内涵丰富、蕴意深刻、体系完整的国有企业改革重要思想，为国有企业改革深入推进提供了强大思想武器和科学行动指南，是做好国有企业改革各项工作的根本遵循。李克强总理多次主持召开国务院常务会议，专门主持召开深入推进国有企业改革和发展座谈会，研究部署国有企业改革发展工作。马凯副总理、王勇国务委员组织带领国务院国有企业改革领导小组，统筹研究和协调解决国有企业改革重大问题，研究“1+N”政策体系，推进“十项改革试点”，落实改革责任，跟踪改革进展，督促改革落地，有力凝聚和调动了各方面深化国有企业改革的主动性、积极性、创造性，有效加强了对全国国有企业改革的组织领导和指导把关。各地区、各部门和广大国有企业认真贯彻落实党中央、国务院关于国有企业改革的一系列重大部署，国企国资系统广大干部职工以高昂的热情支持改革、投身改革，全国国有企业改革上下联动、系统推进、重点突破、层层落地，在各环节各领域全面深化，呈现崭新局面，取得丰硕成果。

一、现代企业制度进一步完善

功能分类导向作用开始显现。出台国有企业功能界定与分类的指导意见，完成中央企业集团层面和31家省级国资委所出资一级企业功能界定，推进中央企业所属各级子企业分类工作。完善中央企业功能分类考核，推进工资总额分类管理。分类改革、分类考核、分类发展、分类监管全面推进，分类的导向作用逐步显现，不同功能分类的企业定位更加清晰，整体上推进了国有企业与市场经济更好地融合。**公司制改革全面提速**。全国国有企业公司制改制面达到90%，中央企业各级子企业公司制改制面达到92%。出台中央企业公司制改制实施方案，2017年底前有望全部完成改制工作。**上市公司发挥重要作用**。2012—2016年，中央企业控股上市公司从354户增加到393户。截至2016年底，中央企业控股上市公司资产总额、净资产、营业收入、利润总额分别占中央企业全部的63.7%、60.8%、63.5%、85.2%。上市公司在资本市场融资、推动机制转换和战略性重组方面发挥了重要作用。**董事会建设加快推进**。出台完善国有企业法人治理结构的指导意见。98家中央企业中，87家已建立董事会，其中83家外部董事占多数。中央企业二级国有独资、全资公司中近一半已建立董事会。各省级国资委所出资一级企业中有92%已建立董事会。**落实董事会职权试点有序开展**。出台开展落实中央企业董事会职权试点工作的意见，在4家中央企业集团公司开展试点，授予经理层选聘、薪酬分配等6项职权。31个省级国资委开展了相关工作。**对董事会的管理不断加强**。出台中央企业董事会及董事评价办法，建立董事履职台账，推行外部董事独立报告制度，探索实行董事会述职质询、重大决策专项评估。制订中央企业外部董事选聘和管理办法，扩大来源渠道、提高选聘标准，规范履职行为、强化责任担当。

二、市场化经营机制更加到位

国有企业领导人员分类分层管理有序推进。坚持党管干部原则与董事会依法产生、董事会依法选择经营管理者、经营管理者依法行使用人权相结合，不断创新实现形式，取得积极进展。部分中央企业通过试点实现了集团公司经理层由董事会依法选聘，并实行聘任制和契约化管理。不少中央企业所出资企业和省级国资委出资的一级企业推行了职业经理人制度，促进了企业领导人员从“同纸任命”“一体管理”向分类分层管理转变。**收入分配制度改革进一步深化。**改革国有企业负责人薪酬制度，逐步规范国有企业收入分配秩序，推动实现薪酬水平适当、结构合理、管理规范、监督有效。合理确定并严格规范中央企业负责人履职待遇、业务支出，坚决根除按照职务设置消费定额并量化到个人的做法。完善市场化企业薪酬分配制度，中央企业集团公司层面均建立了明确的工资效益联动机制，60 户中央企业控股上市公司实施了股权激励，11 户科技型子企业实行了分红激励政策。**市场化用工制度逐步形成。**中央企业公开招聘制度覆盖率达到98%，劳动合同应签尽签率达到100%。

三、混合所有制改革取得积极进展

混合所有制企业户数不断增加。2013—2016 年期间，中央企业混合所有制企业户数占比由65.69%提高至68.93%。2013—2017 年8 月，中央企业控股上市公司共实施资产重组67 项，累计注入资产4994.03 亿元；71 家央企所属211 家子企业通过产权市场转让部分股权引入合作者，共成交 281 宗，其中非公资本受让宗数占比75.09%，金额占比71.76%。**重要领域混合所制改革试点有序推进。**

探索在电力、石油、天然气、铁路、民航、电信、军工等领域开展国有企业混合所有制改革的有效途径，截至2017年9月底，已确定了两批19家试点企业，进一步放大国有资本功能，提高国有资本配置和运行效率。目前试点企业中已有7家企业完成引入战略投资者和设立新公司等工作，共引入40多家外部投资者、各类资本900多亿元，外部投资者平均持股比例达48%。中国联通、东航物流等混改试点方案落地实施，改革力度加大，市场反应积极，产生了良好的社会影响。**国有控股混合所有制企业员工持股试点稳妥推进。**制定具体实施细则，健全审核程序，规范操作流程，稳妥开展试点。中央企业首批10户子企业试点，完成首期员工出资入股。21个省（区、市）126户试点正在有序推进。通过试点，企业改革意识明显增强，吸引和留住人才的作用已经显现，员工干事创业热情得到激发，经济效益显著提升。

四、国有资本布局结构不断优化

五年来共完成18组34家中央企业重组整合，新设中国航发，中央企业调整至98家。省级国资委对所出资一级企业开展了171对重组整合。**横向合并提升了影响力。**宝钢、武钢重组后，粗钢产量位居世界第二，高端碳钢产品具备与韩国浦项和日本新日铁住金竞争的实力。中国北车、中国南车合并成中国中车后，经营规模稳居全球轨道交通装备行业第一。**纵向整合发挥了协同效应。**中国国电与神华集团重组，有利于实现煤电一体化运营，化解煤电“顶牛”矛盾。**专业化整合优化了资源配置。**支持中央企业以优势龙头企业和上市公司为平台，通过股权合作、资产置换等方式整合同质化业务，优化资源配置。整合三大电信企业铁塔资源，组建铁塔公司，减少铁塔重复建设56.8万座，节约投资1003亿元，节约土地2.77万亩。整合中央航空企业航材资源，成立航材保障共享平台。**剥离非主业提高了产业集中度。**坚定不移突出主业、做强主业，推动各类资源向主业集中。国投将煤炭业务划转中煤集团、将航运板块划转中国远洋海运，中航工业将房地产业务划转保利集团，中国国新将氟化工业务划转中国化工，核心业务的盈利能力和市场竞争力不断增强。**积极推动国有资本投资、运营公司改革试点**。在2家中央企业开展国有资本运营公司试点，在8家中央企业开展国有资本投资公司试点。积极推进向国有资本投资公司董事会授权工作，加快推动产业集聚和转型升级。国有资本运营公司发起成立国有资本结构调整基金和风险投资基金，积极布局军工、新能源汽车、人工智能等战略性领域项目；组建煤炭资产管理平台，探索煤炭产业专业化整合有效途径；搭建健康养老资产管理平台，承接党政机关和国有企事业单位培训疗养机构。省级国资委改组组建国有资本投资、运营公司74家。

五、"瘦身健体"扎实推进

"压减"工作进展明显。在中央企业全面开展了压缩管理层级、减少法人户数工作，截至2017年9月底，累计减少法人单位6684户，减少比例达12.81%，减少人工成本276.55亿元，减少管理费用108.64亿元，运营效率大幅提升。22个省级国资委参照制订了"压减"工作专项方案。**"处僵治困"成效显著**。建立部际联席会议制度，全面梳理排查，开展专项督导，加大处置力度，努力止住"出血点"。2016年，国有企业共清理退出"僵尸企业"4977户，涉及资产4119.9亿元，分流安置职工人数30.7万人。2017年上半年，中央企业累计完成233户"僵尸企业"和338户特困企业处置和治理任务，推动一批特困子企业实现脱困，中国铁物、中钢集团2家集团扭亏为盈。**坚决退出过剩产能**。积极在有色金属、船舶制造、炼化、建材和电力等产能过剩行业开展去产能工作。2016年国有企业共退出钢铁产能5249万吨，占全国退出产能的80.8%；退出煤炭产能20629万吨，占全国退出产能的71.1%。2017年1—9月，中央企业退出钢铁产能595万吨，提前完成全年钢铁去产能任务，退出煤炭产能2388万吨，完成率95.8%。**加快解决历史遗留问题。**出台剥离国有企业办社会职能和解决历史遗留问题工作方案，并研究制定了10个具体政策落实文件。“三供一业”分离移交由区域试点转为全面推开，分离移交总体进展超过一半。截至2017年9月底，中央财政已累计拨付970亿元支持国有企业“三供一业”分离移交和厂办大集体改革。在上海、重庆、大连、长沙、鸡西等5个城市开展退休人员社会化管理试点，剥离市政社区等其他办社会职能取得初步成效。厂办大集体改革完成3641个。

六、提质增效深入开展

实施创新驱动战略。指导国有企业加大科技创新投入，承担国家重大科技任务，建设国家级研发机构和协同创新平台，开展大众创业万众创新。中央企业研发经费占全国研发经费的1/4，牵头参与一批“科技创新—2030”重大项目，掌握大批核心技术，新增发明专利近15万件，制定一批国际标准，成立规模1500亿元的创新引导基金，带动创新基金超过200支，总规模超过6000亿元。中央企业搭建“双创”平台518个、实体孵化器170个、科技产业园区86个，有效带动了全社会创新创业。推动中央企业落实《中国制造2025》和国家“互联网+”行动计划，促进互联网与制造业深度融合，企业传统产业改造提升步伐明显加快。**抓好成本控制。**推动国有企业聚焦可控费用压降，不断强化内部管理，压减非生产性支出，大力挖潜增效。2014—2016年，电信企业累计压降销售费用1460亿元，销售费用占收比由25%降至14%。航空企业累计压降代理手续费97.7亿元，直销比例提升至41.2%，提高21.2个百分点。2017年1—9月，中央企业三项费用同比增长7.2%，低于收入增幅8.2个百分点。**多措并举降杠杆。**出台中央企业降杠杆减负债指导意见，建立更加严格的分行业资产负债率警戒线，指导企业开展市场化法治化债转股、拓宽直接融资渠道、引入战略投资者等工作。2017年以来，中央企业资本结构持续优化，9月末资产负债率较年初下降0.2个百分点，债务风险进一步降低。**稳妥开展国际化经营**。建立出资人审核把关机制，加强境外投资监管，明确投资负面清单，稳步实施“走出去”战略，国际化经营水平明显提升。中央企业投资设立境外单位9112户，资产超过6万亿，分布在全球185个国家和地区。推动国有企业积极参与“一带一路”建设，合作共建了1713个项目。

七、完善国有资产管理体制取得新进展

加快推进国有资产监管机构职能转变。出台国务院国资委职能转变方案，强化3项管资本职能，取消、下放、授权43项工作事项，完成内部职能和机构调整，建立出资人监管权力和责任清单。19个省级国资委研究制订了国资监管机构职能转变方案，29个省级国资委出台了监管权力和责任清单。研究形成划转部分国有资本充实社保基金实施方案。**集中统一监管持续推进**。组织对120多家中央行政事业单位所办企业全面摸底调查，研究提出中央行政事业单位所办企业政企分开、优化布局、高效监管的改革方案。15个地方出台推进经营性国有资产集中统一监管专门文件。全国省级国资委监管覆盖面已达到84%，较2012年底提高14个百分点，其中16个省级国资委监管覆盖面超过90%。山东将44个省直部门所属616户企业全部脱钩纳入统一监管范围。

八、国有资产监督有效强化

出资人监督工作体系不断完善。出台39件加强监督相关文件，规划投资、改制重组、产权管理、财务评价、业绩考核、选人用人等规范国有资本运作的制度体系进一步健全。国务院国资委整合委内监管资源，改组组建三个监督局，负责监事会移交线索的深入核查、分类处置、整改督办工作，对共性问题组织开展专项核查，组

织开展国有资产重大损失调查，国资监管发现问题、报告问题、解决问题的工作闭环逐步形成，监管的针对性、有效性、系统性不断增强。向22家中央企业委派总会计师。各省级国资委出台加强监督的制度文件超过400件。**法治央企建设取得显著成效**。全部中央企业建立总法律顾问制度，三级以上企业建立总法律顾问制度的超过3100户，企业法律顾问人数超过22000人。健全完善法律风险防范机制，加强法律审核把关，企业依法合规经营和规范管理水平不断提升。**改进和加强外派监事会监督**。外派监事会加大对中央企业及重要子企业的实地检查力度，及时揭示、提醒和督促解决各类风险问题。针对监事会反馈的企业管控等方面的漏洞，中央企业逐项修订管理制度，并对相关责任人进行问责追责。在加强当期和事中监督的基础上，监事会还向中央巡视组和审计署通报了大量问题线索。**加强境外国有资产监督**。研究修订系列规范性文件，督促国有企业母公司实现对境外国有资产监督全覆盖，委派外派监事会对67家企业的793个境外项目进行实地检查，发现问题，提示风险，督促企业整改。**加大违规经营责任追究力度**。建立健全违规经营投资责任追究制度，研究制定有关工作程序和追责标准。对中国铁物、中钢集团、中冶集团等企业重大资产损失开展专项调查和责任认定，对相关企业领导人员作出免职处理并由纪委立案调查。

九、党对国有企业的领导全面加强

国有企业各级党组织深入贯彻落实中央关于全面从严治党的要求，深入贯彻落实党的十八届六中全会、全国国有企业党的建设工作会议精神，全面落实管党治党主体责任。国资委印发贯彻落实全国国有企业党的建设工作会议精神的30项重点任务并抓紧推进。**“四个意识”进一步增强**。坚决同以习近平同志为核心的党中央保持高度一致，维护党中央权威和集中统一领导成为国有企业各级党组织的政治自觉、思想自觉和行动自觉。**党组织内嵌到公司治理工作**

进一步深化。明确党建工作要求进章程的规范性内容，全部中央企业集团公司及3900多个二、三级单位和80%的省属企业已完成党建工作要求进章程工作。全面推行党委（党组）书记、董事长“一肩挑”，建立规范董事会的中央企业集团公司及2600多家二、三级单位和80%的省级国资委所出资一级企业已完成。全面落实党组织研究讨论作为企业重大决策的前置程序要求，中央企业母公司及1.2万个二、三级单位和80%的省属企业已落实。**管党治党责任进一步压实。**制定中央企业党建工作责任制实施办法，明确党委（党组）主体责任、书记第一责任、专职副书记直接责任和班子其他成员“一岗双责”。全面推开中央企业党组（党委）向上级党组织报告党建工作责任制落实情况。82家中央企业和30个省级国资委建立党建考核机制，推动党建工作从“软指标”变成“硬约束”。**企业领导人员选拔和管理更加严格。**修订中央企业领导人员管理规定，进一步明确中央企业领导人员培养选拔、管理监督、激励保障等方面的相关要求，严格落实“20字”用人标准。对抓党建不力、重大资产损失有责、工作不在状态或存在突出问题的中央企业领导人员进行组织调整，确保能者上、庸者下、劣者汰，形成良好的用人导向。**党建基层基础工作进一步夯实。**中央企业基层党组织覆盖率超过99.4%，党组织按期换届率达到92.3%。全部中央企业和大多数地方国有企业将党务工作经费纳入企业预算。全部中央企业集团公司和60%的省属企业配备专职党委（党组）副书记，中央企业总部党务人员编制全部达到同级部门平均编制。**党风廉政建设和反腐败工作深入推进。**抓实巡视反馈问题的整改工作，严格落实中央八项规定精神，坚决纠正“四风”，严厉查处中央企业腐败案件，实现对国资委党委管理领导班子中央企业巡视全覆盖。

五年来，以习近平新时代中国特色社会主义思想为指导思想和根本遵循，密切结合实际，蹄疾步稳地全面深化国有企业改革，抓铁有痕、踏石留印，深入研究新情况、解决新问题、化解新矛盾，研究提出了一系列国有企业改革重大新政策、新举措，国有企业改革的总体框架基本形成，大政方针已经明确，政策思路、具体举措系统清晰、指向明确、可操作性强。五年来的国有企业改革，既是我国改革开放三十多年来国有企业改革一以贯之的全面深化，更是针对新时期新特点探索形成的一系列重大创新，国有企业改革呈现新特征、进入新阶段、开创新局面，突出表现为以下几个方面：**中国特色国有企业改革道路更加坚定和自信**。国有企业改革在分类、改制、布局、体制、监管、党建等各领域各环节的举措，既尊重市场经济规律，又体现中国特色。国企国资改革“1 + N”文件体系及配套规章制度的出台和落实，推动体制机制不断完善，中国特色现代国有企业制度、中国特色国有资产管理体制更加成熟。**国有企业的地位作用得到空前巩固和发挥**。国有企业是中国特色社会主义的重要物质基础和政治基础，国有企业成为党和国家最可信赖的“六种力量”，做强做优做大国有企业，在认识上空前统一，在实践上因国有企业在经济、社会、科技、外交等各领域的突出贡献和骄人业绩为社会各界更广泛认同。**国有企业与市场经济的融合更加深入**。《关于深化国有企业改革的指导意见》35 次出现“市场”一词，“1 + N”文件体系的各项要求无不体现着对社会主义市场经济规律的遵循。各项改革举措全面系统推进、深度融合：分类促进了改革、发展、考核、监管等全方位融合；混合所有制改革、企业重组更多是通过上市公司、通过资本市场促进融合；落实董事会职权推动企业市场主体地位进一步巩固；管理人员和员工的契约化管理与国内外人力资源管理规则日渐契合。**国企改革一批难点问题取得新突破**。“十项改革试点”聚焦一批改革的“硬骨头”精准发力，通过积极探索实践，已经初步形成一批可复制、可推广的好经验。公司制改制还清了国企改革长期欠下的“旧账”；“三项制度”改革实现了由

“形似”到“神似”的跨越，并逐步覆盖各层级、各类型的国有企业；“瘦身健体”、提质增效动真碰硬，极大提升了国有企业发展的质量和效益；分离企业办社会职能由“三供一业”试点，到各项政策措施在全国全面推开；以管资本为主完善国资管理体制在职能转变、放权、授权、建立权责清单等方面都取得实质性进展。这些工作都为实现2020年国有企业改革在主要领域和关键环节取得决定性成果的目标打下了坚实基础。**国有企业党的领导党的建设得到全面加强**。全面从严治党、坚持党的领导、加强党的建设成为国有企业的一致行动，坚持党的领导与公司治理统一起来，从“法定地位”“交叉任职、双向进入”“四同步、四对接”“一肩挑”“前置程序”等多方面探索有效途径和方式，党的领导、党的建设促进国有企业风清气正，成为国有企业的独特优势和竞争力。**中国国有企业改革的国际影响空前扩大**。党的十八大以来，国资委多次应邀在OECD等国际会议及其他场合介绍中国国有企业改革经验做法，在国内外举办14次中国国有企业改革发展培训班，古巴、越南、南非等31个国家和地区350人次参加了培训交流。境外各类组织就国有企业改革有关问题来访102次，人数达596人。召开第二届金砖国家国企改革治理论坛，金砖五国国资监管机构有关负责人和国有企业代表围绕“国有企业治理与发展”主题进行了深入讨论，达成了《金砖国家国企治理北京共识》。中国国有企业改革在国际上影响空前扩大，受到国际社会的普遍关注和赞誉。

改革的不断深入有力促进了国有企业经济效益企稳回升。党的十八大以来，中央企业资产总额已超过53万亿元，比上一个五年翻了近一番；累计实现利润总额6.4万亿元，比上一个五年增长超过30%；有48家中央企业进入世界500强，占到中央企业总数的近一半。2016年，全国国有企业经济效益止住了下滑的不利局面；2017年，全国国有企业经营效益进一步向好，前三季度全国国有企业累计实现营业收入 37.6 万亿元，同比增长 15.9%；利润总额 2.2 万亿元，同比增长 24.9%；2017 年前三季度中央企业累计实现营业收入 19.1 万亿元，同比增长 15.4%；利润总额 1.1 万亿元，同比增长 18.4%。国有企业在保持自身持续健康发展的同时，为经济社会发展作出了积极贡献。在神舟飞天、天宫探月、蛟龙潜海、C919 首飞、中国高铁、特高压输电、华龙一号等重大项目上取得了显著成就，在抗击重大自然灾害、推进脱贫攻坚、参与民生工程等诸多方面积极承担社会责任，体现了大国重器的责任担当。

五年来国有企业改革发展取得的历史性成就，是习近平新时代中国特色社会主义思想正确指引的结果，是党中央、国务院坚强领导的结果，是各地区、各部门和社会各界关心支持的结果，是国有企业和国资系统广大干部职工积极投身改革、砥砺奋进、辛勤付出的结果。这些重大成就，使我们进一步坚定了中国特色社会主义道路自信、理论自信、制度自信和文化自信，更加坚定了搞好国有企业改革发展、做强做优做大国有企业的信心决心。

党的十九大对深化国有企业改革提出了明确任务和新的更高要求。我们要在以习近平同志为核心的党中央坚强领导下，在习近平新时代中国特色社会主义思想的指引下，贯彻落实党的十九大精神，按照党中央、国务院的决策部署，认真做好各项工作，继续深化国有企业改革，推动国有资本做强做优做大，培育具有全球竞争力的世界一流企业，为决胜全面建成小康社会、实现中华民族伟大复兴中国梦作出新的更大贡献！

前　言

以习近平同志为核心的党中央高度重视国有企业改革发展。党的十八大以来，习近平总书记站在党和国家事业发展全局的战略高度，就国有企业改革发展发表了一系列重要讲话，多次作出重要指示批示，为深入推进国有企业改革发展各项工作指明了方向，提供了根本遵循。李克强总理多次主持会议，研究部署国有企业改革发展工作。国务院成立了国有企业改革领导小组，加强对国有企业改革工作的组织领导和指导把关。

在党中央、国务院的坚强领导下，在社会各界的关心支持下，各地区、各部门和广大国有企业认真贯彻落实党中央、国务院决策部署，扎扎实实、埋头苦干，多措并举、狠抓落实，坚定不移将国有企业改革各项工作不断向纵深推进，取得了重要进展。“1 + N”政策体系基本搭建完成，改革的重大举措层层落地，改革的鲜活实践不断涌现，国企改革呈现出全面推进、重点突破、亮点纷呈、成效显著的良好态势，形成了齐心协力谋改革、结合实际抓改革、务求实效推改革的良好氛围。

为更好地总结宣传推广党的十八大以来国有企业改革发展取得

的巨大成就和宝贵经验，充分发挥好先进典型的引领示范带动作用，我们分别选取了15户中央企业集团公司、150户中央企业子企业以及14个地方国资委、86户地方国有企业，总结提炼了这些企业和国资监管机构深化改革的好经验、好做法，形成了《国企改革探索与实践》系列丛书。其中，《中央企业集团15例》，主要聚焦近年来在推动国企改革方面工作扎实、举措得力、成效显著的15户中央企业，全面系统地总结梳理有关企业贯彻落实国企改革“1 + N”系列文件的做法、经验和成效，突出了不同企业的功能定位和特色亮点；《中央企业子企业150例》，主要聚焦150户处于生产经营一线的中央企业二、三级子企业，针对改革某一领域、某一环节的实践挖深挖细挖透；《地方国有企业100例》，主要聚焦地方国资委和地方国有企业，抓取地方在推进落实专项改革任务中有特色、有亮点的具体做法。我们力求通过这些鲜活生动的改革探索与实践，为广大国有企业提供可参考、可复制的经验和借鉴。

五年来国有企业改革发展取得的巨大成就，充分证明党中央关于国有企业改革的决策部署是完全正确的，完全符合中国国情、市场经济规律和企业发展规律要求，赢得了国有企业广大干部职工的真心拥护和全力支持，得到了社会各界的广泛认可和充分肯定，也更加坚定了我们搞好国有企业改革发展、推动国有资本做强做优做大的信心决心。

改革永远在路上。我们将认真学习贯彻党的十九大精神，深刻领会习近平新时代中国特色社会主义思想的精神实质和丰富内涵，准确把握党的十九大确立的重大判断、重大战略、重大任务、重大举措，站在更高起点上深入推进国有企业改革，推动国有资本做强做优做大，培育具有全球竞争力的世界一流企业，为决胜全面建成小康社会、实现中华民族伟大复兴中国梦作出新的更大贡献！

目　录

1

创新与融合促企业发展　党建与人才筑改革基石 加快推动航天强国建设

中国航天科技集团公司

中国航天科技集团公司（以下简称“航天科技”）是根据中央深化国防科技工业管理体制改革的战略部署，经国务院批准，在原中国航天工业总公司所属部分企事业单位基础上，于1999年7月1日组建的国有特大型高科技企业。党的十八大以来，航天科技贯彻落实习近平总书记“发展航天事业、建设航天强国”的指示和系列重要讲话精神，朝着“推动航天强国建设、建成国际一流大型航天企业集团、成为国家科技创新排头兵”的战略目标砥砺奋进，探索出了一条具有中国航天特色的改革创新之路，在国家重大工程、科技创新、军民融合、人才培养、党的建设、经济增长等方面取得了重大成就。航天科技的营业收入和利润连续多年保持两位数增长，在2017年财富世界500强中排名第336位，较2015年首次入榜名次上升101位。在中央企业经营业绩考核中，航天科技连续13年获A级，连续4年在军工央企中位列第一，2016年在全部中央企业中位列第一。

一、创新驱动航天发展，加速推进成果转化，争当国家科技创新排头兵

习近平总书记指出：“创新始终是一个国家、一个民族发展的重要力量，也始终是推动人类社会进步的重要力量。”航天科技肩负着“发展航

天事业，建设航天强国”的战略使命和历史责任，始终把创新驱动发展摆在全局工作的核心位置，通过不断推动管理创新、技术创新，在多个国家重大工程取得了重大突破。几年来，获得国家科技进步特等奖 4 项、一等奖 4 项、技术发明二等奖 4 项，获中国专利金奖 5 项，荣获首届中国质量奖。

（一）不断攻克关键技术，国家重大工程屡创佳绩

十八大以来，航天科技承担了载人航天工程、月球探测工程、高分辨率对地观测系统、北斗卫星导航系统等多项国家重大工程，攻克了一项又一项核心关键技术，取得了阶段性重要进展。

载人航天工程重大专项交会对接任务和空间实验室任务先后取得圆满成功，突破并掌握了空间交会对接技术、组合体控制技术、航天员中期在轨驻留技术、空间推进剂补加技术等一大批核心关键技术，为空间站建设奠定了坚实的技术基础，进一步巩固了我国载人航天技术的国际先进地位。

空间交会对接

月球探测工程重大专项按计划实现了“绕、落、回”三步走战略目标的第二步，嫦娥三号探测器实现我国航天器首次在地球以外天体的软着陆和巡视勘察，再入返回飞行试验任务成功验证了以接近第二宇宙速度再入返回地球的重大关键技术。月球探测工程三期嫦娥五号探测器将最终实现

第三步“回”，即月球采样返回的任务目标。

目前，我国月球探测工程已突破了20余项核心技术。其中，月面着陆自主避障控制等3项技术达到国际领先水平，直接地月转移、复杂推进系统设计和变推力发动机等10项技术达到国际先进水平。该工程取得的成绩使我国在深空探测领域的国际地位得到大幅提升。

玉兔号月球车与嫦娥三号着陆器

高分辨率对地观测系统重大专项全面实施，实现中国首颗民用亚米级分辨率光学成像卫星、首颗民用米级分辨率C频段SAR卫星、首颗地球静止轨道高分辨率光学遥感卫星等多颗高分辨率遥感卫星的发射和投入使用。高分辨率对地观测系统获取了大量高分辨率遥感影像数据，使我国各行业高分辨率遥感数据的自给率大幅提升至70%以上，在国民经济建设、“一带一路”倡议等国家重大战略实施中发挥了重要的信息保障作用。

北斗卫星导航系统重大专项已建成了北斗一号双星定位系统和北斗二号区域导航系统，并成功组网稳定运行，圆满实现了我国卫星导航系统发展“三步走”战略前两步。北斗三号全球卫星导航系统完成了5颗试验卫星的发射和在轨试验，计划2018年建成能够服务于“一带一路”国家的基本导航系统，2020年完成全部建设，形成全球导航服务能力。目前，北斗卫星导航系统已突破49项核心技术，其中国产铷原子钟等10项达到国际先进水平。

进入空间能力发展方面，长征五号、长征六号、长征七号和长征十一号等新一代运载火箭和远征系列上面级成功首飞，形成了我国新一代无毒、无污染、高性能的运载火箭型谱。长征五号近地轨道（LEO）、地球同步转移轨道（GTO）运载能力分别达到 25 吨级和 14 吨级，我国运载火箭的运载能力已达到国际先进水平，实现了运载火箭技术升级换代和运载能力跨越，并从天地运输向空间运输拓展。

同时，天地往返运输系统、亚轨道重复使用运载器论证与研究取得重大突破，实现了航天运输领域的进一步延伸。

（二）建设技术创新平台，完善创新投入机制

航天科技印发了《中国航天科技集团公司关于完善技术创新体系若干意见》，围绕提升自主创新能力，全面开展科技创新和技术创新体系顶层设计。

一方面，加快推动研发机构和创新平台能力建设，总体领域与重点专业研发中心覆盖率达到 100%，近 80% 的专业公司和上市公司设立了研发机构，专职研发人员队伍达到全体科技人员的 12.9%，其中高级职称技术人员比例达到近 27%。新组建的系统研究发展中心，开展了若干重大领域数百项核心技术攻关，有效支撑了深空探测、天地一体化信息网络、重型运载火箭等国家科技重大工程和项目的论证，牵引新领域、跨领域和跨行业的重大系统级项目论证，以及前瞻性、颠覆性重大应用基础和技术研究。

另一方面，积极统筹内外部创新资源，建设产学研用一体的协调创新网络，提高科技创新能力：与清华大学、上海交通大学等高校合建了 50 余个产学研合作创新平台，联合哈尔滨工业大学和武汉大学分别成立了“宇航科学与技术”“地球空间信息技术”国家级协同创新中心，与哈尔滨工业大学联合成立了空天科学技术创新研究院，形成了产学研相融合的技术创新实体。目前，航天科技已经形成了“小核心、大外围”、产学研用有

机结合的协同创新格局，将产业能力与高校的研发能力有机结合起来，有力推进了航天技术的创新和转化应用。

同时，不断拓展国际交流合作，与英国、德国、意大利、荷兰等国家的大学和研究机构联合成立了16个国际研发中心，充分利用国际优势资源，为技术创新、人才培养提供国际化舞台。

航天科技建立完善了支持重点技术研发和基础研究的创新投入机制，增加投入总量、优化投入结构、把握投入时机，将研发投入作为对各级单位考核的重要指标，加大技术创新的自主投入力度。2015年，集团自主投入占收入比例达到4.9%，“十三五”末将达到6.5%，基础与前沿探索技术研究投入不低于创新投入的15%。针对统筹研发项目，建立了各级单位配套投入机制，围绕制约航天发展的重大核心技术，在航天技术、航天产业及共性技术等方面部署了一大批重点项目，有力提升了航天科技的核心竞争力。

围绕航天发展的长远需求开展基础性和探索性研究，航天科技成立了航天创新基金，引导高等院校、科研院所等社会优势科技资源，增强持续发展能力。

（三）全面对标国际一流，创新航天系统工程管理体系

过去五年，我国长征系列运载火箭持续高密度发射，共完成80余次发射任务，年发射次数增幅超过22%，发射成功率达95.6%，达到国际先进水平；2016年，我国宇航发射次数与美国并列世界第一；航天科技研制的航天器在轨稳定运行数量达到150颗，我国在轨稳定运行卫星数量位居世界第二。

以上成绩的取得与航天科技创新航天系统工程管理体系密不可分。一直以来，航天科技坚持零缺陷的质量管理，产品质量可靠性大幅提升。航天工业多年实践总结的质量问题归零方法，已经被国际标准化组织ISO采用发布，成为可供国际航天同行共享的标准。同时，航天科技对标国际一

流管理方式，优化科研生产环节，实施流程再造，实现了发射场周期缩短30%，产品交付周期缩短40%。随着航天系统工程管理体系的不断创新，航天科技已经有18项标准获得国际标准组织批准立项，有8项标准已经发布，在国内军工行业里居于前列。

在保证航天系统工程质量的基础上，航天科技通过精细化管理手段，有效实施成本工程：在宇航领域，组织开展宇航任务经费全周期成本统筹和过程管控、目标成本管理和限价设计，实施“标准化”“组批生产”等100多项新举措，深挖6000余个成本控制点；在民用产业领域，推行项目成本对标管理，组织实施针对性的成本管控措施，成本平均下降近20%。截至2017年7月底，航天科技成本费用率为93.2%，比上年同期下降0.3个百分点。

与此同时，航天科技发布并实施了《中国航天科技集团公司航天制造2025行动纲领》，开展数字化装备与控制系统示范建设，持续深化智能制造装备及系统应用，推动航天制造向数字化、网络化、智能化转型升级。

（四）推动创新成果转化，打造经济发展新引擎

航天科技建立了以市场为导向的创新成果转化机制，推进由“重开发轻应用”向“开发和转化应用并重”的模式转变，成立了知识产权与成果转化促进中心，积极推进面向市场的重大成果转化。截至2017年9月，航天科技有效专利累计19198件，其中发明专利13002件，占总量的67.7%，获得中国专利金奖5项，专利数量与质量居央企前列，被评为“第一批全国知识产权管理示范单位”和“国家首批专利导航工程试点企业”。

截至2017年9月，航天科技各单位对外知识产权许可、转让、作价投资收入累计超过16亿元，在各个领域涌现出一批知识产权转化应用的典型项目，为航天科技经济发展培育了新引擎。

在节能环保领域，航天科技六院与西安市合作，组建再生能源有限公司，推动高温高效燃烧技术和精准化自动化控制技术集成创新，转化为航

天热解生活垃圾处理系统集成技术，可实现二噁英近零排放，真正实现了垃圾的“无害化、减量化、资源化”。

航天科技五院以航天器热管理、机电热一体化集成、测控技术为核心，开发形成了中央空调高效节能集成冷冻站，较传统中央空调节能 20% ~ 50%，占地面积节省 1/3，现场建设工期缩短 4/5，广泛应用于地铁、博物馆、展馆等大型公共建筑。

在新材料领域，航天科技所属中国乐凯公司聚焦新技术，加速转型升级，在绿色印刷材料、光学薄膜、数字医疗材料等领域实现了与国际大公司的同台竞争。其生产的热敏纸被蓝色火车票采用，由于技术可靠、使用便捷，这种“航天纸”已经占据国内热敏磁火车票领域全部市场。

在高端装备领域，航天科技十一院利用气动技术研制的“彩虹”系列无人机已经成为高端装备领域参与国际竞争的一款利器。2017 年 5 月，新型彩虹太阳能无人机完成了临近空间飞行试验，标志着中国正式成为继美国英国之后，世界第三个掌握临近空间太阳能无人机技术的国家。

“彩虹”系列无人机

目前，十一院累计完成超过 1000 架无人机的生产交付任务，成为交机数量全国第二、最早实现无人机出口以及出口数量最大的单位，与国内外同行比较而言，十一院是国内无人机产品型谱最全、全球型谱较全的国际化制造商，国内运营服务与境外应用的两大体系已形成基础，在无人机领域的综合实力达到国内一流、国际先进水平。

在特种设备领域，航天科技四院利用航天爆燃加衬技术制造的双金属机械复合海管，应用于中国海油文昌19－1N和8－3E油田产能释放项目。这是我国首次铺设不锈钢复合双层海管，其作业难度为国内之最。

航天科技五院利用卫星姿态控制红外线探测技术，开发铁路车辆运行安全检测设备，保障铁路运输安全，目前已全面应用于全国铁路网络，达世界领先水平。

在智能装备领域，航天科技一院将空间机械臂技术、视觉识别技术、人机交互技术进行融合创新，开发出国内首套垃圾分拣机器人系统，分拣率达93%以上，该系统可逐步代替环卫垃圾处理厂前端的人工分拣工作，避免人工在恶劣环境下工作的情况。

航天科技五院发挥航天器控制、机电一体化、高精度传感器等技术优势，针对放射性物料的特性，研制出核工业及特殊环境应用机器人，成功实现远程操作、智能运行、可靠维护等功能，具有广泛的应用前景。

二、军民协作良性互动，全面推进“三个融合”，培育航天产业发展新动能

航天科技深入贯彻落实军民融合发展国家战略，按照习近平总书记“努力使太空领域的军民融合发展走在全国全军前列”的指示要求，加强顶层设计与统筹，积极构建开放式军民融合平台，推动军民技术双向转化，促进产业融合、区域融合、资本融合“三个融合”，不断调整产业结构，培育新动能、拓展新空间，积极为国民经济发展做贡献。

（一）全面谋划、有效施策，打造军民融合开放平台

在军民融合发展顶层设计上，航天科技出台了《航天技术应用及服务

业投资项目管理改革指导意见》《加强知识产权转化应用激励指导意见》《航天技术应用及服务业骨干人员激励试点方案》等一系列配套政策，明确了军民融合技术的发展领域和方向，在项目投资、成果转化、人员激励等方面，提出了促进军民融合产业发展的若干举措，积极建设面向未来、面向国际、面向市场的产学研用一体的协调创新网络。

在机构建设上，航天科技成立了军民融合促进中心，加强在专业咨询服务、宣传推广、信息交流、产业促进方面的工作指导，全力支持军民融合发展。

在发展模式上，航天科技鼓励各单位积极创新。航天科技八院打造的“星天地创客空间”在推动创新创业、促进产业孵化、推动军民融合发展方面进行了有益探索，有效释放了军民融合发展活力。

同时，航天科技还积极建设军民融合公共服务平台，发布军民共享科研生产资源信息，鼓励航天科研、试验、生产能力向社会开放，吸引社会单位参与航天科研项目，集团外合格供应商数量已接近400家。航天科技已初步构建成军民协作、开放融合的大平台。

（二）有效推进双向转化，实现“技术共生、能力共享”

航天科技发挥航天技术优势，着力推动航天优势技术转化应用，在卫星应用、高端装备、先进材料、信息等领域，发展具有核心竞争力的“专、精、特、优”业务，有效利用航天控制、航天动力、航天材料、航天制造等军民共生技术，大力推进航天优势技术的转化应用，将产业研发资金重点向军转民项目进行倾斜。近年来，研发投入年均增长20%以上，累计转化专利达2万件（次），向民用领域转让专利实现经济价值超过10亿元，在发展高端装备、推动产品更新换代、产业升级调整方面取得了良好的成绩。

在应用卫星领域，形成了返回式、通信广播、气象、北斗导航、地球资源、科学探测与技术试验等7大应用卫星系列；卫星应用领域，在卫星导航、卫星通信和卫星遥感三大子领域形成了从芯片、终端、系统集成到运营服务的完整卫星应用产业链；节能环保领域，利用航天空气动力技术，开发了国际先进的烟气脱硫脱硝成套工艺及技术装置；高端装备制造领域，开发出“航天粉煤加压气化技术”，并建成年产20万吨示范项目，打破了国外公司对“超洁净煤气化技术”的垄断；先进材料及应用领域，自主研制开发了玄武岩连续纤维制造技术、成套设备及产品。

在服务国计民生方面，航天科技所属中国四维公司陆地观测卫星数据已广泛应用于农业、林业、水利、国土资源、城市规划、环境保护、灾害监测和国防建设等众多领域，创造了巨大的社会经济效益，已成为第三次全国农业普查（农作物面积）、第一次全国水利普查（水土保持）、第二次国土地调查、全国林业保护利用年度变更调查和森林资源清查与动态检查、三峡工程、南水北调工程、青藏铁路建设等国家重大项目规划和实施的重要支撑手段；在灾害监测方面，已经建立“重大自然灾害应急响应预案”与成熟的应急运行管理机制，形成了国产卫星重大自然灾害监测运行体系，在汶川地震、甘肃舟曲泥石流、青海玉树地震、澳大利亚火灾、墨西哥湾溢油、日本地震等百余起灾害的监测中发挥了重要作用。

同时，航天科技积极推进优势民用技术成果参与航天领域科研生产，中国乐凯公司的工业探伤胶片在航天型号研制中得到推广，已应用于航天产品无损检测。面向电动汽车领域的高性能锂离子电池隔膜经过技术转化，作为国防科工局的军品配套项目进入实施阶段，打破了宇航领域用锂电隔膜长期依赖进口的局面，实现了锂电膜系列产品由民用向军用领域的拓展。

航天科技四院研制的汽车安全气囊气体发生器、六院研制的新型高可靠性液力变矩器原本均是军转民技术，在成熟产业化应用基础上经进一步技术升级和改进后，又成功应用于新的军事装备上。

航天技术源源不断地支撑产业发展，产业发展又源源不断地反哺航天。目前，航天科技已形成军民技术双向转化、良性互动、螺旋式上升的良好局面。

（三）发挥商业航天带动力，着力推动产业融合

航天科技以卫星通信、对地观测、北斗导航、商业发射等领域的军民融合发展为突破口，充分发挥天地一体化的技术和资源优势，加快完善商业化运营服务模式，提升我国航天产业的国际竞争力。“十二五”至今，航天科技共实现卫星整星出口 7 颗，实施国际商业发射 20 次。

目前，航天科技能够根据用户需求，研制公斤级至几十公斤级的皮纳和微纳卫星、几百公斤级的小型卫星、几千公斤级的中型和大型卫星，为各类用户提供通信、导航、遥感、空间科学和技术试验等服务。

航天科技拥有由 14 型火箭构成的长征系列型谱，具备梯度化、多轨道的运载能力，地球近地轨道最大 25 吨，太阳同步轨道最大 15 吨，地球同步转移轨道最大 14 吨，可实现“一箭一星、一箭多星、一箭多轨”，为用户提供各种标准和定制接口的商业发射和搭载发射服务。在此基础上，航天科技加快推进商业版固体小型商业火箭研制，面向市场提供差异化的商业发射服务；稳步推进亚轨道飞行器研制，探索构建面向市场的商业版天地往返运输系统。

长征五号运载火箭

航天科技能够为用户提供“天地一体化”的系统解决方案，以白俄罗斯通信卫星项目为代表的国际项目，覆盖了卫星研制、发射、地面应用系统建设、用户培训等服务，在原有单一提供卫星研制或商业发射服务的基础上，不断拓展商业合作新模式，满足用户个性化的需求，实现从制造商到制造服务商的战略转型，航天科技逐渐成为国际商业航天领域的主流供应商。

航天科技所属中国卫通公司作为境内唯一的通信卫星运营商，目前运营的 C、Ku、Ka、L、S 波段可提供 321 套电视节目、316 套广播节目服务。其投资建设的 Ka 高通量宽带卫星信息系统将于 2017 年底正式投入运营，通信总量可达 20Gbps，超过了我国之前研制的所有通信卫星容量总额。整个网络突破性地具有支持百万终端接入的能力，除支持固定终端外，同时支持机载、车载和船载等移动终端的动中通应用，用户终端下载和回传速率最高分别可达 150Mbps 和 12Mbps，真正意义上实现了消费带宽和无缝双向接入。我国将凭借该系统带来的成本下降与通信容量跨越式增长，进入卫星互联网的应用时代。

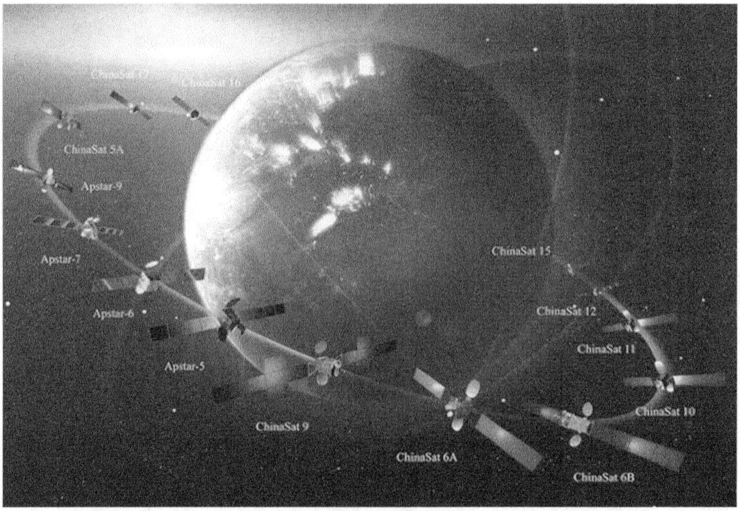

中国卫通卫星舰队

中国四维作为航天科技商业遥感卫星运营平台，已成功发射2颗0.5m级高分辨率商业遥感卫星，后续将按16颗0.5米分辨率高分光学卫星、4颗高端光学卫星、4颗合成孔径雷达卫星和若干颗高光谱、视频小卫星组成遥感卫星“16+4+4+X”星座的规划，加快卫星组网发射和数据开发进程，逐步建成全球化的商业高精度对地观测系统，打造成为具备国际竞争力的地理信息产业运营商。

（四）全面促进区域融合，积极融入区域经济发展

航天科技充分利用政府间合作平台，与欧亚非等国家在空间科学、卫星技术、卫星应用等领域的合作日益深化，航天产品、服务已覆盖31个国家和地区。

2008年以来，航天科技在南非先后建设运行了资源一号02B和04卫星接收站，使非洲南部13个国家有机会使用到我国资源卫星的数据，应用在沙漠治理、土地利用、资源开发、生态环境监测和基础设施等领域，极大地推动当地经济和社会发展。

“十二五”期间，航天科技积极推进与东盟的友好合作，建立资源卫星数据（东盟）共享服务平台，实现我国陆地观测卫星数据在东盟地区的共享。目前，已经为新加坡、缅甸、老挝、泰国提供了技术支持和数据服务，扩大了我国遥感卫星数据的接收范围，提高了我国卫星数据的全球供给能力。

航天科技积极响应国家“一带一路”倡议，推进“一带一路”空间信息走廊建设与应用，提高为“一带一路”沿线国家及区域提供空间信息服务的能力，实现信息互联互通，促进我国与“一带一路”沿线国家在高新技术领域的合作，增强航天科技“走出去”的国际竞争力。

紧密围绕长三角、珠三角、京津冀协同发展等区域发展战略，航天科技先后与北京、天津、深圳、甘肃等20余省（区、市）签订了战略合作协议，建成北京、天津、西安、深圳、成都等军民融合产业基地，与地方

联合成立了 8 个省级工程中心和重点实验室，开展具有产业化前景的军民融合技术研究。航天科技技术能力优势与区域资源经济优势实现了有机对接，在核心技术研发和产业发展等方面实现了合作共赢。

（五）加快推进产融结合，搭建市场化投融资平台

航天科技通过控股的航天投资控股有限公司，牵头成立了一系列产业基金，采用“科技 + 资本”和“产业 + 金融”的方式，服务和支持科技创新和高新产业的发展，培育产业发展新动能，促进产业转型升级，有效助力航天产业军民融合的快速发展。

目前，航天科技通过产业投资基金的方式对外融资已累计超过 2000 亿元，所属航天投资及下属基金累计投资项目 130 多个，累计投资金额近 400 亿元，孵化出了康拓红外等一批优秀的高科技产业公司，向集团外投资比例超过了 60%，有力支撑了高技术产业化项目发展。

其中，航天科技联合中核工业、中核建设、中船工业、中船重工、兵器工业、兵器装备、国机集团等企业集团及国内著名金融机构共同发起设立国华军民融合产业发展基金，首期规模 300 亿元；联合中车、中国国新等中央企业、金融机构、地方政府投资平台等共同发起设立中央企业国创投资引导基金，基金规模 1500 亿元，首期规模 1139 亿元，将主要投向航天、核能、船舶、高铁、先进电网、新一代信息技术、清洁能源等军民融合产业领域。

航天科技将产融有机结合，有效增强军民融合发展创新能力，为发展壮大新兴产业、培育发展新动能、促进军民融合深度发展提供了重要的平台支撑。

三、创新引进培养机制，健全评价激励机制，打造国际化一流人才高地

航天科技不断创新人才工作机制，着力营造激励创新创造、鼓励干事

成事的人才成长环境，构建完善了具有航天特色的人才建设管理体系。目前，航天科技拥有两院院士 29 名，千人计划专家 30 名，国家级突出贡献专家 31 名，百千万人才工程国家级人选 68 名，中国高技能人才楷模 3 名，中华技能大奖获得者 12 名。

（一）不断强化顶层设计，推进人才工作全面发展

航天科技始终坚持党管人才原则，加强战略牵引，制订发展规划，于 2016 年下发了人才队伍建设“十三五”发展规划，提出了“十三五”期间人才队伍建设工作的发展目标和航天企业家培养、科技大师造就、青年拔尖人才支持、高技能人才接力和紧缺专业骨干聚集等 6 大人才工程，以及 7 大方面 41 项主要任务，以推动人才队伍结构不断优化、队伍竞争优势愈加显著、人才集聚力有效增强和人才效能不断提升。

同时，航天科技还研究构建了由 5 个维度、22 个指标组成的人才发展监测体系，确保人才队伍建设“十三五”发展规划落地。强化责任落实，推动工作开展，为进一步强化人才队伍建设工作的责任意识，健全人才工作机制，优化人才成长环境，提升人才队伍建设工作的规范化、科学化水平，针对成员单位特点，航天科技制定了《人才队伍建设工作考核细则》，很好地推动了人才队伍建设工作又好又快发展。

（二）完善人才管理方式，精准配置、科学选拔

航天科技始终坚持党管干部原则，按照研究院、专业公司、直属单位、总部机关不同单位属性和工作特点，分类施策、精准配置领导人员。

在研究院领导人员选拔上，坚持把讲政治、讲大局、能担当作为选人用人的首要要求，着力选拔那些政治素质和民主作风好、战略意识和大局意识强，有胸怀、有本事、有干劲、有威信的同志担当重任；在专业公司领导人员选拔上，突出市场意识、专业能力和开拓精神，积极探索市场化选任方式，并赋予公司董事会更多的选人用人权；在总部领导人员的选用方面，坚持从基层来、到基层去，着力打造面向基层一线的领导人员选拔

培养链；对于型号总指挥、总设计师的选拔任用，突出强调学历高、素质高、能力强。此外，还大力推动干部交流，新任职的纪委书记、总会计师全部跨单位交流任职。

航天科技构建差异考核体系，逐步形成了以责任令考核、经营业绩考核、履职绩效考评为代表的考核评价体系。考核评价中做到班子考核与个人考核相结合，上级评价与民主测评相结合，经营业绩考核与党建考核并重。考评结果按 A、B、C 三档强制分布，其中 A 档 20%、B 档 70%、C 档 10%，按照单位和岗位类别分为 13 类职务进行跨单位横向排名。考核结果在全航天科技进行通报。

（三）创新人才引进模式，打造航天人才培育基地

航天科技建立了高校毕业生、社会人才和海外人才“三位一体”的人才引进工作机制：定期发布航天技术领域核心专业人才需求指南，建成人才引进网络平台和人才测评系统，实现员工公开招聘；建立内部人才市场，逐步实现人才有序流动；实施紧缺专业人才聚集工程，建立人才引进全范围管理机制。

完善海外高端人才招聘方式，引进一批跻身国际和国内前沿的专家、学术技术带头人、高级经营管理人才、市场开拓人才和精通国际规则的高级专业人才。着眼于型号研制、关键技术攻关和产业发展需要，利用国际合作、设备采购、海外联合研发和学术交流等方式，聚焦工程需求、突出专业急需，大力实施海外“聚智计划”和“融智计划”，每年引进 300 多名外国专家到集团公司开展学术技术交流。

（四）完善人才发展机制，助推员工成长成才

航天科技将员工划分为管理、科技和技能人才三类，并将科技人才细分为型号（产品）设计、型号（产品）管理、预先研究、专业技术、工艺、技术基础及保障等 6 支队伍，并设计了由主管师、正副主任师、正副总师等 5 个层次 15 个等级构成的职业发展路径，编制了科技人才任职资格

标准，明确了不同类别、层级科技人才的职责、任职资格、晋升、退出和保障条件，确保员工发展入门有向导、晋升有通道、交流有桥梁。

航天科技实施创新型人才开发计划，建立形成了由院士、国家级专家、集团公司级学术技术带头人和院级学术技术带头人构成的科技专家发展序列，以及后备专家序列，并面向重大系统创新、专业技术研究和产品开发领域，设立终身研究员、资深研究员、首席研究员和主任研究员等高层次科技创新岗位。

（五）改进人才培养机制，助力人才脱颖而出

航天科技始终坚持工程推进与人才培养同步，注重在重点型号研制、重大技术攻关中考察发现人才、培养人才，大力实施领军人才接力计划，有目的、有意识地大胆选拔德才兼备、技术突出的科技人才参加重大工程和重点型号研制，让他们在实践中成长。对发展潜力大的“苗子”，及早选派他们主持或承担重大科研项目、重大科技计划、重大工程（产业）项目，让他们在创新思维最活跃、创新能力最旺盛的黄金期得到重用。

航天科技敢于打破年龄和资历限制，及时把工作业绩突出、发展潜力大的青年人才推举到总指挥和总师岗位，扶上马、送一程，促进快速成长，实施青年拔尖人才支持、科技创新团队建设等一系列人才工程项目，深入开展与高校联合培养科技骨干，对优秀骨干人才进行重点支持、重点培养、重点使用，促使后备人才在积极承担技术创新项目的同时，在学术上发展，在技术上进步。

（六）健全薪酬激励机制，激发员工创新活力

航天科技建立了以岗位职责为基础，以能力和业绩为导向，由品德、能力和业绩等要素构成的多维考核评价体系，并注重发挥用人单位评价主体的作用，定期考核评价员工素质能力和工作业绩，并根据考核结果动态调整员工职业发展序列所处的层级和等级，确保员工所处职业发展序列中的层级、等级能上能下，促使其不断发展。

航天科技制定了薪酬与考核结果相挂钩的管理办法，明确了薪酬的决定机制，实行单位主要负责人的年薪与单位经营业绩考核结果挂钩、单位薪酬总量与经营业绩考核结果和经济效益挂钩的“双挂钩”机制，建立了员工个人收入与自身考核结果、单位的经营业绩考核结果相挂钩的机制。

航天科技积极探索实施新的激励方式，研究制定了“航天技术应用及服务产业骨干人员激励计划试点方案”，并在符合条件的单位中全面实施超额利润奖励、EVA 奖励、岗位分红权、项目分红权、股权激励、虚拟股权以及科技成果转化奖励等 7 种骨干激励方式，以增强骨干人才薪酬的市场竞争力。

四、逐步完善企业治理，优化调整管控模式，谋划母子公司体制建设“大棋局”

2015 年 8 月，中共中央、国务院印发了《关于深化国有企业改革的指导意见》。为落实中央文件要求，航天科技于 11 月召开第六次工作会议，发布了《中国航天科技集团公司全面深化改革指导意见》，按照承担国家重大专项任务、关系国家安全的商业类中央企业的定位，研究确定了航天科技全面深化改革的基本原则、主要目标和核心举措。国有企业改革“1＋N”系列政策文件出台后，全面贯彻改革要求，细化改革举措，切实把改革任务、目标、进度和责任层层分解落实。

（一）加快推进板块子公司建设，构建母子公司体制

按照“做优总部、做实二级、做强三级”的总体思路，航天科技组织开展了管控模式优化调整研究，积极推进以实现战略管理闭环、提升资源配置能力、提高管理效率为核心的总部管控模式调整。

航天科技明确了母子公司建设总体思路，通过将研究院转制为板块子公司、专业公司改组为专业子公司、直属单位整合为独立市场主体，建立以资本为纽带的产权管理链条，逐步形成由集团公司控股若干上市公司为

主的母子公司组织架构。按照建设思路，航天科技对人才中心、出版社、报社和宇航学会四家单位进行战略重组，挂牌成立中国航天科技国际交流中心，打造中国航天知识经济领导品牌，努力建成国内一流、国际知名的航天文化产业公司；对资源卫星应用中心和中国四维公司卫星遥感产业进行资源整合，成立商业遥感卫星公司，加速全球化的商业高精度对地观测系统建设进程，实现航天科技占据国内卫星遥感产业制高点的发展布局。

（二）加快实施公司制改制，积极推进混合所有制改革

航天科技大力推进全民所有制企业公司制改制工作，本级公司制改制方案已通过职工代表会议审议，绝大部分子企业已完成公司制改制，航天科技各级全民所有制企业公司制改制工作将于2017年年底全部完成。

按照市场化改革总体思路，航天科技80%军工科研院所划为生产经营类，纳入首批改制试点的10家单位已启动改制工作，后续将继续按照统一安排部署，积极稳妥地推进实施。

围绕形成集团公司直接控股若干板块上市公司的目标，积极推进混合所有制改革。2015年以来，已有康拓红外、航天工程、乐凯新材等3家军民融合高技术公司成功IPO上市，航天科技控股的上市公司达到11家。目前，正在加快推动无人机业务整体上市、中国卫通整体上市和航天模塑IPO上市。

（三）以推进董事会建设为重点，健全公司法人治理结构

航天科技于2015年组建了董事会，目前已形成《中国航天科技集团公司章程》《中国航天科技集团公司董事会议事规则》《中国航天科技集团公司董事会授权管理规定》等完备规范的规则制度。航天科技董事会在制度建设、战略引领、重大决策、风险管控等方面发挥了非常重要作用。研究制定了《以董事会建设为核心加强专业公司治理改革工作方案》，研究编制了《董事会工作指引》，持续推动法人结构治理。选取中国卫通、乐凯公司、长城公司、航天控股公司等开展专职董事试点工作，推动试点公

司规范董事会制度建设。完成7家专业公司出资人代表48人次调整，委派专职董事监事8名，初步建立了一支专职专业化的出资人代表队伍。

（四）完成集团成员单位分类，构建差异化管理体系

结合航天科技发展过程中面对的新形势、新任务、新要求，以航天科技“十三五”发展战略为导向，充分考虑各单位发展定位、发展阶段、重点任务等差异化特点，航天科技制订了所属单位功能界定和分类工作方案，研究构建了基于战略导向的差异化经营业绩考核体系，因企施策，更好地发挥集团战略“指挥棒”的作用，引导各单位协同发展、科学发展。

（五）深化“三项制度”改革，不断完善市场化经营机制

航天科技充分利用人才中介、公开招聘等方式，增加市场化选聘公司高管人员的比例，不断完善职业经理人制度，以航天机电等单位为试点，积极打造形成具有航天特色的职业经理人队伍。

2016年以来，航天科技大力推进领导人员岗位交流，总部与成员单位、成员单位间干部交流21人，占年度干部调整总量的31%。航天科技组织开展职务职级体系研究，初步完成企业化、市场化的集团公司职务职级体系总体方案及整体框架；突出工资总额与效益、劳动生产率、型号任务成功率挂钩，强化分类调控，并根据成员单位性质和选任方式的不同，实行差异化薪酬管理；在领导人员中全面实施履职绩效考评，推动形成“能者上、庸者下、劣者汰”的用人机制与导向。

（六）多管齐下减轻企业负担，轻装上阵提升竞争能力

以“瘦身健体、提质增效”为导向，航天科技进一步梳理明确了非主业经营、资不抵债、亏损、微利、低收入等10类需重点关注单位，坚决压减低层级和低效益的企业，驰而不息地推动质量效益提升。航天科技累计净压减126户、处置5级公司31户，净压减户数达到集团公司法人单位总户数的14.3%，超额完成了国务院国资委下达的净压减工作目标。

航天科技积极开展“僵尸企业”和特困企业治理，淘汰落后产能，优

化产业结构布局。按国务院国资委要求，组织“僵尸”及特困企业逐户研究确定治理工作目标和方案，签署了目标责任书。“僵尸企业”已进入破产清算程序或稳妥有序地开展股权转让、债务重组等相关工作，大部分特困企业通过强化管理、改造升级实现扭亏为盈。航天科技经国务院国资委认定的20户“僵尸”特困企业已完成处置治理11户，剩余9户处置治理工作按照计划有序推进。

航天科技稳步推进“三供一业”分离移交，已签署分离移交协议的项目有85个，涉及居民户数233180户，占比为54.81%。其中，供电涉及居民户数93666户，已签署分离移交协议的有84621户，占比90.34%，顺利完成2018年“三供一业”全部移交总目标的势头良好。组织开展了培训疗养机构全面调查，按国务院国资委要求制订了改革实施方案，待获批后加快推进实施。

五、统筹谋划科学管理，强化落实党建责任，发挥党组（党委）领导作用

航天科技认真贯彻落实中央有关会议精神，始终坚持党的建设与企业改革同步推进，切实履行各级党组织对深化改革的领导责任，不断增强“四个意识”，紧紧围绕保成功、保交付、保增长，抓党建、抓改革、抓管理“三保三抓”核心任务，不断完善党建工作体系建设，强化党组织在选人用人工作中的作用，切实落实反腐倡廉“两个责任”，为航天科技全面深化改革提供了坚实的保障。

（一）统筹谋划党建体系建设，科学规范管理机制运行

在抓好顶层设计方面，航天科技把党建工作与改革同谋划、同部署、同落实、同考核，秉承航天系统工程思想，构建了以能力为核心，以组织、责任、制度、考评为基础的“1+4”党建工作体系，切实增强了党组织的政治引领力、发展推动力、文化影响力、和谐保障力。航天科技落实

党建工作责任制，每年开展党建工作量化考评，提升党建在综合业绩考核中的权重，党委负责人占到70%，业务负责人占到30%，考核结果与任免、薪酬、奖惩等挂钩，使党建工作由“软指标”变为“硬杠杠”。

航天科技着力健全党组织参与重大问题决策的工作机制，抓好规范化运行，在公司章程、“三重一大”决策制度和议事规则中，明确了党组织的地位和职责。对涉及贯彻落实中央和上级工作要求的重要部署、改革发展全局的重大决策、重要人事任免和职工群众切身利益的重大事项，党组织全程参与、严格把关，使党组织集体研究讨论成为企业经营决策的前置程序。

航天科技不断创新基层党组织建设和管理模式，抓好科学化管理，在组建型号外场试验队、重大产业项目工作组时，同步成立临时党委，开展党的工作；在党员人数虽少但资产总额较大的10个二级公司都设立党委，为党组织推动改革、参与决策、加强监督提供组织保障。航天科技充分发挥党内民主、突出党员主体地位，实施党代会年会和党代表提案制度。在党组织属地化管理的前提下，航天科技创新党代会组建新模式，建立了党代表“异地管理、垂直参与”的运行机制。开展星级职代会创评工作，将职代会标准化建设延伸至三级单位，不断完善职代会制度体系。

（二）突出以人为本思想，强化落实选贤任能责任

按照中央好干部标准和“三严三实”、忠诚干净担当的要求，航天科技建立了组织选拔、市场配备和依法管理相结合的选拔任用制度，坚持在型号科研及项目管理一线发现、培养和选拔企业领导人员和技术领军人才，打造航天领域“生力军”。目前，载人航天工程等重大项目团队中，党员比例超过70%，400多名型号总指挥、总设计师中，党员占到近90%，35岁以下技术骨干超过50%，比美、俄分别年轻10岁、20岁。

针对员工普遍年纪轻、学历高、思想活、压力大的情况，党组织把思想政治工作作为“生命线”工程，领导人员带头联系车间、走进班组，与

基层员工面对面，把思想政治工作延伸到靶场、延伸到家庭。正是依靠敢拼敢赢的精气神，航天科技攻克了几百项航天重大关键技术，宇航发射频次和成功率不断攀升，从20世纪末的年均发射五六次，到现在每年发射达20次左右，与美俄航天强国并驾齐驱。

航天科技坚持技术传承与精神传承并重，推进党员党性意识与型号任务、工作目标、工作标准、工作要求“四对接”；坚持榜样引路，培育了以国家最高科技奖获得者孙家栋、时代楷模徐立平为代表的先进个人和“神舟团队”“嫦娥团队”“北斗团队”等先进集体，引导员工牢固树立以国为重的价值追求；践行“零缺陷”管理理念，把严慎细实的作风要求融入企业准则规范，使我国现役火箭发射成功率超过95%，处于世界领先水平。

航天科技强化党组织在领导干部选拔任用、培养教育、管理监督中的责任，严把选人用人关，选准用好各级领导人员，防止干部“带病上岗”“带病提拔”，形成和保持风清气正的选人用人氛围。完善“双向进入、交叉任职”的领导体制，166个基层单位交叉任职率达90%以上。

（三）忠诚履行“两个责任”，切实抓好党风廉政建设

航天科技全面贯彻全面从严治党要求，落实党的建设主体责任和监督责任，为企业改革发展营造了风清气正的良好环境。坚持党建工作与中心任务同部署、同推进、同考核、同奖惩，明确党组（党委）主体责任、书记第一责任和班子成员“一岗双责”、业务部门监管责任。航天科技将党组主体责任细化为全面领导、选人用人、作风建设、源头治理和组织保障五个方面，党组书记与每位党组成员签署党建与党风廉政建设责任书，开展党风廉政建设责任制监督检查，将检查结果纳入单位绩效考核。对检查考核中党风廉政建设责任落实不到位的，既追究当事人责任，又追究领导责任。

航天科技不断深化纪检监察体制机制改革，系统梳理纪检监察机构职

责，制定了《深化纪检监察体制机制改革实施意见》及配套制度。力求腐败问题抓小抓早，探索建立巡察监督工作机制，强化巡察发现问题、说明问题、诊断问题、解决问题的监督功能，建立了约谈、巡视制度，组织开展了 9 家二级单位的内部巡视，在 16 家规模较大的单位实行了基层单位纪委书记专职化并交流任职。

党的十八大以来，航天科技全面推进深化改革，奋力跑好改革最先一公里，取得了阶段性成效。国企改革大潮涌，全面推进不停步，航天科技将继续认真落实党中央、国务院关于深化国有企业改革的总体部署，积极践行创新驱动、军民融合、“一带一路”、“中国制造 2025” 等国家战略，以“发展航天事业，建设航天强国”为己任，全面深化改革，坚定不移推进做强做优做大，为实现航天梦、中国梦做出新的更大贡献。

2

以全面深化改革强劲发展动力 向世界一流创新型领军企业迈进

中国电子科技集团公司

中国电子科技集团公司（以下简称“中国电科”）作为军工电子国家队和国民经济信息化建设主力军，自2002年组建以来，始终贯彻落实党中央、国务院战略决策部署，围绕“国防、科技、电子信息”核心领域，践行“引领电子科技、构建国家经络、铸就安全基石、创造智慧时代”使命责任，全面深化改革，坚持企业化、市场化、集团化、国际化改革方向，走出了一条“规划引领发展、创新驱动发展、军民融合发展、党建保障发展”成体系改革发展之路。2016年，实现主营业务收入1880亿元，是成立之初的19.4倍；利润总额183亿元，是成立之初的25.4倍。连续13年获得中央企业经营业绩考核A级，连续4个任期获得“业绩优秀企业”称号，连续2次荣获任期“科技创新优秀企业”称号，高质量进入世界500强企业。中国电科正在加速向世界一流创新型领军企业奋进，活力、控制力、影响力、抗风险能力、国际竞争力正在显著提升。

一、系统推进战略管理，实现规划引领发展

中国电科自成立以来始终强化战略管理，特别是2011年本届班子组建以来，深入推进“三个转变”，先后提出“一二五四三”“一五五三”发展战略，明确全面深化改革总体思路，聚焦使命责任，优化业务布局，调

整组织结构，创新管理模式，规划引领发展格局基本成熟，推动中国电科逐步从传统国企向现代企业集团公司转型，推动发展方式从“以所为本”向“集团主导”转型，推动业务方向从研发制造型向研发、制造加服务型转型，推动总部建设向引领发展的“司令部”转型，推动主营业务从以军为主、以民为辅向军工电子、民品产业、国际化经营、科技创新、资产经营和资本运作五大主营业务形态协调发展的军民融合型转型。

（一）聚焦使命责任，制订战略规划，指引发展方向

1. 推进“三个转变”，引发全系统解放思想

中国电科构成基础主要为47家军工科研院所，由于历史沿革，中国电科长期保持着“以所为本”的发展方式，联合起来办大事观念弱，市场意识不强，存在投资分散、重复建设、资源使用效率不高等问题。为此，中国电科提出推进转变思维方式、组织方式、工作方式的“三个转变”。思维方式转变，强化立足有效履行国家使命和积极推动社会进步谋划改革发展。组织方式转变，强化集团化经营和现代企业治理体系建设。工作方式转变，强化全系统资源统筹和协同运作、运用科学化方法和现代化手段提高工作质量和效率。通过持续推进“三个转变”，推动了广大干部员工进一步解放思想，全面展现出拥有世界电子信息技术领域话语权的开拓者意识、发挥军工电子国家队作用的主力军意识、引领电子信息产业发展的排头兵意识，工作热情和积极性空前高涨，凝聚力、战斗力、执行力明显加强，为中国电科未来改革发展奠定了坚实的思想基础。

2. 实施“一五五三”战略，绘就改革发展蓝图

“十二五”期间，中国电科按照“一二五四三”发展总体思路，各项改革发展举措取得显著成效，一年一个台阶逼近世界一流目标。面向“十三五”，按照中央统筹推进“五位一体”总体布局和协调推进“四个全面”战略布局要求，中国电科制定《中国电科“十三五”规划纲要》，提出“一五五三”发展战略，聚焦国家网信事业，进一步明晰发展定位和核

心主业，明确建设世界一流创新型领军企业、打造党和人民可以信赖依靠的“大国重器”这一战略目标，形成“创新、协同、效益、可持续、共享”五个工作方针，统筹“军工电子、民品产业、国际化经营、科技创新、资产经营与资本运作”五个业态协调发展，实施“全面深化改革、全面管理提升、全面加强党的建设”三大基础工程，绘就“十三五”改革发展蓝图。中国电科按照分层分类思路构建“两层五类”战略规划文本体系，从集团公司和成员单位两个层面制订详细规划。集团公司层面，除《中国电科“十三五”规划纲要》外，制订出台军工电子、民品产业、国际化经营、科技创新、资产经营与资本运作5个分规划，探测与感知、新型智慧城市等17个专项规划，天地一体化信息网络重大工程、出口埃及联合作战指挥信息系统等46项行动计划，信息化建设、人才队伍建设、财务管理等3项综合管理类规划，针对北京、新疆、江苏、广东等区域发展制订多个区域军民融合发展规划；成员单位层面，各单位结合自身功能定位、专业领域、业务特色，形成47项子规划。规划体系的建立，贯通了战略—规划—计划—行动的战略执行路径，为中国电科“十三五”改革发展提供了基本遵循。

3. 着力改革顶层设计，明确改革方向和路径

中国电科先后制订主营业务改革发展指导意见、全面深化改革指导意见、全面深化改革总体方案，以建设中国电科特色的现代国有企业治理体系和治理能力为改革目标，统筹国有企业改革、军工科研院所改革、供给侧结构性改革、科技创新体制机制改革等总体要求，坚持问题导向和目标导向，明确“企业化、市场化、集团化、国际化”改革方向，以提质增效、释放活力为核心，提出破解制约发展的体制机制障碍、实现打造世界一流创新型领军企业战略目标的改革路径。业务布局方面，提出构建以军工、民品、国际三大市场为牵引，以科技创新为基础，以资产经营、资本运作、战略咨询、信息服务、技术交易等公共服务为支撑，以企业文化为保障，产、技、资、融有机互动的主营业务体系。组织架构方面，提出

“三层架构、两级经营”主营业务组织体系，加快推进军工科研院所企业化改革，分阶段推进子集团、专业公司和世界一流水平研究院所建设。运行机制方面，提出以现代国有企业制度为基本模式，以母子公司为基本形态，构建集团公司战略管控模式。

（二）服务国家战略，优化业务布局，焕发发展新优势

围绕中长期发展战略，中国电科立足使命责任和长远发展，推动聚集主营业务优势资源向涉及国家安全、国防现代化建设的自主可控关键技术、核心产品、基础系统领域布局，向电子信息产业价值链高端和产业链关键环节布局，向基础性、前瞻性、关键共性技术领域布局。

1. 维护国防和军队信息化建设，发挥军工电子国家队作用

以总体国家安全观为统领，主动适应国防和军队信息化建设要求，以生成和提高基于网络信息体系的联合作战能力为核心使命，以全军网络信息体系建设为抓手，构建体系牵引下系统、整机、基础产品协同发展格局。“十二五”期间，共承担全军信息系统 80% 型研和 50% 生产任务，承担军队科研生产任务数万项，高质量完成了一系列重大军工科研生产任务，有效提升了基于网络信息体系的联合作战贡献率；陆军、海军、空军等领域一批重大电子信息系统装备完成研制、生产和推广，大幅提升了各军种信息化作战能力；预警机经历了从引进、跟踪、自主研发到出口的过程，形成了系列化产品，达到国际领先水平；以 GaN 功率器件为代表的第三代半导体功率器件实现了从材料研发到器部件的工程应

阅兵空中编队——空警 -2000 预警机

用，为构建从顶层体系到核心武器装备的全自主可控夯实基础。

2. 助力国家治理体系和治理能力现代化建设，推进民品产业快速发展

聚焦网信事业，巩固加强以电子信息技术为基础的电子装备制造能力，拓展提升以大数据资源为基础的网络信息技术能力，民品产业形成“主导产业、管控产业、关注产业”协调发展的梯度布局，重点面向国家战略、重点行业、政府治理等重大领域，提供安全化、智慧化的产品、应用和服务。顺应国家战略需要，**在太空安全方面，**继承和发挥在电子信息系统领域的优势，牵头主持论证的“天地一体化信息网络”工程重大专项已经列入国家面向2030的重大科技工程，推动空间与地面信息基础设施一体化。**在网络空间安全方面，**作为全军信息系统和密码装备的主要建设者，组建中国网络安全公司，打造行业网络信息安全整体解决方案，推进了基于国产CPU和操作系统的整机产品、北斗导航系统信号传输关键器件等核心元器件的自主可控；投资40亿元与四川省共同建设军民融合网络安全产业基地建设。**在海洋安全方面，**践行海洋强国战略，组建海洋信息产业平台公司——海洋信息研究院，投资近20亿元创新研发“蓝海信息网络系统”并在海南打造军民融合海洋信息产业基地，与国家海洋局和中船重工等共同谋划的“智慧海洋”工程已列入国家规划。**聚焦新型智慧城市建设，**创新新型城市的技术体系架构，建造新型智慧城市通用功能平台，打造深圳、福州、嘉兴3个新型智慧城市标杆，已推广近20个城市和10余个智慧小镇；**聚焦反恐维稳和社会安全，**在新疆打造立体化治安防控体系，在全疆各市、县推广建设一体化联合作战平台，大大提升了反恐预警和处置能力；**聚焦国家治理能力提升大数据研究与应用，**与主管部门、地方政府共同开展重点行业、重点地区大数据应用研究，先后与最高人民法院联合建设中国司法大数据研究院、与新疆共建社会风险感知与防控大数据应用技术国家工程实验室、与贵阳共建提升政府治理能力大数据应用技术实验室等。

“电科 1 号”综合电子试验船

3. 融入“一带一路”建设，提升企业国际竞争力

围绕国家“走出去”发展战略和“一带一路”建设布局，积极推动对外贸易、海外经营、国际合作、国际工程四种业务模式协调发展。大力开拓对外贸易，不断融入友好国家国防与信息化建设；稳步拓展海外经营，不断推动网信事业全球布局；积极推进国际合作，不断提升科技和产业核心竞争力；深入探索国际工程，不断促进优质产能和优良装备对外输出，形成了业务范围多领域发展、市场开拓多方向推进的良好发展态势。当前，中国电科主要业务覆盖北美、拉美、欧洲、亚洲、非洲等 110 多个国家和地区，打造形成防务电子、安全电子、网络安全与信息化、空中交通管理、新能源、元器件与制造装备等核心业务板块，预警机、安全监控等产品成为国际市场名片，具有较强国际竞争力。与微软、泰雷兹、柯林斯、IMEC 等国际知名企业的战略合作，与全球数十个国家政府、跨国公司、国际组织和知名高校的高层次合作，有效提升了中国电科国际竞争力，加快了企业国际化进程。

（三）“瘦身健体”，调整组织结构，提升管理效率

主动融入供给侧结构性改革，从提高供给质量出发，中国电科逐步构建“三层架构、两级经营”主营业务组织体系，推动以事业单位为主体向企业为主体的现代国有企业转变。计划2020年底，建成20家左右子集团和专业公司，建成10家左右国际水平科研院所，基本实现重点业务布局内资本平台的全覆盖，管理层级压减至四级，企业法人户数比“压减”计划实施之初净减少20%。

1. 调整集团总部组织架构

2015年2月，中国电科启动规范的董事会建设。集团总部层面，党组、董事会、经理层的现代国有企业治理模式基本形成，党组“把方向、管大局、保落实”的领导作用在集团公司经营管理中得到落实，在企业改革发展活动中得到贯彻。中国电科按照建立现代企业制度建设要求，突出集团主导作用，强化总部专业能力建设，以管理流程为主线，对总部机构和职能进行适应性调整。组建经济运行部门，实施对重点项目、重点单位、重点市场、重点问题的管理和紧急情况的应对，强化总部调度管控能力；聚焦五项主营业务，组建若干重大项目办公室，实施重大项目、重大工程、重大市场的集团化主导开发，强化总部公共服务能力；组建法务与风险管理部门，对重大法律事务、重大经营风险加大管控力度。通过总部机构的优化，总部的决策能力、执行能力和创新能力逐步提升，机构合理、队伍精干、管理科学、工作高效的管理体系和运行机制逐步形成，集团总部的价值创造作用日益显现。

2. 推进子集团和专业公司建设

积极构建适应现代国有企业制度运行的经营载体，加快推进军工科研院所企业化转型，按照“巩固加强一批、重组整合一批、清理退出一批、创新发展一批”思路，围绕核心业务板块整合内部资源，推进子集团和专业公司建设。**一方面，**加强重庆声光电公司、装备子集团、中电海康、海洋信息研究院、网安公司、仪器仪表公司等现有子集团和专业公司现代国有企业治理能力建设，通过打造龙头企业带动产业链和产业板块整体跃升；**另一方面，**推进网络通信、实体空间安全的智慧感知、导航、动力电池、指挥控制、元器件、软件与信息服务等领域新的子集团和专业公司建设，促进核心板块资源优化配置。截至 2017 年 8 月，中国电科已整合内部 19 家研究所，打造 7 家子集团和专业公司。

3. 加快推进公司制股份制改革

一是加快推进上市公司平台建设及运作，提升资产证券化率。积极谋划电科系上市平台打造，为重点产业提供资本运作平台。按照重点业务布局，“十三五”期间拟在锂离子电池、射频集成电路、仪器仪表业、电子装备及新能源、电磁安防、模拟集成电路、基础器件、交通电子等重点方向实施资产证券化，打造 10 家新的上市平台。同时，对既有上市公司平台运作，不断提升市场竞争力。通过上市公司重大资产重组事项运作，进一步增强上市公司优势资源的集聚，弥补了产业短板，集团公司资产证券化率也持续提升。**二是**以具备条件的二级成员单位为示范，积极申请国家混改试点，深化体制机制改革，激发广大员工的创造力和积极性，同时为其他成员单位探索混合所有制改革及员工持股积累宝贵经验。**三是**全面推进公司制改革。按照国资委中央企业公司制改制工作部署要求，中国电科积极研究落实，2017 年 8 月底前完成下属全民所有制企业公司制改革，企业不予保留的 10 月底前完成清理退出工作，集体所有制企业同步完成改制或清理退出。2017 年底前完成集团公司本部公司制改革。

4. 推进军工科研院所企业化改革

按照国家关于军工科研院所改革总体部署，结合自身改革发展实际需要，积极稳妥推进军工科研院所改革工作。**一方面，**按照主管部门工作要求，军工科研院所改革经过清理规范、科学分类两个阶段的准备，中国电科以建设完善军事电子科研生产服务体系为核心，以“剥离重组与分类相结合、分阶段转企”为基本思路，完成军工科研院所分类改革方案的制订；**另一方面，**加大资金投入，聚集优势资源优化技术创新体系，推进国际水平科研院所建设，使其成为集团公司技术创新体系的核心力量。2017 年 7 月，按照国家关于分类推进事业单位改革总体部署，中国电科启动首批 4 家研究所转制实施方案编制工作，军工科研院所改革正式进入实施阶段。4 家研究所是在中国电科已实施内部资源整合和企业化改革、转制条件相对成熟的成员单位中选择的，其转制工作对于中国电科未来改革发展意义重大，将在转制过程中探索经验、验证政策，为后续其他研究所转制奠定重要基础。

5. 压缩管理层级、减少法人户数

以“瘦身健体”、提质增效为目标，压缩管理层级，减少法人户数，构建业务有进有退、企业优胜劣汰、管控精干高效的发展格局。中国电科依照“集团主导、企业实施、协同推进、分类施策、常态督导、考核保障”总体思路，推动相关资源整合、加大低效亏损企业清理、严格控制新增企业，统筹推进全系统的“压减”工作。结合国务院国资委“处僵治困”和“亏损企业专项治理”工作部署，中国电科将非主业、落后产业、低效无效资产、“三无企业”的清理作为本次“压减”工作的重点；通过全面梳理系统内企业状况，按照停产歇业半年以上、三年累计亏损、营业收入小于 500 万元、利润总额小于 50 万元、资产负债率超过 80% 等标准，筛选出约 100 户企业列入年度“压减”清单。综合考虑企业实际以及清理难度，分类施策，制订工作目标计划，落实具体责任部门和责任人，并倒排时间节点，有力推进“压减”工作的实施。截至 2017 年上半年，中国电科完成法人户数压减 83 户，超额完成国务院国资委部署的年度“压减”工作任务。

（四）创新发展模式，完善运行机制，释放发展新活力

1. 健全法人治理结构，各治理主体作用有效发挥

中国电科设立董事会，标志着中国电科由传统企业正式向规范的现代企业转型。集团公司总部层面，利用董事会建设契机，探索加强党的领导和完善公司治理统一的有效路径，构建规范化的现代国有企业决策授权体系。梳理制定董事会制度体系文件，理顺党组、董事会、经理层等在决

策、执行、监督等环节的权责关系，创造性提出现代国有企业“1＋3”权责表，按照事权、财权划分70余项管理类事项和80余项金额类经济事项，明确党组、董事会、经营层决策权限。梳理现有300余个基本管理制度，建立上位、中位、下位制度体系，推进实施制度废、改、立计划，为建立职责明确、有机融合、运转协调的决策机制奠定基础；成员单位层面，建立健全法人治理工作制度和管理体系，加强“三会”治理，确保出资人权利的体现。强化制度建设，完成《集团公司现代企业制度建设指导意见》系列文件，对股东会、董事会、监事会建设中设立、职权、议事原则、会议、股东行为等进行明确规定，推动成员单位建立制度化、规范化、程序化的重大事项决策体系和授权体系。

2. 优化资本运作模式，提升资本配置效率

以国有资产保值增值和资本配置效率最大化为目标，坚持搭平台、提能力、配资源、补短板、促改革，着力推进事业单位军工资产盘活和企业化经营，着力主业发展开展资源配置和投融资，着力利用资本市场发展高端新兴业务。加快资产资本化和证券化，优化产业布局。结合国家战略和重点客户需要，强化市场运作和综合集成，发挥自身融资功能，搭建合资合作平台，着力提升前端运作能力。组建投资公司、财务公司、资产经营公司等投融资平台，引入外部增量资金，着力提升中间控制能力。把握传统动能与新动能发展需求，瞄准自主可控计算、核心器件等关键技术短板领域，通过并购重组、合资合作、技术协作等，加快创新能力形成，夯实基础支撑能力。2016年，投资公司金融平台建设快速推进，完成融资租赁公司、信息安全并购基金组建，募集资金33亿元。8家上市公司盈利能力进一步提升，整体资产证券化率升至30%。完成MRAM高端存储芯片中试线、欧洲创新园、动力电池基地等29项重大项目立项审批，总投资158亿元。

3. 打造精益财务管理，持续提升企业价值

中国电科自成立以来财务管理从分散走向集中，从粗放走向集约，吸

收世界500强企业财务管理先进做法，坚持以科学理财为主题，以预算管理为抓手，以增强财务集团化运作能力为主线，着力打造世界一流的集团化财务管控体系：**优化建设**以企业价值最大为导向的全面预算管理体系，按照“规划变计划，计划变预算、变行动”的思路，形成了“五大业态”“八个专项”预算部门充分参与、财务部门与业务部门有效协同的预算管理机制，全面保障了集团全年科研生产任务及经营目标的顺利实现；**优化建设**以资金集中为基础的资金集约经营管理机制，以财务公司为平台，实现集团公司资金一体化集中运作、资金支出计划管控、大额资金实时监控，财务公司连续多年被行业评为最高A级，成为创新型财务公司，资金池规模达日均300亿元，内部融资规模230亿元，100%满足各单位筹资预算内的贷款需求，资源配置和价值创造能力明显提升，全面保障了集团公司改革发展的资金需求；**优化建设**以支持决策为导向财务信息管理机制，以“一二一七二”总体设想，积极推进“会计集中核算、网上报销、项目预算、全面预算、合同管理、成本管理和决策支持”等七个财务信息化模块建设，不断提升财务管理手段，积极开展财务绩效评价工作，加大评价结果在实际工作中的运用，中国电科财务绩效连续七年被国务院国资委评为优秀，稳居军工集团第一名，在中央企业中排名从第七名跃升为第一名。

4. 持续推进机制创新，激发发展动力

一是系统改革科技创新机制。贯彻落实全国科技创新大会精神，出台《中国电子科技集团公司加强科技创新的若干意见》，对创新平台建设、机制创新、人才管理等热点、难点、政策问题首次做出20条明确规定，通过科技创新机制改革，进一步释放创新活力，增强创新能力，优化科技创新体系，构建战略科技力量。**二是**深化人才发展体制机制改革。制定《深化人才发展体制机制改革的指导意见》，针对人才培养支持机制，及人才评价、流动、激励和人才引进机制等提出政策措施。出台《科技创新人才流动管理办法》，鼓励和推动科技创新人才进行有序流动。组织开展事业单位岗位设置工作，提出各类各级岗位任职指导意见。加强高层次专业技术人才职业发展通道建设，完善科技专家事业平台。推进职称评审改革，在所属中电海康开展职称评审改革试点。**三是**深化收入分配机制改革。坚持以市场化、企业化改革为方向，推动“五元薪酬”体系落地。建立以“业绩为导向”的考核评价机制，制定《总部员工绩效考核实施细则》《成员单位负责人经营业绩分类考核办法》，推进绩效考核工作规范化、制度化、常态化。按照“统筹、精简、精准和激励”要求，优化成员单位分类考核方式。根据成员单位战略定位、发展目标和业务特点，将成员单位划分为经营类和投入类两类。经营类以经营效率提升和可持续发展能力为考核导向，适度考虑经济规模增长；投入类以核心能力提升、成果转化、商业计划执行和成本控制为考核导向。对不同类型的成员单位，突出不同业务特点，聚焦发展重点难点，通过设置不同类型考核指标，确定差异化考核标准，牵引实现主业“做强做优做大”目标。**四是**探索推进中长期激励机制建设。探索实践科技成果转化收益分配、分红激励、股权激励等多种中长期激励方式。在工资总额内开展重大工程核心人员项目转产收益分享试点和事业单位岗位分红权试点。利用中国电科高科技型企业优势，支持人才资本和技术要素贡献占比较高的企业开展股权激励。如海康威视，针对投资周期长、高回报高风险、需实施投资探索的新业务，暂时亏损但需加大投入的业务，及与所在行业暂无明显关联但未来存在关联性的业务等三类业务，面向公司高级管理人员、对公司整体业绩和持续发展具有直接影响的管理人员、核心技术人员和骨干员工四类核心人员，鼓励员工出资进行业务跟投，打造创新平台，建立利益共享机制。**五是**积极探索改革试点。对接国家 8 个“全面创新改革试验区”建设，四川、安徽、西安等地成员单位纳入当地改革试点。推进母子公司授权管理试点，完成下属财务公司、投资公司、中电海康 PPP 投资专项授权。

二、积极推进科研体制机制改革，实现创新驱动发展

中央企业是国家科技创新的骨干和中坚，很大程度上代表着国家的创新能力和创新水平，在创新型国家建设中地位重要、作用关键。深处网络信息技术这一全球研发投入最集中、创新最活跃、应用最广泛、辐射带动作用最大的技术创新领域，中国电科坚持贯彻国家创新驱动发展战略部署，按照**体系引领、平台支撑、机制保障、人才先行**的发展思路，坚持科技创新和体制机制创新双轮驱动，取得了一系列可借鉴、可推广的宝贵经验。

（一）转变思维方式，打造开放协同的科技创新体系

中国电科围绕“重构科技创新体系、打造科技创新业态”的中心任务，以技术创新、产品创新、概念创新和模式创新相结合为抓手，以协同创新、科技人才流动、知识产权全过程管理、创新资源市场化配置等机制为保障，重构科技创新体系，取得了初步成效。**一是**构建技术、军工、产业“三业互动”格局，成立知识产权中心，将技术创新作为一种单独的产业形态进行重点建设，将科研过程作为“生产”，将知识产权作为“产品”，将知识产权转让、许可、作价入股等作为“销售”，创新性地将技术创新投入、知识产权申请/授权量、转化收入等指标纳入成员单位年度责任书，并在《知识产权管理办法》中明确规定在知识产权转让、许可、作价入股等形成的收入中，不低于50%用于奖励给发明人，且不纳入单位工资总额。与改革实施之初比，专利申请数增加了80%、转让许可收入增幅达到50%。**二是**强化系统、设备、元器件/软件的“三级协同”谱系，按照系统带整机、整机带元器件/软件的模式，突出顶层设计，将关键技术按层级分解为系统、整机、核心元器件/软件等树状谱系，狠抓重点环节、统筹协调攻关进度，形成整体创新能力。目前，以“核高基”“探月”“载人航天”“北斗”等为代表的国家科技重大专项工程成体系突破了一批瓶颈

技术，为打破国外禁运、实现核心产品自主可控奠定基础。**三是**完善核心层、紧密层、松散层“三层布局”架构，坚持建立并完善以重点实验室和创新平台为核心层、以与战略合作单位共建共管的协同创新平台为紧密层、以建立科研合作关系的国内外企业、机构和高校为松散层的三层架构，形成形式多样、充满活力的创新平台体系。目前，“核心层”已统筹国家、国防、省部、中国电科共 27 个重点实验室的建设和完善工作，“紧密层”与国内知名高校、科研院所共同建立了多个协同创新中心，其中雷达协同创新中心已正式列入国家“2011 计划”，“松散层”先后与泰雷兹、欧洲微电子中心、美国微软公司、悉尼科技大学等签署了协同创新合作协议。

中国电科浮空平台

（二）汇聚全球资源，构建融合共享的科技创新平台

中国电科坚持以科研体制机制改革适应大科学时代创新活动的特点和网信事业发展的要求，突出学科交叉融合，以推动网络信息技术进步和培育战略新兴产业为目标，以重大科学实验/试验设施为保障，构建了一批国际化、高水平的科技创新平台。**一是**打造国家级网信技术创新平台，打

破成员单位“烟囱式”发展格局，推进以信息科学研究院为核心整合各级实验室，搭建完整的网络信息基础前沿技术全球创新体系，在孕育原始创新、推动学科发展和前沿技术突破方面发挥引领作用；推进以电子科学研究院为核心整合重点领域和关键环节的相关研究所、科研设施、孵化平台等，构筑天地一体化信息网络、网络空间安全、新型智慧城市等网信领域重大工程、重点项目的产业化技术协同研发平台，形成高水平的技术创新、产品创新和成果转化基地。**二是**构建共享科技创新资源平台，优化现有资源结构配置，提升基础保障能力水平，形成开放式研发能力、网络化的制造能力、系统性的试验能力，整合电子信息试验场、计量站、检测中心、电波观测站等公共服务平台和重大科研基础设施公共科技资源，推动面向社会的开放共享。例如，与北京市科委共同建设的“首都科技条件平台——中国电科研发试验条件平台”，开放了省部级以上资质的重点实验室、工程中心与检测机构共 34 个，聚集了价值超过 5 亿元的仪器设备 3000 余台套，累计服务合同额超过 3 亿元，真正做到了创客团队“只要有想法，就能实现”。**三是**建设“双创”孵化平台，尝试引入社会资本，探索市场化配置创新资源的新模式。全面开展“双创”工作，建设了一批卓有成效的实体化孵化平台，为企业加速发展新经济、培育发展新动能、打造发展新引擎奠定了良好基础。2014—2015 年，中国电科举办了两届“熠星”创新创意大赛，面向全集团和全国 50 多所高校，累计征集项目 951 项，参赛人数 2000 余人。2016 年，“熠星”大赛上升为全中央企业的创新创意活动，聚焦网络安全、大数据与云计算、人工智能与无人系统、物联网与新型智慧城市四大领域，共征集 1237 个创新创意项目，汇聚 12 家中央企业的 100 位技术专家和投资专家担任大赛导师，累计投资意向金额达 6. 9 亿元，探索出一条开放、灵活、高效的“双创”之路。

（三）深化改革创新，形成充满活力的科技管理机制

中国电科着力突破现有科研院所创新体制不够灵活，产业转化率较低

等难题，按照创新链全要素，从需求生成、资源配置、项目管理、科技评价、成果转化、绩效考核、创新激励等进行系统性机制改革，相继推出了中国电科科技创新“二十条”、《加强“熠星”创新创意大赛机制创新的若干规定》等一系列创新制度、管理办法和措施，释放创新活力，提高创新效率。**一是**引入多元化创新投入机制，在保证企业自身每年按照利润的30%进行科技创新投入的同时，加强技术与资本的结合，建立天使基金和产业发展基金，在集团公司三级及以下企业试点跟投、众筹、有限合伙人等机制，形成多元化投入模式。例如，中国电科在海康威视试点创新业务核心员工跟投机制，通过制度创新、机制突破、取得较好成效。截至2017年6月，海康威视实施“智能仓储机器人”等5个创新业务，合计3000多名核心员工参与跟投。2016年创新业务板块收入超过6亿元，2017年上半年创新业务板块收入超过6亿元，增速明显。**二是**探索突破性创新激励机制，印发《中国电子科技集团公司促进科技成果转化办法》，推行科技成果转化激励制度，加大成果转移转化和产业化中团队的激励力度，让各类主体、不同岗位的创新人才都能够在科技成果转移转化和产业化过程中得到合理回报。例如，中国电科38所青年博士武帅领军的海归团队，利用太赫兹成像技术开展内部创业，成功研发出国内第一台太赫兹安检仪并组建混合所有制公司，目前合同额已超过4亿元，38所已按该《办法》对核心员工进行了激励，极大调动了团队的创新热情和积极性。**三是**营造开放包容的创新文化氛围，培育谋划创新、推动创新、落实创新的企业家精神，大力弘扬求真务实、勇于创新、追求卓越、团结协作的科学精神，倡导富有生气、不受约束、敢于发明和创造的学术自由，坚守“责任、创新、卓越、共享”核心价值观，创造有利于创新人才快速成长、聪明才智充分施展的良好环境。

（四）坚持人才强企，打造世界一流的科技人才队伍

中国电科始终认为人才是企业创新发展的第一资源，通过持续深化人

才发展体制机制改革，不断增强人才制度优势和人才比较优势，广聚人才资本，打造人才高地，有效激发和释放人才创新创业活力，持续为企业发展带来源头活水。**一是**造就一大批能够把握世界科技大势、研判科技发展方向的战略科技人才。2012 年，中国电科建立首席专家、首席科学家制度，畅通科技人才发展道路。目前，中国电科已评聘 100 余名首席专家和首席科学家，形成了重点科技前沿技术、重大科研项目和工程研究开发的领军队伍。同时，突出“高精尖缺”导向，完善人才引进平台，制定后备人才培养计划，以培养和引进院士为主，打造一批具有前瞻性和国际眼光的战略科学家青年群体。**二是**汇聚一大批善于凝聚力量、统筹协调的科技领军人才，面向网信领域重点方向，坚持团队引进，优先引进海外高层次人才，每年引进 100 个左右有基础、有潜力、研究方向明确的高水平创新团队。例如，电子科学研究院创新中心持续三年给予团队每人每年不少于 100 万元科研经费，对成功引进的科技人才一次性给予 20 万元奖励，并赋予团队骨干人财物支配权、技术路线决定权，吸引了一大批国内外优秀人才加入。**三是**培养一大批勇于创新、善于创新的企业家和高技能人才，强化高层次职业化经营管理人才队伍建设，造就一批具有全球战略眼光、创新能力和社会责任感的企业家人才队伍，大力弘扬新时期工匠精神，整合内外教育培训资源，加强全员培训计划，培养出一批面向生产一线的实用工程人才、卓越工程师和专业技能人才队伍。

三、积极构建军民一体化的网络信息体系，强化军民融合发展

习近平总书记在中央军民融合发展委员会第一次全体会议上提出推进军民融合“统”“融”“新”“深”四字要求，军民融合需要破坚冰、拆壁垒。中国电科深入推进军民融合发展，坚持“战略能力共筹、产能资源共享、技术产品共用”三大理念，形成五大业态之间信息互通、资源共享、

良性互动、协调发展的局面。

（一）以“三个体系、四个机制、五个结合”为主线，制定军民融合战略

构建“三个体系”。一是将科技创新能力进一步融入国家创新能力体系。**二是**将武器装备生产能力进一步融入国家工业体系。以构建新型网络、基地建设为“有形平台”，以优化配置信息资源为“无形平台”，尽快形成要素完备、单元配套、系统协调的新型产业体系。**三是**将民企核心能力进一步融入国防工业体系。积极创造条件，将民企的核心技术能力、市场营销能力、产业经营能力、产权制度能力、人力资本能力等进一步融入国防工业体系，实现能力整合、优势互补、双赢共生。

完善“四个机制”。一是双向转移机制。加强“国家级研发平台、重大创新基地、行业研发中心”建设，建立“军民两用技术创新产业联盟”，引导军工、民企技术资源整合和产学研用的有效结合，实现军民技术成果的双向顺畅转移和产业化。**二是**合作共赢机制。积极探索混合所有制经济，强化市场意识，以合作促发展；主动培育与民营企业的合作环境，进一步开放和完善军品配套体系，有效利用和配置各种资源。**三是**评价监督机制。完善军工科研生产评价、监督制度与配套措施，强化深度融合的风险管理和项目管理，完善军民深度融合项目后评价机制。**四是**信息交流机制。定期向社会发布有关产品、技术、资金和能力等方面信息，定期组织社会各方面特别是相关民企对产品、技术、能力等进行交流，促进需求对接、信息共享。

做好“五个结合”。一是在战略规划上进一步搞好结合。即在组织拟制战略规划上，既要与国家、军队相关战略规划搞好对接，又要组织对相关民营企业进行深入调研，充分掌握相关民营企业的能力，进一步搞好相关资源、技术、资金等的有效结合。**二是**在产业布局上进一步搞好结合。即在调整优化产业布局上，组织对相关民营企业的产业结构、技术特征、

资本力量等进行深入调研，优势互补、合理布局、优化结构。**三是**在重大项目上搞好结合。即围绕国家安全和发展利益核心，重点参与海洋、太空、网络空间等新兴融合领域安全体系建设，以专项工程带动各方发展，对整个电子信息技术行业发挥辐射推动作用。**四是**在资本运营上进一步搞好结合。即健全资本投入保障，包括科技创新投入、产业孵化培育投入、引入战略投资与风险资本、上市公司融资等，灵活运用各种资本市场政策和金融工具，有效引入民营资本，形成多元化持续性的投入保障体系。统筹考虑中国电科能力建设布局，提升军民融合发展能力建设项目管理水平。**五是**在人才队伍上进一步搞好结合。完善人才发展战略、引入市场机制，营造各类高素质人才包括民营企业高端人才“进得来、留得住、干得成”的良好氛围，真正形成高科技领军人才、高水平管理人才和高素质技能型人才的产业队伍。

（二）坚持“战略能力共筹、产能资源共享、技术产品共用”，推动军民融合重要能力、关键技术、重大工程建设

强化未来战争设计和作战需求研究，引领和带动网络信息体系建设。中国电科深入研究人工智能、自主作战、高超声速等颠覆性国防技术的发展与影响，深入研究未来战争形态的演变趋势、规律与特点，充分利用国家网信事业资源和先进技术，提高网络信息体系建设质量和效率。在共用信息基础设施方面，中国电科充分运用国家资源，坚持军民共建共用天地一体化信息网络；在新技术创新方面，结合物联网、云计算、大数据和人工智能等新技术研究成果，实现体系形态变革和作战能力跃升；在重点项目和产品方面，充分吸收新型智慧城市、海洋系统建设经验和成果，加速网络信息体系建设进程。

中国电科高度重视军用技术、成果的转化和国防科技资源的军民共享共用，将网络信息体系等先进建设理念、技术和成果“军为民用”，助力国家治理体系现代化和关键领域信息化。围绕多源普惠民生服务、智慧高

效城市管理、融合创新产业经济、集约统筹基础设施、安全可控防护体系五大目标，中国电科提出了新型智慧城市建设“六个一”的建设理念并在试点城市验证。借助长期以来军事信息系统顶层设计的技术积累，构建“虚实结合、情报主导”的综合治理联合信息环境体系架构，全面提升对重点人员的全程动态管控能力，目前中国电科构筑的体系已服务于基层实战，国内首创的太赫兹人体安检仪等明星产品已开展产业化应用，取得了良好社会效益。

深圳城市运营管理中心

四、推动党建工作与中心工作融合，为企业发展保驾护航

中国电科在深入实施和优化完善“量化有效型”党建工作考评体系的基础上，提出了构建并持续深化党的建设、竞争优势、企业文化同步提升的“三位一体”党建工作格局，作为全系统党的建设的总体思路和目标要求，充分发挥党组“把方向、管大局、保落实”的领导作用，有力推进了中国电科改革发展。

（一）以“三个机制”为抓手，全面落实从严治党要求

1. 建立“量化有效并重”的考评机制，推进年度党建工作任务落地

按照可量化、能考核、求实效、重改进的原则，精心构建“一五五

九”“量化有效型”党建工作体系，推动党的建设与国有企业改革同步加强。“一五五九”“量化有效型”党建工作体系的总体架构是：紧紧围绕“一个目标”——打造世界一流创新型领军企业，以加强党的思想建设、组织建设、作风建设、反腐倡廉建设和制度建设这“五大建设”为基石，以“七好领导班子”“七好党组织”“七好处室（班组）”“七好党员”“七型员工”等“五项争创”活动为着力点，为中心工作提供思想引领、作风形成、基础建设、干部人事、人才支撑、激励驱动、内控监督、文化凝聚、群团合力等“九大保证”。为有效推进“量化有效型”党建工作体系建设，借鉴国际通行的质量管理体系理念，对应党建工作体系“一五五九”架构，建立了一套科学有效的考评制度，明确了考核项目细则、评分标准和操作方法。“量化有效型”党建工作体系建设得到了全系统的广泛支持，得到了中组部、国务院国资委的认可，体系建设经验做法在央企负责人会议、中组部培训会议等多个重要会议上进行交流，《人民日报》、新华社《内参清样》、中组部干部五局《央企情况》进行了专题推介，中央党建工作领导小组在《党建要情》上予以刊载。实际工作中，将研究“三位一体”党建工作格局要求贯穿于考评标准的设置中，坚持过程量化考核和效果考核相结合，坚持量化评分和负面清单否决相结合，强化党建工作考核结果与领导班子成员绩效兑现挂钩。近三年考核中，对评为优秀等级的 38 家单位，其班子成员年终绩效奖励在原基础上最高增加 15%；考核为较差和差等级的 5 家单位，其班子成员年终绩效奖励在原基础上最高扣减 10%。

2. 建立“三化”导向机制，深化“两学一做”学习教育

党组明确提出了“思想政治教育经常化、组织生活规范化、政治生活严肃化”的要求，努力探索，积极创新，推进“两学一做”学习教育常态化制度化。**一是**创新学习教育方式方法。针对员工工作任务量大、出差多、整块学习时间难以保证的情况，提出“问卷答题引导学”“化小专题交流学”“考量工作结合学”“对照言行自省学”的“四学”方法，建立

并运用信息化“学思践悟”移动网，有效解决基层党员学习时间、空间聚合的问题，推动理论联系实际见成效。**二是**以提高基层党务干部党建理论素养和实务操作能力为重点，对全系统 1500 多名党支部书记和党务干部开展专项培训，实现党支部书记培训全覆盖。**三是**指导基层党组织通过“三开一覆盖”，解决好“三会一课”落实难的问题，即：支委会围绕重大事项灵活开，党小组会紧随每月班组例会同步开，党员大会结合部门月度及季度例会协调开；严格要求每名党员认真接受党课教育，除党员干部带头讲党课外，组织优秀党员、党员技术骨干等走上讲台讲党课，做到党课全覆盖。**四是**突出解决重难点问题。2016 年，通过深入基层调研，梳理党建重难点问题 25 项，组织全系统 87 名党委书记、纪委书记开展课题研究，形成一批较高水平的研究成果，汇编成册下发全系统学习借鉴。**五是**围绕中心，特色争创。指导基层党组织紧密围绕中心任务，广泛开展党员先锋岗、党员攻关团队等特色活动，争做合格党员，在“天眼”工程、神舟十一号与天宫二号交会对接等国家重点工程、重大项目中，涌现出了“全国优秀共产党员”崔继先等一大批优秀党员和先进基层党组织。

3. 建立“述评考用”工作机制，压实党建责任

党组紧紧扭住主体责任这个“牛鼻子”，完善并落实党组、党委、党（总）支部三级责任体系，以及党组织书记、班子成员个人责任清单，建立起“述评考用”工作机制：**一是**抓好“述责”。建立健全党组织书记述职评议考核、班子成员“一岗双责”述职评议制度，各级党组织每年逐级向上级党组织报告党建工作责任落实情况。党组采用集中述职和分片区述职两种方式，做到对成员单位党组织书记述职评议全覆盖。**二是**抓好“评责”。采取领导点评、党员群众提问评议等方式，对班子和个人履行党建责任进行述职评议和测评。**三是**抓好“考责”。在组织 8 个督导组进行日常督导检查基础上，每年底分片区对成员单位党组织进行党建工作年度考评并分类定级。**四是**抓好结果运用。将考核结果与巡视审计结果结合，作为班子和干部选拔任用的重要依据；对党建责任不落实、问题整改不到位

的单位和班子成员，党组进行严肃追责，2016 年给予党政纪处分 51 人次。

（二）以“三个着力”为重点，不断提升企业竞争优势

1. 着力把关定向、谋划全局，将党的路线方针政策转化为企业改革发展的战略目标和举措

党组系统谋划改革发展总体方案以及年度工作的指导思想和总体思路，努力为中国电科改革发展定好向、把稳舵，提出了把中国电科打造成世界一流创新型领军企业、成为党和人民可以信赖依靠的“大国重器”战略目标，以中央“五大发展理念”为指导形成中国电科“创新、协同、效益、可持续、共享”五大工作方针。作为以科研院所为主体的高科技企业，中国电科按照集团公司全面深化改革总体思路，加强国有企业党的领导与法人治理结构的有机统一，明确党组织在法人治理结构中的法定地位。**一是**落实党建工作要求进章程。通过制定实施《关于贯彻落实党的十八届六中全会精神、加强党建工作的指导意见》，明确把党建工作要求纳入集团公司章程，并修改相应的制度体系文件，确立党组的法定地位，明确机构设置、职责权限、运行机制、基础保障。成员单位层面，通过制定《2017 年度党建工作指导意见》和《关于扎实推进党建工作要求写入章程（基本制度）有关事项的通知》，要求国有独资、全资和国有资本绝对控股的公司制成员单位，在 2017 年底前完成党建工作要求进入章程工作；事业单位性质的成员单位，在 2017 年底前完成党建工作要求写入基本制度［含党委工作规则、院所（长）办公会工作规则、“三重一大”决策制度等］工作。**二是**落实党委书记和董事长“一肩挑”。认真落实中组部和国务院国资委党委要求，对实行现代企业制度的子集团和专业公司，推行党委书记、董事长“一肩挑”；对规模较大的二级成员单位，配备专职党委副书记；对二级事业单位，实行党政一把手交叉任职，推行党委书记专职化。目前，除集团公司领导兼任董事长的公司外，11 家建立董事会的公司均实现党委书记、董事长“一肩挑”；26 家事业单位实现党政一把手交叉

任职，所属声光电公司、力神等2家成员单位配备了专职党委副书记。**三是**落实前置程序要求。完善党组、党委工作规则，明确决策程序、责任清单、沟通机制和报告制度“四要素”，推动加强党的领导和完善公司治理相统一。在集团公司层面，开展先试先行，对中电博微、中电海康等5个子集团建设方案等重大决策事项等进行前置研究讨论。在成员单位层面，党组以落实“四要素”要求为重点，在2017年底前完成二级成员单位党委工作规则、院（所）长办公会工作规则、“三重一大”决策制度修订。

2. 着力管好干部和人才，加强党组在干部和人才队伍建设中的领导和把关作用

一是坚持习近平总书记二十字好干部标准，制定中国电科“七好五强”好干部具体目标要求，以干部的德才素质和单位发展的阶段性特征研判为重点，选优配强成员单位领导班子。**二是**构建干部选拔任用、教育培养、管理监督、考核评价机制，把好动议提名关、考察考核关、程序步骤关。**三是**大力推进干部交流，通过多岗位锻炼，提升干部工作能力，培养复合型干部，2016年共交流干部76人。**四是**强化干部管理监督问责力度，对发现的问题加强分析，及时进行提醒、函询和诫勉，2016年函询36人次，诫勉谈话72人次。**五是**加强科技领军人才培养，每年引进一批高层次创新团队。2016年新入选国家“万人计划”4人、“千人计划”3人。**六是**成立中国电科大学，按照“设机构、建体系、全覆盖、常态化”的思路，强化干部人才培训，2016年培训约2200人次。

3. 着力实施创新驱动，推动世界一流创新型领军企业建设进程

党组认真贯彻全国科技创新大会精神，制订了建设世界一流创新型领军企业的方案。根据军民和国际业务发展需求，将意义重大、影响全局、攻关难度高的科研项目和工程作为重点任务，以集团主导的方式，重点突破，带动全局发展。强化原始创新，突破前沿技术和核心技术，推动武器装备发展，催生新产业。突破短板瓶颈，实现自主可控。打造创新平台，优化创新环境，每年对新评选出的科技领军人才、青年拔尖人才和高科技

创新团队，给予100万~1000万元科研经费支持。

（三）以“五大工程”为载体，持续增强文化软实力

1. 做到“五个结合”

切实发挥党的思想政治建设对企业文化建设的引领作用。**一是**把党的理想宗旨、社会主义核心价值观、国有企业的责任担当与企业文化核心理念系统相结合；**二是**把党组织发挥作用组织化、制度化、具体化的要求与企业经营管理规范相结合；**三是**把党员标准与员工行为规范体系相结合；**四是**把聚焦提质增效、做强做优做大的要求，与品牌建设布局相结合；**五是**把保持军工企业的政治本色和锐意进取的精神，与视觉识别系统核心元素相结合，构建了以《文化宣言》《经营文化纲要》《员工基本行为规范》及“1+8”品牌架构和视觉识别系统为支撑的企业文化体系。

2. 全面推进文化“五大工程”建设

一是打造核心理念工程，形成统一的中国电科核心理念体系，体现中国电科的经营哲学、价值理念与精神格调，凝聚全系统的精神力量；**二是**打造经营文化工程，将电科文化核心理念融入经营管理，实现全系统从价值观念的认同到思维方式的转变，使电科文化真正成为引领全集团经营管理的灵魂；**三是**打造员工行为工程，规范全体员工更好地肩负使命、追逐愿景、践行核心价值观和价值信条，在工作细节中做出符合企业要求的决策和行动，充分展现中国电科的文化风格；**四是**打造品牌建设工程，立足“电科防务、电科网信、电科安防、电科航天、电科能源、电科交通、电科装备、电科基础”八大领域，形成军民融合、“一主多元”的品牌体系；**五是**打造视觉形象工程，将核心理念融入新的企业LOGO，并通过完整的应用规范来塑造提升整体视觉形象，彰显电科整体实力。

在中国电科“责任、创新、卓越、共享”的核心价值观以及“铁肩担大任”“冲上山顶论英雄”等七大价值信条引领下，全系统大力协同，以国家最高科学技术奖获得者王小谟院士为代表的预警机研制团队，面对国

外技术封锁和重重困难，不惧艰险，不怕牺牲，攻坚克难，成功研制出具有国际先进水平的国产预警机，形成了“自力更生、创新图强、协同作战、顽强拼搏”的预警机精神，充分彰显了电科人献身国防现代化和国民经济信息化建设事业的风采。

党的十八大以来，中国电科作为科技型中央企业，网信领域的国家队、主力军，在党中央、国务院的正确领导下，继往开来、矢志不渝，坚持企业化、市场化、集团化、国际化改革方向，全面深化改革，企业规模已由几十亿级发展成为近两千亿级，正在由传统国企向中国特色现代国有企业转型，主营业务由以军工为主向五大业态协同发展。“路漫漫其修远兮，吾将上下而求索。”世界新科技革命和产业变革日益兴起，在以习近平同志为核心的党中央领导下，15 万电科人将启动改革创新的强大引擎，乘风破浪，向世界一流创新型领军企业迈进。

3

“国企改革＋电力改革”双轮驱动 以发展新成效助力国家能源转型升级

国家电网公司

国家电网公司成立于2002年12月29日，以建设运营电网为核心业务，经营区域覆盖26个省（区、市），供电服务人口超过11亿，是关系国家能源安全和国民经济命脉的国有大型骨干企业，也是全球最大的公用事业企业。公司连续13年获中央企业负责人经营业绩考核A级，2016、2017连续两年在《财富》世界500强企业排名第2位，蝉联中国500最具价值品牌第1名。

党的十八大以来，国家电网公司深入学习习近平新时代中国特色社会主义思想，牢固树立“四个意识”，认真贯彻党中央、国务院决策部署，坚持以创新、协调、绿色、开放、共享的发展理念为指导，以供给侧结构性改革为主线，统筹推进国企改革和电力改革，充分发挥电网优化配置资源的平台作用，推动能源转型升级、企业提质增效、服务全面提升，在重大任务中走在前面、作出表率，以实际行动践行国企“六个力量”新的历史定位。

一、加快电网发展，提高电力有效供给能力

国家电网公司聚焦电网发展短板，以提升供电可靠性和电能质量为核心，着力解决特高压和配电网“两头薄弱”问题，着力解决农村和边疆偏远地区电网发展滞后问题，为经济社会发展提供有力的电力保障。

全面推进特高压电网建设。自主研发了全球最先进的特高压交、直流输电技术，累计建成投运 16 项特高压工程，跨区跨省输电能力达到 1.8 亿千瓦，累计输送电量超过 8000 亿千瓦时，成功实现将西南、西北大型能源基地的水电、风电、太阳能发电经济高效地输送到东中部负荷中心。2014 年 5 月，国家电网公司经营区域内“四交四直”等 8 项特高压工程被国务院列入国家大气污染防治行动计划。“四交四直”工程包括榆横—潍坊、蒙西—天津南等 4 条特高压交流工程和锡盟—泰州、上海庙—山东等 4 条特高压直流工程，总投资 1737 亿元，线路长达 1.2 万公里，涉及 11 个省（区、市），对于促进内蒙古、陕西、山西等能源基地开发、清洁能源消纳，满足京津冀鲁、长三角地区用电需求，改善大气环境质量，提高受端电网安全稳定运行水平，带动电工装备制造业转型升级，均具有十分重要的意义。针对工程时间紧、任务重、难度高、创新多的情况，国家电网公司加强组织协调，与沿线 11 个省（区、市）政府成立工程建设工作领导小组，共同推进前期和建设工作。2017 年底工程将全部建成投运，可增加东中部地区受电能力超过 7000 万千瓦，每年减少燃煤运输 1.8 亿吨，减排二氧化硫 86.8 万吨、氮氧化物 91.7 万吨、二氧化碳 3.5 亿吨，将有力促进大气污染防治。

锡盟—泰州 ±800 千伏特高压直流输电工程泰州换流站

实施新一轮农网改造升级工程。农村电网是促进农业生产现代化和社会主义新农村建设的重要基础设施，也是贫困地区实现脱贫攻坚的主要支撑条件。国家电网公司认真落实国家新一轮农网改造升级部署，投资 1423.6 亿元，大力实施 2016—2017 年农网“两年攻坚战”。在国家有关部委和地方党委、政府的大力支持下，于 2017 年 9 月 25 日提前 3 个月全面完成 153.5 万眼农田机井通电、6.6 万个小城镇（中心村）电网改造升级、7.8 万个自然村通动力电建设及改造三大攻坚任务，取得显著成效。**一是**提升了农村电网供电能力。改造后的村镇低压供电半径由 700 米缩短到 430 米，户均配变容量由 1.6 千伏安提高到 2.64 千伏安，年户均停电和电压不合格时间比新一轮农网改造升级前分别缩短 6 小时、53.6 小时。**二是**改善了农村生产生活条件。2016 年以来实施新一轮农网改造升级的地区，农村家庭新增空调 599.3 万台、冰箱 411.4 万台、洗衣机 376.1 万台、电视机 357.3 万台、电炊具 515.9 万台、电动加工设备 74.1 万台；农村机电设备和家电购置消费规模达 221.4 亿元。**三是**带动了农业现代化和农民增收。机井通电惠及农田 1.37 亿亩，占全国有效灌溉面积的 13.7%。工程实施地区农民种粮年均增产增收 299.8 亿元、发展经济作物和特色农业年产值 307 亿元，且每年可节省燃油 274.8 万吨，降低成本支出 116.2 亿元，减排二氧化碳 875 万吨。**四是**促进了民生改善。三大攻坚任务受益贫困人口超过 2900 万人。通过机井通电，完成 225 个国家级贫困县 35.5 万眼机井改造，受益农田 2729 万亩，与过去柴油机等传统灌溉方式相比，户均解放浇地劳力 3～4 人，每年可为贫困县农户节省支出 72.5 亿元。

国家电网辽宁电力实施机井通电工程

加强援疆援藏援青工作。国家电网公司始终把援疆援藏援青作为重大政治任务，党的十八大以来，从维护祖国统一、国家安全、民族团结的大局出发，着力实施一批补短板重大项目，完善边疆地区供电设施，增强民生保障能力。加快新疆 750 千伏电网建设，构建了覆盖全疆的 750 千伏骨干网架。加快疆电外送通道建设，建成 ±800 千伏哈密南—郑州特高压直流工程，“疆电外送”能力达到1300 万千瓦，到2017 年9 月底累计外送电量 1291 亿千瓦时，带动经济效益超过 1000 亿元，解决就业岗位超过 8 万个，促进了资源优势向经济优势转化。开工建设世界上海拔最高、环境最复杂、施工难度最大的藏中联网工程，对大电网之外的 16 县实施统一管理，加快构建西藏统一电网，实现西藏电力发展的重大跨越。建成青海果洛 750 千伏输变电工程，结束了果洛藏族自治州三个县孤网运行历史。解决了西藏、新疆、青海及三省藏区 57 万无电户、235 万无电人口的用电问题，全面实现国家电网公司经营区域内户户通电。统筹考虑边疆地区工作实际，从制度、人员、资金、项目等方面给予全方位支持，累计安排 2000 余人赴西藏、新疆开展援助工作，提升人才“造血”能力。

750 千伏伊犁—库车输变电工程竣工投运

积极服务边防部队电网建设。国家电网公司全面贯彻落实党中央关于军民融合发展的重大部署，高效推进边防部队电网建设工程，努力将其打造成一项固边工程、暖心工程，全力以赴让人民子弟兵用上电、用好电。

截至2017年9月，国家电网公司负责的164个边防部队电网建设任务，已通电41个、在建73个、开展工程前期50个，超额完成2017年原定目标任务。为满足西藏军区提出的边防部队哨所电网建设要求，国家电网公司进一步加大人力、物力投入，克服高寒、高海拔、运输环境差等方面困难，确保在2017年底前提前完成通电任务，全面提高边防部队能源保障水平。

二、促进新能源发展，推动能源清洁转型

党中央对能源转型发展高度重视。习近平总书记在中央财经领导小组第六次会议上提出了“四个革命、一个合作”的战略思想，为我国能源转型指明了方向、提供了基本遵循。可再生能源特别是新能源的大规模开发利用，是能源转型的突出标志。在政府大力推动下，近年来我国可再生能源发展迅猛。截至2016年底，我国可再生能源装机5.6亿千瓦，装机比重达到34%，较2010年提高9个百分点，其中水电、风电、太阳能发电装机分别达到3.3亿、1.5亿千瓦和7700万千瓦，均居世界第一。2000—2016年，风电、太阳能发电装机年均增长46%和62%，大大高于全球24%和41%的平均增速。

国家电网公司积极服务新能源发展，确立了建设大电网、形成大市场、支撑大开发的工作思路，多措并举促进新能源持续健康发展。截至2017年9月底，国家电网公司经营区域新能源并网容量2.7亿千瓦，其中风电1.4亿千瓦、太阳能发电1.1亿千瓦，国家电网成为全球新能源并网规模最大的电网。

针对社会广泛关注的弃风弃光问题，国家电网公司高度重视，制定实施消纳新能源20条措施，着力缓解弃风弃光矛盾。**一是**创新调度方式。在全网开展新能源统一调度，加强电源－电网－负荷互动，深度挖掘现有电网调节潜力消纳能力。加强风光水火联合调度运行，实行新能源优先上

网、保障性收购，最大限度促进新能源消纳。在新能源消纳压力最突出的春节期间，消纳风电同比增长65%、太阳能发电增长86%。**二是**强化技术创新。着力突破气象预测、联合运行、智能控制、大电网安全等方面的关键技术，解决了新能源大规模接入的低电压穿越等技术难题。开展新能源发电功率预测、虚拟同步机等技术研究和应用。在河北张家口建设了目前全球规模最大的首个风、光、储、输工程，探索出了新能源高效综合开发利用的新模式。**三是**增强调峰能力。到2017年9月底，国家电网公司在运、在建抽水蓄能电站35座，装机容量达4091万千瓦。从现在到2020年还将新开工24座，新增装机2950万千瓦。最大限度利用抽水蓄能电站，近三年利用小时数逐年同比增加20%，2016年达3000小时以上。**四是**建立市场机制。推动建立有利于促进清洁能源大范围消纳的电价政策，积极组织省际直接交易、替代交易和置换交易。利用跨区通道富余输电能力，启动弃风弃光电量现货市场，到2017年9月底通过现货交易累计减少弃风弃光电量41.6亿千瓦时。**五是**学习借鉴国际经验。2017年2月，国家电网公司专程组团赴葡萄牙调研其上年连续4天（2016年5月7—11日）全清洁能源供电情况，交流学习系统平衡技术；2017年6月16日，国家电网公司与国际电工委员会（IEC）在德国法兰克福联合举办国际研讨会，围绕全球新能源发展重大问题展开深入探讨，并与国际可再生能源署、德国能源署、丹麦国家电网公司、葡萄牙国家能源网公司签署了合作协议或备忘录，共同应对新能源快速发展带来的挑战。**六是**探索局部地区全清洁能源供电。2017年6月17—23日，国家电网公司通过加强省际协调、采取灵活机制、发挥大电网作用，在青海首次实现连续7天100%依靠太阳能发电、风电和水电满足全省电力供应。与葡萄牙连续4天全清洁能源供电相比，青海清洁能源高比例供电的难度更大，持续时间更长，运行调节更具挑战性。通过这次创新实践，充分验证了国家电网公司发挥大电网平衡调节作用，促进消纳清洁能源的针对性和有效性，得到李克强总理批示称赞，在国际上也得到高度评价，对于促进我国新能源发展具有重要示范意义。通过综合施策，2017 年 1—9 月，国家电网公司经营区域新能源发电量同比增长 32.2%，弃风弃光率下降 6.7 个百分点，实现弃风弃光电量和弃风弃光率“双下降”，清洁供应能力持续增强。

国家风光储输示范工程

三、推进“瘦身健体”，提高经营效率效益

国家电网公司认真贯彻党中央、国务院关于深化国有企业改革的要求，坚持苦练内功、强基固本，以解决历史遗留问题、加快建设现代公司治理体系为主攻方向，精简管理层级，大力增收节支，盘活存量资产，持续提高运营效率和经营绩效，增强发展活力、竞争力和抗风险能力。

完善企业治理，提高运营效率。全力加强企业党的建设，推动党的领导和公司治理有机统一，将党建的独特优势转化为推动公司和电网发展的竞争优势、创新优势和科学发展优势。到 2017 年 10 月底，国家电网公司二级单位已全部实现党委书记、董事长“一肩挑”。大幅压缩管理层级，取消区域电网公司法人和县供电公司法人层级，从 2016 年到 2017 年 9 月底，各级存量法人户数减少 437 户，电网主业实现“两级法人、三级管理”。大力压减低效无效、非主业资产，累计清理处置低效无效资产总额1123 亿元，累计关停并转集体企业 3169 户。大力推进体制机制创新，2017 年 11 月底前将全面完成国家电网公司总部和 145 家子企业的公司制改制工作。推动混合所有制改革，对抽水蓄能电站、调峰调频储能项目实行投资放开。积极参与增量配电投资业务放开改革试点项目，截至 2017 年 9 月底，国家电网公司经营范围内首批 83 个增量配电试点项目中，已确定供电范围 50 个，签订合作意向书 25 个，引入社会资本 20 家。稳妥剥离企业办社会职能，积极推进“三供一业”分离移交工作。到 2017 年 9 月底已完成 2502 个小区、215 万用户的供电接收工作，解决了移交企业的历史负担，提高了移交小区供电可靠性、安全水平和服务质量。

严格控制成本，提高经营绩效。建立涵盖电网、产业、金融各业务板块统一、科学的标准成本体系，规范国家电网公司各级单位、各类业务的成本列支范围和开支标准，年节约生产运营成本 100 亿元。建立工程项目投资预算管理制度，定期编审发布工程总投资预算和年度投资预算，从源头对投资规模和成本费用进行把控，项目竣工决算金额较概算下降 15% 以上，年节约资金 400 亿元。加强亏损企业治理，逐户分析企业亏损原因，明确减亏扭亏目标，细化措施、严格考核，到 2016 年底累计亏损企业户数和金额压降比例均超过 60%，提前一年完成国务院国资委下达的亏损户数和金额双减半的目标。2016 年，国家电网公司百元营业收入负担成本费用 96.74 元，同比下降 0.33 元；万元资产运维费 579.2 元，同比下降 7.7 元；实现利润 866 亿元，效益水平再创新高，超额完成国务院国资委业绩考核任务。

盘活存量资产，深挖增长潜力。严格压控“两金”，坚持从业务前端、源头上控制“两金”占用规模，电网企业建立“一户一策”电费回收风险预警体系，电工装备制造企业严格“以销定产、以产定采”，2016 年完成“两金”存量压降 594 亿元、压降比例 45%，高于国资委下达年度压降目标 25 个百分点。2010—2016 年，在资产总额年均增长 8.6% 的情况下，国家电网公司应收账款、存货（不含房地产）年均分别下降4.2%、2.5%，占资产总额的比重分别下降1个和0.8个百分点。开展跨省退役设备再利用，将东部发达省（区、市）退出运行的设备，修复调拨至西部落后地区。两年组织三次跨省调拨，变压器、断路器、隔离开关等设备共计2793台，资产原值2.26亿元。不仅盘活了存量资源，最大限度提高了设备利用率，也有效降低了设备再购置成本，提升了国家电网公司整体经营效益。

降杠杆减负债，增强抵御风险能力。加强资金集中运作，资金集中度超过99%。努力挖掘内部资金潜力，提高内部资金周转速度和使用效率，降低对外部融资渠道的依赖，2010—2016年，国家电网公司累计运作内部资金超过5200亿元。强化资产负债管控，在完成投资2.4万亿元的情况下，负债率从2010年的61.8%降低到2016年的55.9%，下降5.9个百分点，在世界500强同业中处于最优水平；优化债务结构，优先以预收账款等非带息负债解决资金需求，带息负债年均增速3.4%，低于负债总额增速3.3个百分点，低于资产总额增速5.2个百分点。积极创新融资方式，多渠道引入低成本资金，2016年成功发行境内839亿元、境外10亿美元和10亿欧元债券，平均利率低于同期限银行基准利率1.8个百分点，节约利息支出71亿元。加强境外投融资平台建设，积极开展国际信用评级工作，连续5年获得三大国际评级机构国家主权级评级，抓住国际市场利率较低的有利时机，累计成功发行115亿美元债券、20亿欧元债券，发行利差持续保持同期中资企业境外发债最低水平。

四、深化电力改革，有效释放改革红利

国家电网公司深入贯彻中共中央、国务院《关于进一步深化电力体制改革的若干意见》（中发〔2015〕9号），持续深化电力改革，扎实做好输配电价改革、售电侧放开、增量配电投资业务放开、发用电计划放开等重点任务，积极推进完善交易机制和市场规则，推动全国统一电力市场建

设，发挥市场在提高效率、降低成本、促进清洁能源资源大范围优化配置等方面的重要作用，有效释放改革红利，促进公司与电网可持续发展。

全国统一电力市场加快构建。着眼于建设统一开放、竞争有序的电力市场体系，坚持市场化改革方向，在国家电网公司经营范围内成立国家级电力交易机构（北京电力交易中心）和27家省级电力交易机构，其中山西、重庆、湖北三省市电力交易中心采用股份制形式组建。所有交易机构均按照《公司法》注册，撤销内部交易部门，实现了电力交易业务与电网企业其他业务的分开。全面搭建了公开透明、高效运转的电力交易平台，实现从市场成员注册、交易组织、电能结算到信息发布的电力交易全业务流程的在线运作，能够满足上万家市场主体同时在线参与交易，支撑省际电力交易、电力直接交易和发电权交易等多品种交易运营。全面实现“一地注册、信息共享”，市场主体只要注册一次即可在各地参与交易。截至2017年9月底，已完成1670家售电公司的市场注册。市场管理委员会组建加快推进，北京电力交易中心和17个省电力市场管理委员会完成组建，建立了包括发电企业、电力用户、售电公司、电网企业等市场各方共同参与、推进市场建设和运营的协商机制。

市场化交易规模大幅提升。随着发用电计划的放开和电力交易平台的建立，符合准入条件的电力用户、发电企业等市场主体逐步被赋予了购（售）电选择权，电力用户注册入市的积极性高涨。截至2017年9月底，电力交易平台已注册电力用户18766家，是2015年底的7.7倍；注册发电企业27070家，实现已并网的公用发电企业全部市场注册。注册的电力用户、发电企业在交易平台上通过双边协商和集中竞价等方式实现了自主决定购售电的对象、电量和价格，市场主体的活力逐步释放。2017年1—9月，完成市场化交易电量8423亿千瓦时，同比增长52.4%，占国家电网公司售电量的28.4%，多买方－多卖方有效竞争的市场格局加快形成。

市场配置资源作用逐步显现。落实国家能源战略，通过集中交易促进水电大规模外送。2017年4月20日，北京电力交易中心组织汛期西南富余水电外送年度集中交易，交易时间从5月到11月，较往年增加了2个月，促进西南富余水电在国家电网范围内广泛消纳。246家发电企业参与交易，最终达成交易结果253亿千瓦时，交易规模同比增加14亿千瓦时。这次交易的达成和执行，将西南地区优质清洁水电通过特高压电网输送到各地，有力促进西南水电消纳和东中部地区节能减排，可节约标煤810万吨，分别减少二氧化碳、二氧化硫排放2020万吨、61万吨。

企业用电成本有效降低。全面完成省级电网（除西藏外）的输配电价改革工作，为用户节省年电费支出超过178亿元。落实国家基金附加标准调整，取消城市公用事业附加费，年降低企业用电负担280亿元。全面停止向铁路部门收取电气化铁路还贷电费，年降低铁路企业用电成本52亿元（全国共60亿元）。扩大市场化交易电量规模，预计全年交易电量将突破1万亿千瓦时，降低用户用能成本180亿元以上。通过综合运用改革和市场的办法，2017年全年预计可减少用户用电成本700亿左右，有效释放了改革红利，切实支持实体经济发展。

五、开展阳光扶贫，服务民生改善

国家电网公司坚决落实中央打赢脱贫攻坚战的战略部署，从2016年开始实施具有行业特色的三年“国网阳光扶贫行动”，包括村村通动力电、国家光伏扶贫项目接网、定点光伏扶贫三大工程。其中，定点光伏扶贫计划投入7.27亿元，助力湖北、青海两省五县区群众脱贫致富。国家电网公司在定点光伏扶贫电站的工程建设、资产移交、管理运维及收益分配模式上先试先行，探索出直接精准到村、长期稳定受益、村民获得感强、可以复制推广的电力扶贫新模式，走出了一条中央企业开展精准扶贫的新路子，受到地方党委、政府和贫困地区群众的赞扬。

坚持精准施策。国家电网公司根据青海和湖北的自然环境条件，2016年建成7座共2.98万千瓦集中式光伏扶贫电站，每年产生扶贫收益约700

万元，直接为5000多贫困人口提供稳定、可持续的脱贫资金保障。针对秭归、长阳、巴东和神农架林区土地资源匮乏的特点，2017年国家电网公司出资4.57亿元，为“三县一区”全部236个建档立卡贫困村，每村建设一座200千瓦村级光伏扶贫电站，每年可为每个贫困村提供扶贫资金约19万元，帮助3万余户近10万名建档立卡贫困人口脱贫。

湖北秭归县光伏发电站项目

打造标杆工程。按照全国光伏扶贫的标杆工程标准建设，可以保障光伏电站25年以上使用寿命，确保交给地方政府一个质量过硬的放心工程。在电站选址时，选择朝向和坡度最佳的地段，避开景区和自然保护区；在设备选型时，选择高效率的光伏板和低损耗的逆变器，最大限度地提高光伏电站发电效益；在电站建设中，为少砍荒地边的一棵茶树，施工方反复优化施工方案，将生态保护贯穿工程始终。

创新运维管理。为实现光伏电站可持续运营，会同地方政府共同研究，探索建立村集体、运维单位、总包单位三级运维服务体系。由县政府集中招标委托运维单位，村集体负责电站的日常看护和清扫、除草等，运维单位负责电站专业检修维护，总包单位负责运维技术支撑，并购买电站保险，为运行保驾护航。同时，国家电网公司发挥技术优势，将电站接入分布式光伏云网，通过“互联网+光伏”智能管理，实现手机客户端远程监测，保障电站长期稳定运行；通过上网电费及补贴代发服务，保证将电站收益按月及时足额发放到贫困户手中。

确保群众受益。对于最为核心的光伏电站的收益分配问题，国家电网公司突出“四个精准”，妥善安排在捐赠过程中的资产捐赠和收益纳税，增强贫困群众的获得感。精准到村：确保电站资产到村、扶贫收益到村，由村委会负责履行民主程序制订分配方案，逐级上报审批。精准到事：增加分红性收入，发展村级公益事业，增加间接性收入。精准到户：从扶贫收益中拿出部分资金，作为贫困户在农业合作社的入股资本金，扶持贫困户产业发展。精准到人：将光伏电站看护等公益性岗位优先安排给贫困人口，对特别贫困人口发放兜底补贴，对贫困人口子女进行助学资助，增加保障性收入。湖北神农架林区落羊河村村民自发联名写来感谢信。国务院扶贫办、国家能源局在国家电网公司定点扶贫地区——湖北宜昌组织召开全国光伏扶贫现场观摩会，充分肯定国家电网公司在中央定点扶贫工作中的示范作用。

除定点光伏扶贫外，国家电网公司全力支持国家光伏扶贫产业发展，“十三五”规划投资32亿元，完成2.8万个村级光伏电站接网工程。主动与各级政府、项目业主沟通对接，提前介入项目选址、工程设计等工作，引导村级光伏扶贫项目合理布点；畅通工程绿色通道，提前安排接入系统方案编制，同步开展配套电网建设、物资供应等工作，为做好村级光伏扶贫并网工作争取时间，赢得主动。实行“一对一”跟踪服务，按照“应接尽接、宜并尽并、应结尽结”的原则，组织精干力量加快推进，确保及时并网发电，并按照约定周期按时结算上网电费，及时拨付政府补贴。到2017年9月底，累计完成国家光伏扶贫项目接网总容量896.6万千瓦，项目惠及贫困户174.4万户。

六、实施电能替代，不断提高电气化水平

国家电网公司积极顺应绿色发展趋势，根据国家经济结构调整实际需要，不断丰富供给手段，积极适应并挖掘用户潜在需求，把实施电能替代、提高电气化水平与产业转型升级和扩大新的用电市场相结合，在交通、工业、商业、居民生活等领域大力推进电能替代。从2013年到2017年9月，累计实施以电代煤、以电代油等各类电能替代项目9万余个，完成替代电量3200亿千瓦时，减少直燃煤1.8亿吨，减排二氧化碳3.2亿吨，减排二氧化硫、氢氧化物和粉尘等污染物1亿吨，为环境治理作出积极贡献。

大力推进实施电能替代示范工程。按照“政府主导、电网推动、社会参与”的原则，制定印发《国家电网公司2017年电能替代示范工程建设实施方案》，实施绿色交通运输、清洁取暖、综合能源利用共3大类10大项示范工程、137个示范项目，形成可推广、可复制的电能替代工程示范，引导社会广泛参与，推动电能替代实现质的飞跃。冷热电城市综合能源利用、“两纵一横”港口岸电、机场桥载设备替代APU、工农业生产电代煤等示范工程项目，将有效引导和带动城市生产生活、交通运输、工农业生产等领域和产业终端用能环节转型升级。积极开展技术标准和关键设备研发。发布16项电能替代企业技术标准，参与国际标准修订。牵头成立电能替代产业发展促进联盟，凝聚优势集中攻关高能量密度储能、超高温电加热窑炉等关键技术，解决中心城区建筑集中供热（冷）改造难题，带动相关产业快速发展。

以电动汽车为重点推进以电代油。交通行业是电能替代的重点领域，近年来电动汽车产业迎来重要战略机遇期，呈现爆发式增长态势，我国电动汽车销量增速位居全球第一。2016年底，全球电动汽车保有量超过200万辆，中国约占50%。国家电网公司积极服务电动汽车产业发展，引领和

推动充电设施建设，全力支持社会资本投资建设充电设施，做好供电服务。2006年以来，国家电网公司累计投资228.7亿元，建成充换电站5526座、充电桩4.4万个。建成“六纵六横两环”高速公路快充网络，覆盖高速公路1.6万公里、16个省的121个城市，为电动汽车跨省出行提供便利。建成全球最大、功能最全的智慧车联网平台，截至2017年9月，累计接入充电桩16.8万个，其中社会充电桩12.3万个，累计充电量34.9亿千瓦时，为电动汽车出行提供全方位服务。

高速公路电动汽车充电站

以清洁采暖为重点推进以电代煤。习近平总书记强调，推进北方地区清洁取暖是大事，关系广大人民群众生活，是重大的民生工程、民心工程。以电代煤清洁取暖，既可以方便广大群众温暖过冬，也能够有效改善大气环境质量。国家电网公司认真落实总书记重要指示，加快推进京津冀大气污染传输通道城市清洁供暖，2016—2017年投资258亿元实施京津冀重点区域“煤改电”工程，包括2068个村、79.9万户居民电采暖改造任务。到2017年底，北京地区“煤改电”户数将累计达到104.1万户，可减少散煤燃烧416.4万吨，减排二氧化碳1082.6万吨、二氧化硫9.99万吨、氮氧化合物2.91万吨；京津冀重点地区将全部实现无煤化，全国地级以上城市建成区全部淘汰燃煤小锅炉。

以苏州为样板打造能源变革典范城市。组建国网（苏州）城市能源研究院，把握苏州成为国际能源变革论坛永久会址的契机，在省、市两级政府支持下，通过建设“无燃煤区”示范工程、推广智能高效绿色交通工程、加快港口岸电互联互通、推广家庭电气化和多能互补示范工程等方式，努力把苏州建设成为能源变革典范城市，为智慧城市、智慧能源建设提供典型实践案例。

七、发展新兴业务，培育新的增长点

国家电网公司把握能源科技和信息通信技术融合趋势，以电动汽车服务和电子商务为重点，大力开拓增值潜力大、盈利能力强、发展前景好的新业务、新领域，创新业务运营模式，培育新的效益增长点。

发展电动汽车服务业务。国家电网公司建成全球规模最大，集充电服务、资源监控、信息共享等功能于一体的智慧车联网平台。依托车联网平台，开发e充电、e车城、e约车等应用系统，为用户提供一键导航、充电预约、便捷支付、汽车租售等一站式增值服务。与40多个充电运营商和汽车厂家实现信息共享和技术对接，能够对车辆的档案信息、实时位置、电池电量等信息进行监控分析。构建高效运维抢修体系，故障后15分钟内派发工单、45分钟内检修人员到场、2小时内完成抢修，改善了用户体验。同时，支持社会资本投资建设充电设施和居民区私人充电桩建设。在国家电网公司区域直接报装接电的充换电设施，低压接入时限7个工作日。累计投资53.2亿元，完成送电6.3万户，接电容量132.9万千瓦。主导制定拥有自主知识产权的我国充换电设施标准体系，完成国标22项、行标27项、企标56项。成功立项IEC国际标准4项，已完成3项，实现了电动汽车领域由我国主导完成国际标准零的突破。

推动电子商务快速发展。充分挖掘电力上下游客户群资源，打造了

“电 e 宝”综合民生支付服务平台和国网商城能源 B2B 电商平台，构建以“电”为主线的特色综合电子商务生态网络。国网商城注册用户接近 2 亿户，累计实现交易额 1234 亿元。电 e 宝注册用户 2 亿户，累计交费金额超过 300 亿元。以全面提升分布式光伏运营效率为目的，建成国内最大的“科技 + 服务 + 金融”分布式光伏云平台。平台接入用户 58 万户、装机容量 2435 万千瓦，能够实现全国范围内光伏资源监控和调度，并向光伏用户提供“一口报装、一键建设、一网监测、一步结算”的全方位立体化服务。同时，积极发挥平台作用，整合产业链资源，带动 260 家光伏发电设备、EPC 总包、施工安装等上下游企业协同发展。2017 年 7 月，国家电网公司联合中国五矿、中粮集团等 13 家央企，发起组建央企电商联盟，推动用户、市场、数据等资源共享，释放中央企业在规模经济、分享经济方面的价值潜力。在联盟框架内，国家电网公司跨境电商平台实现首单业务落地，促进了国内优质工业品资源加快“走出去”。

八、实施创新驱动，增强内生动力

国家电网公司牢固树立创新发展理念，始终保持强烈的创新意识，瞄准世界能源电力科技前沿与生产实际问题，持续不断推进创新，显著增强了企业发展内生动力。

实施重大科技创新，提高电网技术装备水平。国家电网是世界上电压等级最高、技术水平最先进、资源配置能力最强的电网，随着能源转型不断深入，发展中遇到的都是世界级难题，只能依靠自主创新促进科技进步，推动科学高效发展。近年来，国家电网公司建成了功能最完整、试验能力最强、国际领先的覆盖特高压、新能源并网和大电网安全的智能电网综合研究体系，拥有国家级实验室 18 个（其中国家重点实验室 6 个）、公司级实验室 83 个、各单位级实验室 400 多个，有效支撑了智能电网重大技术突破、重大装备研制和工程应用。组建全球能源互联网美国研究院和欧洲研究院，形成产学研用紧密结合、分工明确、协同高效的科技创新体系。国家电网公司持续开展重大科技攻关，取得了一批世界领先的科技成果，全面掌握全球最先进的特高压输电核心技术和全套设备制造能力，特高压交流示范工程获得国家科技进步特等奖和中国工业大奖，使我国成为全球唯一实现特高压输电商业化运营的国家，并将特高压技术装备成功出口到巴西。智能电网、大电网运行控制、电网仿真、柔性输电、新能源并网等技术均达到国际领先水平。国家电网公司累计获得国家科学技术奖 60 项、中国专利奖 72 项，拥有专利 69341 项（发明专利 14277 项），专利拥有量、发明专利申请量连续 6 年位居中央企业第一。

创世界纪录的特高压直流试验基地 7200 千伏冲击电压发生器试验现场

创新服务模式，提高市场竞争力。国家电网公司着力构建以客户为中心的电力服务体系，增强市场响应能力和竞争力。变革组织机构，优化业务流程，整合电网运行、设备抢修、服务值班等力量，统筹推进供电服务指挥平台和“全能型”乡镇供电所建设，快速响应客户需求，客户服务满意率达到 99% 以上。积极适应增量配电投资业务发展需要，因地制宜设立相应服务机构，增强服务的针对性、及时性。同时，着力深化“互联网 +

营销服务”应用，推广“掌上电力”手机 APP、“电 e 宝”等线上渠道，统筹发挥实体营业厅作用，打造线上线下立体化服务网络，畅通服务群众“最后一公里”，让广大用户办电更便捷、购电更灵活、用电更舒心。

浙江舟山五端柔性直流输电科技示范工程海底电缆敷设现场

深入推进“双创”，激发全员创新活力。作为国家“双创”示范基地单位，国家电网公司以能源变革需求为导向，以核心技术攻关、重大工程实施、示范中心建设为重点，持续深化“双创”、畅通动力之源，积极培育创新环境，营造了“大众创业、万众创新”的良好局面。尊重职工首创精神，强化全员创新意识，到 2016 年底，累计建立劳模创新工作室 1500 余个，职工技术创新团队超过 2 万个，推广创新成果 6 万余项，职工技术创新成果 4 次获得国家科技进步奖二等奖。2014—2016 年，每年组织开展青年创新创意大赛等活动，培育形成了一批先进实用成果。2017 年以来，国家电网公司把握入选国家“双创”示范基地的契机，统筹发挥科研、设计、制造、建设、金融等专业优势，规划建设集科技成果孵化转化、知识产权运营、“双创”成果展示等功能于一体的“双创”示范中心，着力打造“线上信息互通共享、线下实体在线服务联动”的“双创”服务平台，建立健全资金投入、人才激励、创新容错、成果转化等配套制度，努力创建“创新资源集聚、服务体系完善、产出效应突出、示范作用显著”的创新生态，激发全员创新创业的积极性，为企业发展提供强大动力。

变电站智能巡检机器人

九、服务“一带一路”建设，以标准引领“走出去”

国家电网公司把服务“一带一路”建设作为国际化战略的核心，充分发挥综合优势，广泛开展国际产能合作，带动全产业链“走出去”。在这一过程中，国家电网公司高度重视标准化建设和标准国际化工作，充分发挥标准在“走出去”中的引领作用。

积极参与和主导国际标准制定。国家电网公司一直重视参与国际标准制定和国际组织有关工作。舒印彪董事长从 2013 年起担任国际电工委员会（IEC）副主席，直接领导 IEC 市场战略局的工作。国家电网公司专家参与 IEC 工作累计超过 300 人次。目前，中国在 IEC 共主导发起成立 6 个新技术委员会，其中 5 个由国家电网公司主导发起，包括高压直流、智能电网用户接口、可再生能源接入电网、特高压交流输电系统、分布式电力能源系统。累计主导编制国际标准 44 项、正式发布 20 项，推动技术优势不断向国际竞争优势转化。

加快中国标准的国际化进程。技术领先是标准制定的基础和前提。近年来，国家电网公司依托在电网技术创新和工程实践方面的领先优势，积极推动中国标准“走出去”。在特高压领域，建立了完整的特高压标准体系，中国特高压技术标准输出到巴西，正在建设的巴西美丽山水电特高压直流送出一、二期工程全面采用中国标准，带动近 50 亿元的中国电力装备出口。在电动汽车充换电领域，国家电网公司主导制定的我国电动汽车充换电标准体系，与美国、德国、日本并列为世界四大标准体系。同时，国家电网公司积极推进我国技术标准与其他国家标准的互认，努力提升与国际标准的一致性，目前我国电工装备 IEC 国际标准等同采标率接近 80%，与欧洲水平相当。

标准国际化提升境外投资和项目运营水平。国家电网公司在标准国际化方面取得的成效，为参与“一带一路”建设、投资境外能源电力基础设施提供了有力支撑。2017 年上半年，国家电网公司顺利完成巴西、希腊两个投资项目的股权交割。目前，国家电网公司成功投资运营菲律宾、巴西、葡萄牙、澳大利亚、意大利、希腊等 7 个国家和地区的骨干能源网，累计对外投资 156 亿美元，管理资产 577 亿美元，所有项目全部实现盈利。在菲律宾，作为技术合作方，按照中国标准帮助菲律宾国家电网公司（NGCP）建立了完整的技术标准体系，涵盖规划设计、设备材料、项目管理、运行维护等领域，包括技术标准 109 项，有效提升了 NGCP 的安全运营和技术管理水平，当地因台风损毁的电网设施停电恢复时间从 1 ~2 个月直接缩短到 1 ~2 周。在巴西，采用中国标准，修订完善当地企业技术标准和规程，继电保护动作正确率由原先的 75% 提升至 90% 以上。国网巴西控股公司两次被评为“巴西电力行业最佳公司”。

标准国际化促进技术装备“走出去”。国家电网公司按照我国标准总承包建设的埃塞俄比亚复兴大坝水电站 500 千伏送出项目，是非洲目前最先进的输变电工程，带动了 27 亿元国内电力装备出口。工程建设质量得到了世界银行和多国专家的高度评价，被埃塞俄比亚政府确定为该国青少年爱国主义教育基地。国家电网公司累计实现国际工程总承包、装备出口合同额 392 亿美元，带动我国电工装备出口到 83 个国家和地区，逐步打入英国、德国、葡萄牙等高端市场。经过几年来的不懈努力，国家电网公司“走出去”连续取得重要突破，实现业务布局从发展中国家向新兴经济体、发达国家全面拓展，业务模式从工程分包向工程总承包、特许经营、股权投资协调发展提升，业务领域从劳务输出向技术、装备、标准、管理协同输出转变，开辟了参与国际竞争与合作的新局面。

习近平总书记指出，只有改革开放才能发展中国、发展社会主义、发展马克思主义。国家电网公司将在以习近平同志为核心的党中央坚强领导下，深入学习贯彻党的十九大精神，以习近平新时代中国特色社会主义思想为指引，坚持不懈地推进改革，凝心聚力、加快发展，确保电力安全可靠供应和国有资产保值增值，为决胜全面建成小康社会、夺取新时代中国特色社会主义伟大胜利作出新的更大贡献。

4

整合聚焦　转型发展
扎实推进供给侧结构性改革

中国宝武钢铁集团有限公司

中国宝武钢铁集团有限公司（以下简称“中国宝武”）实现联合重组以来，深刻学习领会习近平总书记系列重要讲话精神，认真贯彻落实党中央、国务院关于国有企业改革的决策部署，围绕供给侧结构性改革主线，按照国有资本投资公司试点的要求，**“以‘瘦身健体’为基础，以整合融合为抓手，以创新转型为引领，以体制机制改革为驱动，以加强党建为保障”**，“五位一体”进一步全面深化改革，取得了初步成效。2017 年上半年，中国宝武实现营业收入 2204 亿元、利润总额 86.6 亿元，同比分别增长 61%、100%，持续保持业界最优。

一、“瘦身健体”，提质增效，夯实长期发展基础

在中国经济进入“新常态”与后工业化时代，钢铁行业总体产能过剩的当下，中国宝武深刻认识到，“打铁还需自身硬”，要在日趋激烈的竞争中持续保持优势，就必须化长痛为短痛，通过“瘦身健体”实现强基固本。

（一）化解过剩产能，优化钢铁产业布局

中国宝武作为我国钢铁行业的“领头羊”和国有资本投资公司试点企业，积极响应国家战略部署，主动压缩钢铁产能。基于重组后的钢铁区域

布局优化和产品结构优化，形成“减量、增效、调整、发展”的转型方针。

主动压缩产能，推进绿色制造。根据国家钢铁产业政策，站在履行央企责任的高度，主动化解过剩产能。例如，原武钢集团关停炼铁厂一座高炉，二炼钢一座转炉，并关停或限产上下游配套相关产业单位。宝钢股份大力开展节能环保更新改造，推进绿色制造，实现钢厂废水“零排放”和固废“零出厂”。

优化产业布局，实现结构调整。统筹湛江和防城港基地建设，调整工作思路，实现布局结构优化；关停八一钢铁南疆钢厂产能；重组宝钢特钢和韶钢长材，打造高端特钢长材基地。

融入城市发展，改善城市环境。结合上海市城市总体规划改善城市区域环境面貌，调减地处中心城区的上海不锈钢产能，仅保留少部分的冶炼产能用作异地置换发展高端产品；关闭江苏南通钢厂全部产线。

2016年，中国宝武化解过剩产能997万吨，超额完成国家下达的年度任务，占全国去除过剩产能总量的15%；2017年545万吨化解目标也已完成，提前一年超额完成国家下达的三年化解目标，在推进供给侧结构性改革中发挥了中央企业带头作用。

推进绿色制造　改善城市环境

（二）推动成本变革，增强市场竞争优势

面对新形势、新挑战，中国宝武大力推进降本增效和成本变革，着眼于系统和全局，以提质增效和管理提升为契机，聚焦生产经营的关键环节和瓶颈，按照“PDCA + 认真”的要求，切实加强过程管理，并依托劳动竞赛平台，充分发动全员参与，开展全方位、多维度对标，使降本增效融入日常经营管理的各个方面。2013—2016 年，实现降本共计 291.4 亿元，2017 年 1—8 月实际降本 73 亿元，为实现经营目标奠定了坚实基础。

1. 精益管理、严降成本

中国宝武以“一切成本皆可降”的理念为指导，彻底打破“刚性费用”禁区，从供应链全流程审视各项成本费用发生的合理性和必要性，从采购降本、制造降本、费用削减、质量提升等方面全方位系统策划成本削减工作。通过强化全员、全要素、全过程成本控制，建立目标明确、责任清晰、奖惩落实的成本管理责任制。

2. 压缩开支、削减费用

严格费用支出预算管理，坚持无预算不支出。严格执行中央八项规定，杜绝一切非必要开支，严禁铺张浪费。如宝钢股份 2016 年总部固定费用除折旧、职工薪酬、财务费用由公司统筹管理外，各专项费用较 2015 年下降了 15% 以上。

3. 智慧制造、科技降本

以产品一贯制造技术为核心，全流程整体策划实施补短板、降成本，重点推进铁钢区域、冶炼与成品制造上下工序间的一体化降本协同、成品线重点工艺技术突破。

主动把握“中国制造 2025”发展机遇，在国内钢铁行业首家系统规划了“智慧制造”方案，以物联网、互联网、云计算、大数据等新技术与全供应链的深度融合应用为基本路径，逐步推进制造装备、全供应链管控、分析决策过程的智能化，如宝钢股份炼铁三号高炉炉前作业自动化、板坯

卷材合同质量余材自动匹配等，促进钢铁制造成本持续下降。

4. 工序对标、争先创优

发挥集团协同和资源整合优势，由宝钢股份牵头，武钢集团、八一钢铁、韶关钢铁、宝钢不锈等单位参赛，在炼铁、炼钢、热轧、冷轧等主要工序深入开展对标竞赛，充分发挥跨厂际同工序对标竞赛体系、平台作用，以全流程经济技术指标最优为目标，在产品质量和品种优化的基础上，强化班组成本意识，在经济技术指标上实现新突破。

（三）推进“压减”工作，提高经营管控质量

中国宝武将“治僵压减”工作作为现阶段企业发展内在需求予以推进，提出“企业不消灭亏损，就消灭亏损企业”的基本思路和“压减是手段、发展是目的”的原则，成立由公司领导亲自挂帅的专项工作团队，以减少法人户数为核心，设定总体目标和推进安排；创新色标管理方法，形成“天天跟踪、单周例会、双周汇报、月度小结”的工作机制；出台《法人新增、退出及存量优化管理规定》，以数字化、规范化、长效化、制度化管理子公司法人户数；编制《“压减”工作指导手册》，指导“压减”工作规范有序开展。推进过程中强调三个结合：

将“压减”工作与整合融合工作相结合。结合新一轮战略规划，通过专业化、区域化整合来减少法人户数，大幅提升资源配置效率。

将“压减”工作与扭亏增盈工作相结合。各子公司根据扭亏增盈目标，一企一策落实“压减”任务，原则上除战略培育性子公司外，连续三年以上亏损的全部“压减”。

将“压减”工作与提高资本回报相结合。加大对参股公司股权的梳理力度，逐家按照投资项目的利润水平、EVA 状态、分红情况进行分析处置。

截至 8 月底，集团总法人户数已压减 15.8%，年内将继续加压，实现总法人户数压减 25% 以上，提前超额完成国务院国资委下达的目标。

（四）降低财务杠杆，严控企业经营风险

1. 实施债转股或增资，优化负债结构

2016 年 6 月末，原武钢集团资产总额 1717 亿元，负债总额 1261 亿元，负债率为 73.44%。在市场化原则基础上，公司提出了盘活存量资产、引入社会资金、与金融机构共同设立转型发展基金的思路。2016 年 10 月，分别与建设银行、农业银行设立基金，引入外部资金 148 亿元，通过增资替换现有银行债务降低资产负债率，基金期限为“5 +2”年，资金成本约为同期限银行贷款利率。基金的引入有力缓解了武钢集团短期债务偿付压力，确保了公司资金链安全，优化了债务期限结构，降低了资产负债率。2016 年末武钢集团短期债务占比由年初 84% 下降到 54%，合并资产负债率由 73.44% 下降到 67.68%。

韶关钢铁在 2015 年前后出现较大经营亏损，流动性一度十分紧张。为保证其在关键时期的正常生产经营，集团公司给予流动性支持，同时积极开展增资工作。2016 年 9 月，原宝钢集团、广东省国资委共同向韶关钢铁增资 33 亿元，大幅改善资产负债结构，增强自身融资能力，化解了资金链风险，经营逐步向好。

2. 灵活运用融资方式，降低财务费用

中国宝武灵活运用多种融资方式，合理安排直接融资和间接融资比例，加强境内境外资金联动，拓展低成本融资渠道。各公司利用资本市场发行多种融资工具，直接融资比例由 2013 年末的 15% 提升至 2016 年末的 30%，直接融资成本较间接融资成本降低 1 ~1.5 个百分点。集团公司利用设立在上海自贸区和香港的外汇集中管理平台，打通境内外资金融通渠道，实现了境内外子公司之间的融通调剂，降低了整体融资成本。至 2017 年 6 月末，累计从境外调入资金约 29 亿美元，实现净收益 611 万美元。

3. 大力推进“两金”压控，压减有息负债

为有效防范跌价风险，中国宝武统一思想，全面部署，将“两金”压

控、控制新增投资、压减有息负债作为降杠杆、防风险的重要举措，向各经营单元下达年度管控目标。2017年末“两金”余额较年初下降10%，全年净有息负债下降200亿元。至二季度末全公司“两金”规模整体下降158亿元，其中存货下降126亿元，应收账款下降31亿元，上半年累计实现净现金流115亿元，净有息负债下降152亿元，全年可降低融资成本6.6亿元。

4. 发挥重组协同效应，避免重复投资

中国宝武成立后，统筹考虑湛江项目与防城港项目的建设，鉴于两项目在区域市场、产品结构等方面存在竞争，同时也在互供料、产线协同等方面存在空间，后续集团公司将与广西壮族自治区相关方协商广西钢铁未来发展和防城港项目后续建设，并配合宝武整合工作的推进，避免重复投资，节省投资可达300亿元。

（五）优化人力资源，提升人力资本效率

中国宝武一直致力于推动人力资源的优化，促进员工的职业转型和能力提升，进而实现人事效率的提升，支撑改革目标的达成。广大管理者和员工积极响应改革，付出了极大的努力，取得了实实在在的成效。2014—2016年，在岗人力资源优化比例达到32%，其中2016年，在岗人力资源优化达到3.3万人，为公司改革发展提供了有力支撑。

1. 推进人事效率提升，支撑经营改善

中国宝武坚持回归人事效率提升的本质，不简单将效率提升等同于减人，更加注重采取本质化的效率提升举措，以促进经营绩效改善为目标，开展人力资源优化工作。以“职能服务平台化，技术业务共享化，生产制造智慧化”为根本，从“压减法人、机构精简、业务共享、技术共享、智慧制造、设备统筹”等六大方面入手，通过对工作的分析，从源头优化用工的需求，实现本质化效率提升；秉持追求更高的人力资源投入产出（价值创造）理念，支撑更好的经营绩效实现。宝钢股份大力推进本质化措

施，2016年精简二、三级机构合计58个，系统策划制定智慧制造专项规划并在当年度实施42项，精简岗位超过576个；武钢集团、韶关钢铁2016年的效率提升幅度分别达到22.9%和15.1%，有效支撑了扭亏目标的实现。其他人事效率提升幅度较大的单元也实现了业绩的大幅提升，充分体现出人力资源优化创造的价值。

2. 推进员工转型发展，盘活人力资源

中国宝武始终将员工视作企业的财富，是改革发展依靠的重要力量。在化解过剩产能的过程中，坚持“转岗不下岗、转业不失业”基本原则，充分依靠现有员工，投入支撑战略新产业的发展；搭建员工转型平台，打通内、外部发展渠道，助力员工成功转型上岗；加强与政府、专业机构及企事业单位的沟通协调，通过增量岗位帮助员工转业发展。例如：集团公司通过优秀员工转型，投入支撑产城、产融、产网结合战略业务发展；武钢集团开辟了10余种不同的人员安置渠道，确保人员安置渠道的灵活性和多样性，输送员工支援地方业务需要；八一钢铁通过工业服务平台承揽社会业务，促进1861名员工转型满足外部业务需求；在上海市委、市政府的大力支持下，上海不锈实现182名员工向上海市各区的居民区党支部书记、社区工作者成功转型发展。

2016年，在产业转型升级同步开展的员工转型发展各项工作中，通过丰富内外部渠道，集团共有5352名员工成功实现了职业转型。

3. 完善激励保障机制，确保积极稳妥

中国宝武认识到最广泛的参与是助推改革成功的关键因素，立足于探索创新有效的激励、支持、保障机制，激发管理者和员工自主开展人力资源优化的主观能动性，聚焦难点问题实现突破。为此，中国宝武从对单位、对员工两个维度持续完善多样化的激励保障政策。建立工资总额核定与效率提升正向挂钩的机制，为效率提升后的员工收入增长创造条件；针对为效率提升做出贡献的骨干人员，制定专项激励制度；对效率提升达标的单位，给予专项费用支持，分担各单位因开展人力资源优化发生的费用；鼓励各单位积极对外拓展业务，创造就业岗位，给予人员接收单位过渡期人工成本支持。

在员工转型工作推进中，中国宝武高度关注员工需求，及时关心和响应员工关切，在人力资源优化工作中完善员工分流安置政策，切实依法保障员工权益，确保基本生活保障。为每一位愿意工作的员工提供工作机会，并建立培训费用支持政策、培训期间待遇保障来助推员工转型；为符合条件愿意退出的员工健全离岗退养保障政策；积极响应“大众创业、万众创新”战略，配套支持员工创业的劳动关系、资金激励制度，提供政策保障。

二、整合融合，聚焦发展，快速释放重组红利

党中央、国务院对宝武联合重组寄予厚望。对于打赢联合重组后的整合融合这场硬仗，中国宝武各级管理者与员工充满信心与斗志，下决心用三年的时间完成整合与文化融合，充分释放重组红利，建立更具可持续发展能力的产业组合，为成为全球钢铁业引领者与世界一流企业集团奠定坚实基础。

（一）加速主业整合，充分发挥协同效应

中国宝武成立后，同步开展了宝钢股份通过资本市场吸收合并武钢股份工作，加快推进钢铁主业整合融合成为各项工作的重中之重。2016年12月19日，宝钢股份下发《关于成立宝钢股份、武钢股份整合专项工作组的通知》。2017年2月14日，宝钢股份召开整合百日计划工作启动会。2月27日，宝钢股份复牌上市，上市公司合并工作圆满完成。4月初，整合工作全面开展。

上下齐心，用一致的认识引领整合。中国宝武把宝钢股份层面的整合作为2017年工作的核心环节来抓。宝钢股份将整合工作列为2017年度商业计划和深化改革计划中的首要任务，以学促知，以知促合。充分发挥党

组织的领导作用，通过形势任务教育等多种方式迅速统一公司上下对整合工作的认识，在全公司范围内形成了认同、支持、投身整合工作的氛围。武钢有些员工在整合初期对整合工作心存疑虑，公司党政领导班子通过召开系列员工座谈会宣传整合融合的重大意义，积极倾听职工心声，回应职工关切，面对面答疑解惑，消除疑虑。全体干部员工转变了观念，以坐不住的紧迫感、等不起的责任感、慢不得的危机感求新求变，积极投入整合工作中来，期待重整后的青山基地能涅槃重生。宝钢股份还连续组织两期青山基地管理人员专题实战研修，青山基地学员通过对标学习，深受触动，全身心地投入聚焦找差、制订改革方案的行动之中。

协同融合，用清晰的目标驱动整合。宝钢股份在整合计划的策划中，特别关注协同效益的获取，在整合之初，就明确提出年度实现10亿元协同效益的目标，并以快赢项目的落地为载体，确保整合协同效益获取。公司还提出通过体系覆盖达到管理和文化融合的整合路径，从而原点思考、以终为始策划业务对接和覆盖方案。武钢有限积极协同股份层面重点抓好“两个整合、三个集中统一、两个对接、两个协同支撑”。全面参与宝山基地进口矿、远洋运输整合，推进煤炭、合金、资材类部分品种统谈分签及协同采购；实施营销渠道划转切换和库存划转；成立中央研究院武汉分院；开展冷轧电镀锌协同和规划协同；对接财务和信息化，成立13个信息化专业小组和推进工作领导小组，明确26项信息系统覆盖及移植时间节点，104项任务均按时间节点达到预期目标。

体系推进，用科学的方法实施整合。一是以信息系统覆盖为整合龙头。通过系统覆盖倒逼业务整合，在宝钢股份多制造基地信息系统架构指引下，整合构建“统一语言、统一规则、统一平台”的信息系统，支撑实现武钢有限管理框架重新构建、管理过程重新布局。**二是**以现有业务体系为整合依托。充分发挥各业务部门和职能部门的能动性，明确总部和武钢有限在整合中的共同责任，明确要求各条线在内部形成整合的PDCA闭环，完成整合的全过程任务，并通过绩效评价激励加以引导。**三是**创新具有宝武特色的管理工具。宝钢股份在借鉴学习的基础上，以我为主，构建了一种基于多制造基地管理模式的整合方法论、一套具有宝武特色的整合百日计划管理核心工具包。

知行合一，用文化的力量促进整合。文化融合是整合融合最终能否取得成功的关键所在。宝钢股份不仅聚焦业务整合，还在吸收合并之初就同步策划，融合原宝钢和武钢文化中的优秀成分，提出了新宝钢股份的企业文化理念体系。充分发挥企业文化的“指南针”“座右铭”和“黏合剂”作用。武钢有限通过制订并实施《企业文化工作推进计划》，将企业文化核心内容纳入基层党小组、班前会等学习计划，广泛宣传贯彻，让职工在潜移默化中逐步接受宝钢股份企业文化，并参照宝钢股份重构武钢有限荣誉激励项目计划体系。

遵循“整合要产生效益，整合要提高效率，整合要保持服务水平不变”的指导思想，宝钢股份坚持以共同责任为原则，砥砺前行，经过短短几个月的奋力推进，整合“百日计划”按节点保质保量完成了440余项计划任务、近120项里程碑工作、40个协同项目的实施，截至8月底，快赢项目已取得5.76亿元的协同效益，整合初见成效。

在圆满完成整合百日计划之后，宝钢股份正全力推进年度计划和协同项目的实施，并加快形成多制造基地管理模式，打造上海宝山、武汉青山、湛江东山、梅钢梅山四个生产基地，并全方位推动文化融合工作。

（二）打造产业平台，相关产业合力发展

原宝钢和武钢历经多年发展，围绕钢铁主业产业链均形成了一批相关多元产业，部分产业已具备较大的规模和较强的市场竞争力。中国宝武成立后，根据国有资本投资公司的战略定位，加快梳理多元产业的业务和资源，并以跨单元业务协同为先导，积极谋划多元产业协同整合融合，打造专业化产业平台，实现产业聚焦。

在专业化产业平台打造方面，武钢集团重新布局非钢产业，按照专业

化、平台化、市场化方式积极策划培育朝阳产业，组建不动产、长江水务、楠山康养、绿色城建四大利润中心，发挥产业链资源优势，打造健康养老产业新平台，聚焦绿色城建，整合发展新城市服务，组建不动产中心，盘活存量土地资源。宝武环科打造以中国宝武固废资源综合利用及环境保护为基础、面向工业领域和城市领域的环境污染第三方治理的专业化平台。宝钢金属以材料及延伸加工为战略方向，进一步聚焦金属制品、气体、包装三大业务。

在相关产业整合协同方面，2016 年下半年原宝钢集团以八一钢铁相关多元产业为对象，开展专业化整合策划，按照 IT、金属制品、气体等 8 个条线组建整合项目团队，按市场化原则推动整合，为在更大范围内实施专业化整合积累经验。原宝钢和武钢在矿山资源、工程技术、信息技术、电子商务、现代物流等多个方面都存在业务协同和整合需求，2017 年初，中国宝武明确了武钢集团相关多元产业首批 34 项协同支撑项目。

在总结业务协同成效的基础上，中国宝武正在开展对多元产业专业化聚焦和整合方案策划，按照市场化、专业化和平台化原则，梳理多元产业业务和资源，并以“跑赢大盘”评价子公司经营业绩，以“赛马机制”推动具有潜力的同类业务整合。下一步将按照“成熟一批，推出一批”和“试点先行、双向整合”的原则，稳步推进集团内同类多元业务的整合融合，打造市场化、专业化的非钢产业平台，实现“聚焦向外、融合发展”。

（三）创新支撑模式，助力企业扭亏增盈

2015 年，针对八一钢铁、韶关钢铁的严峻经营形势，集团公司创新性地提出“嵌入式支撑、项目化管理”的支撑模式，充分利用集团几十年来在钢铁制造领域积淀深厚的技术、管理和人才基础，抽调 22 个专业团队常驻八一钢铁、韶关钢铁。经过各方两年多的共同努力，八一钢铁、韶关钢铁面貌发生翻天覆地变化，成本竞争力显著增强，技术能力和基础管理能力不断提升，2017 年上半年分别盈利 2.32 亿和 7.4 亿，较 2014 年增利

28.92亿和19.8亿。目前，这一经过实践检验的嵌入式协同支撑模式正进一步推广到武钢鄂钢、宝钢德盛等单位，阶段性成效已经凸显。

中国宝武的嵌入式协同支撑模式已形成一套科学完整的方法和配套保障体系，将该模式提炼成为钢铁企业重组并购后，有效开展"投后管理"、提升资本投资价值的重要手段，打造难以模仿的企业核心竞争力。

（四）聚焦"一基五元"，引领钢铁行业发展

在坚定不移推进供给侧结构性改革、强化整合融合工作的同时，中国宝武结合自身能力和优势发挥，已形成新集团成立后的第一份战略发展规划。

中国宝武立足国有资本投资公司定位，将公司使命与愿景确立为"服务国家战略，驱动钢铁生态圈绿色智慧转型发展，促进企业各利益相关方共同成长，成为全球钢铁行业的引领者和世界级企业集团"。

明确**"一基五元"**产业组合，通过整合聚焦、转型升级，打造以绿色精品智慧的钢铁业为基础，新材料及延伸加工、现代贸易物流、产业金融、工业服务和城市服务等相关产业协同发展的格局。最终形成若干个千亿级营收、百亿级利润的支柱产业和一批百亿级营收、十亿级利润的优秀企业。

三、创新驱动，转型升级，打造新型产业生态

中国宝武拥有优秀的创新基因，原宝钢和武钢在技术创新与管理创新方面均走在全国前列。在推进供给侧结构性改革的进程中，公司持续用创新驱动转型升级，通过技术创新进一步增强企业核心能力，通过商业模式创新打造新型产业生态，引领钢铁行业健康发展。

（一）技术创新，增强企业核心能力

1. 优化创新体制机制，打造高效专业平台

中国宝武在原有技术创新体系基础上，结合国家"双创"战略与企业转型要求，构建面向未来的新型技术创新体系，即构建以钢铁众研平台、

专业化平台和“双创”服务平台为核心的创新创业生态圈。2017 年，中国宝武入选国家第二批“双创”示范基地。

在机制方面，集团公司出台《关于进一步加强技术创新工作的指导意见》《关于促进科技成果转化的实施意见》《关于实施科技成果转化利润分享计划的指导意见》等政策文件，在成果转化、利益分享和研发体制方面探索机制创新。

2. 坚持钢铁精品战略，满足重大工程需求

中国宝武重点发展高性能钢铁材料，目前已形成普碳钢、不锈钢、特钢三大产品系列，形成了以汽车用钢、硅钢、核电用钢、百米重轨、航空航天特种材料等为代表的高端精品家族，确保国家重大工程材料安全。在汽车板方面，中国宝武是全球第一个具备第一代、第二代和第三代先进高强钢供货能力的厂商，国内市场占有率超过 50%；硅钢产品方面，是全球最大的硅钢制造企业，取向硅钢高端牌号已实现全覆盖，其中部分牌号实现了全球首发；核电用钢方面，具有第三代核电关键装备用耐蚀合金、特殊不锈钢板、管、锻件产品制造能力；公司具备生产时速 350 公里高速铁路用 100 米长定尺钢轨的能力，有力支撑国家“八纵八横”铁路网络跨越式发展；在航空航天方面，先后为国产大飞机、新一代运载火箭提供关键部位用材。

基于产业运营和用户技术服务体系能力，中国宝武还在积极拓展相关产业技术布局，面向未来新能源汽车和大交通领域，开展储能材料、镁合金材料及汽车用铝合金材料的研究。

坚持钢铁精品战略

3. 研发绿色智能技术，加快传统产业升级

中国宝武薄带连铸技术作为一种绿色友好的工艺，已初步具备商业化技术条件；实现国内容量最大 350 吨转炉的自主设计及冷轧全线工程自主集成；通过 CSP 产线首次以单块轧制的方式连续成功生产出全球最薄热轧带钢——0.8 毫米热轧卷，成为全球首创；在热轧智能车间及无人化仓库、无人化原料场、智能行车、捞渣机器人等方面取得了进展，获得了国家工信部的高度评价。

（二）产融结合，助推实体经济发展

中国宝武优化金融业务结构，深耕产业金融，筹划设立钢铁行业结构调整基金、股权投资基金和冶金资产管理公司，助推实体经济发展，助力集团公司向国有资本投资公司成功转型。

1. 设立钢铁结构调整基金，促进行业转型升级

中国宝武发挥产业龙头“更懂钢铁”的行业优势，联合 WL 罗斯公司、中美绿色基金、招商局集团三家具有各自优势的合作伙伴，共同组建中国第一支钢铁产业结构调整基金——四源合钢铁产业结构调整基金，基金规模初定 400 亿 ~800 亿元。

四源合钢铁产业结构调整基金致力于通过市场化方式、专业化运作、全球化资源嫁接，助力中国钢铁行业化解过剩产能、出清“僵尸企业”、加快兼并重组、提高产业集中度、实施混合所有制、推动新型国际产能合作，从而有效释放行业存量资产资源并高效优化配置，在实现中国钢铁行业结构调整、转型升级和可持续健康发展的同时，也有效支撑国家“一带一路”倡议的实施。

2. 设立冶金资产管理公司，推动行业清腐重生

在推进供给侧结构性改革并鼓励对金融机构不良资产开展市场化重组、债转股、重启不良资产证券化试点的背景下，中国宝武计划发起设立冶金资产管理公司，将集团公司的产业运营能力与专业金融机构的资本运

作能力相结合，积极参与钢铁行业不良资产处置，推动行业资源配置效率优化提升，在钢铁行业清腐重生的过程中，提升公司在行业转型升级中的引领作用。

3. 设立产业发展投资基金，探索投融资新模式

响应“以资本运作为主要方式开展产业布局、支撑战略落地”的战略发展要求，中国宝武积极探索更加灵活、高效、有利于吸纳社会资本、能调动各方资源的投融资模式——产业基金。

产业基金主要投资集团内外的相关领域项目，重点在材料应用技术、环保、节能减排等领域布局项目投资。集团公司设立产业投资母基金，各子公司设立子基金，产业投资母基金认购部分子基金份额，在子基金层面引入杠杆，筛选投资方向、寻找合作伙伴、引入社会资金。依托集团公司平台资源和专业禀赋，将产业基金做出宝武特色。

2017 年 7 月，中国宝武分别批复同意了武钢集团和宝钢金属的产业基金项目。武钢集团、武钢绿色城市建设发展有限公司及外部金融机构共同发起设立“武钢绿色城市产业投资基金”，主要投资、建设和运营市政工程建设 PPP 项目，基金总规模 30 亿元。宝钢金属与嘉实科技投资管理有限公司等计划发起设立“宝嘉轻量化产业投资基金”，投资方向重点聚焦大交通领域的轻量化发展需求。

（三）产城结合，创新协同发展模式

中国宝武以存量不动产盘活为基础、适度增量为辅，以“产、融、网、城”一体化为抓手，聚焦发展产业地产，催生配套的城市新产业，创新“厂区－园区－城区”协同发展新模式，努力打造成为中国领先的园区综合开发和运营服务商。

积极融入上海市科创中心建设战略，利用上钢二厂和宝钢特钢部分地块打造上海“互联网＋双创”园区和吴淞口创业园，通过空间优化改造、产业转型升级，聚焦“中国制造 2025”“互联网＋”以及新材料、节能环

二钢成功转型“互联网 + 双创”园区

保、文化创意等产业，吸引创业企业和成长企业入驻，发挥集团优势，为入园企业提供科技孵化、众创平台、园区物业等专业服务。武钢集团以自有的不动产资源利用为纽带，嫁接资本运作能力、产业聚集能力和城市运营服务能力，成为公司实现产城结合、产融结合、产网结合的重要业务集成平台。重点开发武钢紫光智能信息产业园、武钢东湖高新产业园、武钢江北工业园、武钢江夏工业园等四个产城融合产业园，并在武钢紫光智能信息产业园项目推进跨法人、跨层级项目化运作。

武钢集团还发挥集成优势，构建海绵城市产业链，深入开展设计优化、技术转化，逐步形成可复制的海绵城市产业模式。2016 年 12 月，在中国第一批海绵城市试点城市——武汉市，以 PPP 模式中标了青山示范区海绵城市（南干渠片区）项目，建设总投资 12. 74 亿元，计划 2018 年 10 月全部建成。

（四）产网结合，打造钢铁业生态圈

欧冶云商于 2015 年 2 月设立，定位于第三方钢铁服务平台，以“共建、共享、值得信赖”为价值观，肩负着促进钢铁行业从制造向服务转型、重塑钢铁流通领域新秩序的历史使命，努力构筑最具活力的大宗商品

共享服务生态圈。

全面构建与提升线下能力。欧冶云商努力构建线上、线下统一的闭环生态服务体系，持续夯实线下能力，形成了多层次的物流基础设施网络，有效支撑了线上流量的快速增长。欧冶云商构建形成了覆盖全国的仓储网络，并为仓库赋能，构建仓帮服务站点，帮助仓库提升服务能力，实现转型升级。截至 2017 年 8 月底，欧冶运帮第四方运能交易平台整合社会承运商资源，聚集了超过 2.5 万辆车辆，帮助委托用户降低物流成本。在加工服务上，欧冶加工平台实现加盟加工中心 251 家，通过整合社会加工中心，并为加工中心赋能，提升对终端中小微用户的增值服务能力。

产品创新和流量实现行业领先。从电商交易到绿融服务再到加工服务，从仓储到运输再到监管，欧冶云商实现了钢铁全供应链服务产品布局。截至 2017 年 8 月底，欧冶云商实现 GMV 交易量 4032 万吨，同比增长 62%，继续保持行业领先水平。绿融产品实现供应链资金规模近 40 亿元，服务用户达到 1020 家，具备“小额、分散、高频”特征；欧冶运帮交易量达到 1471 万吨，加工服务交易量达到 423 万吨，有效提升了中小微用户的黏性；大力构建线上、线下相结合的风控体系，依托物联网、区块链等创新技术，提升监管服务效率，努力为钢铁生态圈用户提供信用增值服务。

打造欧冶钢铁业生态圈。截至 2017 年 8 月底，欧冶电商平台注册用户规模超过 6 万家，其中合作钢厂超过 180 家，钢厂一手资源交易量占比超过 80%。相比其他社会电商平台，欧冶云商在对接钢厂和服务中小微用户等方面具备明显的领先优势，引领了钢铁电商的发展。通过“平台 + 生态圈”的模式，欧冶云商大力为生态圈用户和合作伙伴创造共享价值，有效助推了钢铁行业供给侧结构性改革，推动了贸易流通商的转型发展，同时促进了终端中小微用户的消费升级。

四、改革体制，完善机制，激发企业经营活力

中国宝武根据新定位、新使命和新目标推动改革进入新常态，围绕建设国有资本投资公司新定位，将国企改革“1+N”系列文件要求与企业自身实际相结合，全面加快推进体制机制改革，激发释放各种要素的活力，驱动供给侧结构性改革深入推进。

（一）推进总部变革，打造国资投资平台

中国宝武总部从管资产向管资本、从战略管控型向价值创造型转变，以“分类管控、投资运营、整合协同、服务创新”为核心功能，形成业务、职能、服务和党群部门四类部门架构，加强总部能力建设，打造价值创造型总部，迈出国有资本投资公司总部变革第一步。

新成立的钢铁业发展中心、服务业发展中心、产业金融中心和城市新产业中心等四大业务部门围绕资本的“投、融、管、退”全生命周期，结合板块业务特征，加快投融资体制改革，着力建立健全专业化投资项目的策划推进体系，不断完善职能管理，提升运营和风险管控能力。

根据集团总部战略投资中心和资本运作中心的定位，对现有职能配备进行评估和优化，强化战略规划、资本运营、财务管理、人力资源管理、风险控制、审计监察等职能；将与生产经营过程相关的职能回归子公司管理；构建开放共享服务体系，建设面向全集团的服务功能实行相对独立和模拟市场化运作方式。按照“小总部、大产业”的原则，科学组合总部职能，实行大部制，进一步精简部门设置和人员配备，提高总部运营效率。

（二）完善公司治理，培育市场竞争主体

作为国有资本投资公司试点企业，中国宝武确立“精简高效、权责对等、有机融合”的管理架构，逐步构建“资本运营层-资产经营层-生产/服务经营执行层”的三层构架，形成定位清晰、职责明确的集团管控体系。进一步完善子公司法人治理结构，管放结合，优化授权和监管机制，

塑造独立的市场竞争主体。进一步明晰党委、董事会、监事会、经理层等治理主体职责界面，坚持为党委参与企业重大决策提供有力的组织保证和制度保证，充分发挥国有企业公司治理的独特优势，充分发挥外部董事与内部董事的组合优势，使董事会真正成为公司改革发展的决策中心和推动主体，建设中国特色现代国有企业制度。

出台了《完善子公司法人治理结构指导意见（试行)》，把加强党的领导与完善公司治理统一起来，规范子公司法人治理。集团公司对子公司从“上级要求”转向“股东意志”，以出资额为限行使股东权力、承担有限责任。一企一策制订授权体系和派出董监事的授权方式，进一步完善董、监事会建设，确保董、监事会责权到位；明确决策程序和决策责任，提高决策效率，增强风险防控和合规管理能力；完善集团公司总部对派出董、监事履职的支撑服务体系，建立择优机制持续推进成员结构优化，同时健全董、监事的考核评价与激励约束机制，促进履职水平不断提升。

（三）开展混改试点，放大国有资本功能

中国宝武出台了《关于积极稳妥推进子公司国有企业混合所有制改革的意见（试行)》，具体明确了改革目的、推进原则、主要目标和十项具体措施，进一步规范了审批权限和流程，并提供《子公司混合所有制改革方案编写大纲》。相关子公司从实际出发，稳妥有序地推进混改。宝钢金属通过引入外资与管理团队，共同投资新设开封宝钢气体有限公司，形成与外部投资者共同承担项目风险的经营机制，建立管理层激励与约束的利益捆绑机制。武钢集团通过多元产业引入其他国有资本或各类非国有资本，提高国有资本配置和运行效率，实现各种所有制资本取长补短、共同发展。2016 年分别合资组建钢结构住房建设公司、合资成立宜昌绿色产业投资基金管理有限公司；还积极参与多类型政府和社会资本合作，取得良好经济和社会效益。

2016 年 11 月，欧冶云商获批进入国务院国资委“首批员工持股 10 家

试点企业名单”。2017 年 5 月成功实现了首轮股权开放和员工持股，引入了 6 家国内外战略投资者和 126 名核心员工组成的持股平台参与持股。目前，集团持有欧冶云商的股权降为 72%、外部投资者股权 23%、员工持股平台股权 5%，募集资金超过 10 亿元，形成了企业与员工利益共享、风险共担的机制。通过股权多元化改革，欧冶云商放大了国有资本功能，践行了“共建、共享”的发展理念，平台的第三方属性显著增强。同时以资本为纽带，引入了国有和民营品牌钢企、跨国物流地产企业和综合商社，以及金融机构，为平台导入了优质的资源和能力，也为平台创新发展注入了“活力”。此外，在混合所有制改革中同步配套核心员工持股，在长期激励上实现了突破。持股后欧冶云商员工的精神面貌焕然一新，成本效益意识进一步增强，公司经营业绩也取得了更快的发展。

打造最具活力的欧冶钢铁业生态圈

（四）追求卓越绩效，构建战略执行体系

根据国有资本投资公司的发展要求，中国宝武 2017 年起以市场导向和绩效导向为原则，构建以战略规划为龙头，以商业计划、管理报告、绩效审核为过程控制手段，以绩效激励为驱动的具有宝武特色的战略执行体系，让企业经营者自我驱动，主动实现“做强、做优、做大”目标。

建立商业计划和管理报告体系。自上而下推动子公司编制年度商业计划，体现集团目标导向，聚焦集团重点管理主题，促使子公司转变商业模式及经营思路，同时利用季度管理报告会的形式自下而上定期反馈商业计划执行情况。

优化组织绩效评价。全面推行以市场为导向的强绩效管理变革，构建全新绩效评价体系。一企一策，分业对标，年度绩效评价按跑赢大盘、超越自我作两维评价，关注过程进步；战略绩效评价三年一次，覆盖任期，侧重对各单元实现战略目标的牵引，关注结果提升，倡导挑战目标、追求卓越。在绩效管理上，进行了五方面的调整：分类评价；“共享、多赢”的正激励；“自我驱动”和“目标牵引”并举；追求“真金白银”，强调现金流和EVA；总部部门绩效与上级评价、子公司业绩捆绑。从而转变原来预设业绩目标、层层分解、层层博弈的评价模式，传导争创一流的业绩文化，驱动各产业单元争创一流。

改革绩效激励机制。坚定不移全面推行三年任期经营责任制：坚持党管干部与经营管理者依法行使用人权有机结合；设定具有战略牵引的任期目标；实行契约化管理，培育企业家精神；保持领导班子的相对稳定；激励设计简单、直观，解决动力问题；业绩好坏决定奖罚去留；实现领导人员“能上能下”常态化。对子公司管理者建立利益分享机制，以岗位价值、绩效贡献为薪酬管理切入点，优化领导人员岗位绩效年薪制，设置年度超跑利益分享直接挂钩各公司超越自我、跑赢大盘情况。任期超额利润分享与任期经营责任制相配套，采取延期支付、责任追溯。通过任期经营责任制，体现股东意志，充分调动产业单元管理者的积极性，为战略规划落地提供保障。

五、从严治党，落实责任，提供改革发展保障

（一）贯彻中央精神，加强党建顶层设计

中国宝武党委把学习习近平总书记在十八届六中全会、全国国有企业

党的建设工作会议上的重要讲话精神，作为一项重要政治任务抓紧抓实。**一是**班子带头，层层落实，迅速传达学习。通过中心组学习（扩大）、党委常委扩大会等方式，学习传达习近平总书记重要讲话精神，对抓好贯彻落实进行部署。**二是**结合“两学一做”学习教育，发动基层党组织和全体党员以多种形式学习贯彻。各基层党组织将会议精神学习纳入计划，通过“三会一课”等形式迅速学习传达。同步通过宝武党建云平台和“宝武党员”微信号推送，确保学习穿透到党支部、传达到全体党员。**三是**逐条逐项梳理研究，将重点任务纳入党建工作规划。按照“从问题到任务、从任务到项目、从项目到制度”思路，将中组部 30 项、国务院国资委 23 项党建工作重点任务纳入党建规划，构建党建“12345，8 + N”体系和工作机制。**四是**着眼“党员全政治生命周期管理”和“党建工作全过程管理”，推进宝武党建云平台建设。经过一年左右努力，宝武党建云已经实现党组织和党员的全覆盖，平台功能不断完善，逐步成为基层党组织、党务工作人员和普通党员较为认可的信息化平台。

持续推进“两学一做”学习教育常态化制度化

（二）完善党建机制，坚持两个一以贯之

中国宝武党委注重知行合一，用习近平总书记系列重要讲话精神武装头脑、指导实践，推动党建重点工作落实。**一是**把党建工作要求写入公司

章程，明确党组织在治理结构中的法定地位。对集团公司章程进行修订，2017 年 4 月 9 日获国务院国资委批准。全面推进下属企业落实党建要求进章程。目前集团下属一级子公司已全部完成。境内三级及以下全资、控股的 356 家公司已完成章程修订。**二是**完善“双向进入、交叉任职”领导体制，推行书记、董事长“一肩挑”，配备抓党建工作专职副书记。集团下属已经建立规范的法人治理结构、设立董事会的 13 家一级子公司中，8 家已经落实党委书记、董事长“一肩挑”。制订实施配备专职副书记工作方案，下属各级党委书记同时担任其他主要领导职务的共 43 家，目前有 39 家规模较大的单位已经按要求配备了专职副书记，完成率 90. 70% 。**三是**健全议事决策机制，落实党组织研究讨论前置程序。先后修订下发《宝武集团党委全委会、常委会制度》《宝武集团常务会会议制度》和《基层党委会会议制度》，进一步明确集团公司和基层党委会议事决策范围、会议组织要求、决策执行要求；修订《“三重一大”决策实施办法》，厘清党委和各治理主体权责边界，落实党组织研究讨论前置程序要求。

（三）聚焦重点任务，打牢基层党建基础

中国宝武党委全面从严抓实基本制度、基本组织、基本队伍建设。**一是**建立健全党建工作“1 + N”制度体系。形成党建各领域 7 大类 24 子项的制度体系建设清单，对原文件梳理后延用、修订、新增发文 122 件，初步建立了由基本制度和配套制度组成的、具有宝武特点的党建工作制度群。**二是**夯实工作基础，规范党组织设置。根据党章和党内有关规定，对全集团所有基层党组织进行了一次全面排摸，梳理出不符合党员人数设置规定的基层党组织 101 个并按规定进行调整。**三是**优化集团总部党群机构设置和工作力量配备。2017 年 3 月，制订实施了集团党委工作机构设置及人员配置方案。**四是**持续推动“两学一做”学习教育常态化制度化。按党中央要求，制定实施《宝武集团“两学一做”学习教育常态化制度化实施意见》。落实十八届六中全会《关于新形势下党内政治生活的若干准则》

要求，督促各级党员领导人员带头严肃党内政治生活，严格规范组织生活制度。

（四）层层压实责任，落实从严治党要求

中国宝武党委切实扛起管党治党责任，推进党建工作责任落实，为党建工作取得实效、创造价值提供保证。**一是**制定并实施《党建工作责任制实施办法》。按照“从责任到任务、从任务到制度”的基本思路，明确了集团党组织体系中不同责任主体的党建工作责任清单、履行责任的任务清单、规范履责行为的制度清单和追究责任的负面清单。**二是**制定《二级单位党委绩效评价办法》。以落实党建责任制为核心，通过“季度预评价 + 年终综合评价”和“自我评价 + 专业评价”的方式开展评价，坚持结果与过程并重，突出关键节点、简化评价程序，把评价过程抓严抓实。**三是**运用“互联网 + 党建”模式，持续开展党建工作考核评价。对二级单位党委按照“季度网上预评价、年度现场穿透式验证”模式开展党建工作考核评价。充分运用信息化技术，开发党组织绩效评价系统，实现动态、实时、在线跟踪评价。**四是**深入推进基层党组织书记抓党建述、评、考工作。按“应述尽述”原则开展下一级党组织书记述职评议考核，13 家二级党委书记参加述评考，三级及以下党委完成现场述职 122 家。稳妥有序推广党支部书记抓党建述评考，1036 名党支部书记进行了现场述评考。

（五）抓牢三个基本，扎实基层支部工作

中国宝武党委结合“两学一做”学习教育，推动各级党委把党支部工作“抓在日常、严在经常”，做到党支部活动有人员参与、有资金支持、有场所保障。**一是**加强支部书记选配和培训。在选齐配强支部书记的基础上，坚持开展新任支部书记任职培训，坚持开展对全体支部书记三年全覆盖轮训。**二是**落实党支部经费和场所保障。制订关于加强和规范党建工作经费管理的方案，在强化预算管理和过程管理同时，在保障和使用上向党支部和全体党员倾斜，向解决基层党建突出问题倾斜。集团党委明确，下

属企业的会议、活动场所全部向党支部开放。**三是**抓好“三会一课”制度落实。明确党员大会、党课每季度不少于 1 次，支委会、党小组会每年不少于 6 次，把学习习近平总书记系列重要讲话精神、基层党建重点工作任务作为重要主题。

2017 年是中国宝武成立后的第一个完整年，面对供给侧结构性改革、深化国企改革和宝武整合融合的艰巨任务，肩负打造国有资本投资公司的光荣使命，中国宝武将坚定信念，齐心协力、积极进取，加快改革、转型、整合、创新步伐，全面完成党中央、国务院交予的改革发展重任！

5

坚持战略引领　深化重组变革 打造世界一流的全球化供应链综合服务集团

中国远洋海运集团有限公司

根据党中央、国务院的统一部署，在国资委的大力指导和帮助下，原中国远洋运输（集团）总公司、中国海运（集团）总公司实施了联合重组，组建了中国远洋海运集团有限公司（以下简称“中国远洋海运集团”），并于2016年2月18日在上海正式挂牌运营。一年多来，在先期完成两家企业集团总部机构整合的基础上，中国远洋海运集团根据国务院和国资委的批复精神，围绕《中国远洋海运集团“十三五”发展规划》确立的“6+1”产业框架体系，从资产和业务层面，积极推进和完成了集装箱运输、油气运输、干散货运输、码头运营、航运金融、物流仓储、特种货物运输、船舶工业等核心板块的专业化重组，在经营规模和竞争能力上，塑造了“5个世界第一、6个全球领先”。中国远洋海运集团已经初步具备了重构全球航运市场格局、变革行业利益分配机制的硬实力，成为航运业东方平衡西方的核心力量。

重组整合给中国远洋海运集团带来了“1+1>2”的规模和协同效应，并在2016年立即显现，当年实现利润总额约161亿元，同比增加47.3%，超额完成国务院国资委下达的任务指标，获得中央企业2016年度经营业绩考核A级。2017年1—9月，集团经营效益保持了良好的增长态势，实现利润总额154亿元，同比增长15.7%。

当前，中国远洋海运集团正在以《中国远洋海运集团“十三五”发展规划》为纲领和指引，坚持“深化重组整合 + 创新体制机制”双轮驱动，一方面，通过深化重组整合**推动质变**，实现资产资金、客户客源、信息信用等各类资源要素的优化配置，为参与全球竞争打下坚实的物质基础；另一方面，通过创新体制机制**激发聚变**，加快管控体系、产权关系、薪酬分配等各类制度模式的创新变革，为实现行业领军提供不竭的内生动力。

一、谋划全局，开展重组变革顶层设计、勾勒企业卓越发展路径

中国远洋海运集团始终把战略规划作为开展各项重组整合、变革创新工作的起点，以此为纲领，保持定力、顺势作为，通篇谋划、协调资源，细化路径、组织落实。依据“十三五”发展规划，中国远洋海运集团的发展愿景确定为：承载国家使命、服务世界贸易、构建全球网络，打造以航运、物流及相关金融服务为基础，多产业集群、世界一流的全球化供应链综合服务集团。

（一）将承载国家使命作为改革创新的价值归宿

中国远洋海运集团作为中央航运企业，始终把塑造、发挥国家交通运输领域国家队的作用，作为推进各项重组整合、创新变革的根本目标和任务取向。

1. 融入国家战略部署

在贯彻和落实国家“一带一路”倡议各项部署的新时期，中国远洋海运集团借助自身的行业优势和全球影响，在沿线国家累计投资超过 150 亿元人民币，正在努力争创：践行“一带一路”倡议的中央企业国家队主力军、贯通我国与沿线国家物资贸易陆海运输的主渠道，联系中国企业与东道国企业合资合作的撮合平台，促进中华文化与当地文化融合发展的重要推手。此外，中国远洋海运集团还围绕落实装备制造“走出去”和国际产

能合作战略，推进海洋工程装备技术输出巴西、修造船先进产能落户希腊，为当地就业增长、产品升级发挥了积极作用；围绕长江经济带建设，加快内贸航线布局、推行海铁多式联运，着力打通国内东西向海陆运输通道，提高物资配送效率、降低企业物流成本，增强中国制造竞争能力。

2. 深化国资国企变革

党自十八大以来，一直把推进国资管理体制改革和国有企业机制创新，作为实现国民经济结构升级优化、发挥市场配置资源决定作用的重要抓手，特别是习近平总书记把“有利于国有资本保值增值、有利于激发国有经济活力、有利于放大国有资本功能”的“三个有利于”标准作为衡量国资国企变革成败的准绳和依据，为中央企业深化改革、实现创新指明了方向。中国远洋海运集团致力于在国资国企变革中扮演先行者的角色，着眼于发挥自身体制和资源优势，为新时代国有企业的卓越经营和行业领先闯出新路。为此，坚持“改革出题目、创新做文章”的基本原则和思路，把优化组织体系与管控架构、创新产权模式与股权流动、完善“三项制度”与薪酬激励、激发存量资源与价值创造、强化党的建设与领导作用等一揽子工作，作为保障企业战略规划落实的核心举措来抓，并以战略举措项目的形式，纳入年度经营业绩考核范畴，明确责任主体、界定任务分工、细化阶段进度，在不断实践中努力探索一条适合中央企业特别是交通物流企业健康快速发展的可行道路。

（二）将服务世界贸易作为业务开拓的市场外延

当前，全球经济贸易正在发生深刻变革，特别是中国正在从世界经济事务的重要参与者向重要引领者转变，更加深入地参与国际分工、利益分配和规则制定，由此激发全球环境下的贸易流、信息流、资金流等要素流向发生重大变化。在这一背景和趋势下，中国远洋海运集团顺势而行、主动作为，努力做好中国参与全球经贸的重要载体，将自身资源布局和经营重心，从以往的以中国为中心、辐射全球，转变为致力于国家“走出去”战略的落实，以中国以及三大市场（即以“一带一路”沿线为代表的新兴市场、以区域贸易协定为特征的区域市场、以中国市场以外为界定的第三国市场）为核心，构建全球经营网络，打造世界一流具备国际竞争力的行业领军企业。

具体来说，核心工作是加快在海外特别是“一带一路”沿线国家的“点、线、面”布局：

1. 以码头为点、优先布局沿线国家关键枢纽港

为中国企业参与各国基础设施建设、特色园区打造、产业结构调整、业务界定分工，实现优质产能输出，提供海外发展支点。截至目前，中国远洋海运集团已在“一带一路”沿线国家布局10个码头，名义吞吐能力为2790万TEU，主要投资项目包括：获取希腊比雷埃夫斯港、阿联酋阿布扎比哈里发港、西班牙Noatum港、比利时泽布吕赫港等重要枢纽港、中转港的经营权，作为主要股东参股新加坡新港码头、荷兰鹿特丹EUROMAX集装箱码头、意大利VADO码头等项目。

2. 以航线为线、打通中国与世界海上运输生命线

截至2017年7月20日，中远海运集团控制运力规模达到9649.4万载重吨（含并购的香港东方海外现有运力及订单），综合运力稳居全球第一位，已在世界范围内构建起以1500多条航线为纽带、包括“一带一路”沿线116条主要航线在内的全球海上运输网络，为繁荣世界经济贸易往来，特别在保障我国进出口物资的海上运输安

中远海运开通中欧班列，打通亚欧大陆桥

全领域，发挥重要的保障作用。

3. 以物流为面、着力提升陆上延伸服务能力

着力解决货物运输在航运两端的短板问题，打造“门到门”的物流配送能力，推进行业运输方式和商业模式的变革。重点是加快关键贸易通道，例如，中东欧沿线地区的物流基础设施建设，核心工作是掌握铁路运营、仓储资源、报关报验、分拣配送乃至高值货物空运等一揽子物流资源，打通物资在陆海空各运输渠道的关键环节，从而实现中国与世界之间各类贸易物资的流通顺畅、高效，搭建中国联系世界的桥梁与纽带。

（三）将实现行业领军作为参与竞争的原则定位

如果说，中国远洋海运集团在重组整合之前，在航运、物流等产业主要采取市场跟随策略，是仿效原有的市场领军企业开拓市场、布局网络（例如马士基集团），在市场中扮演参与者角色，那么，中国远洋海运集团在开展重组整合伊始，就把实现行业领军作为参与市场竞争的定位和前提。

1. 资源配置能力实现行业领军

要实现行业领军，首先要具备相当规模的资源要素和配置能力，这是参与市场竞争的物质前提和基础。为此，中国远洋海运集团确立了在集装箱运输、码头运营、物流仓储、航运金融等产业优先发展战略，努力做到在运营规模、市场份额、网络布局和成本费用等方面的市场领先。同时，保持船舶燃料供应、船员船舶管理、装备制造等相关产业在细分市场的规模、份额领先，形成对航运等相关产业的有力支撑。

2. 市场规则制定实现行业领军

包括航运物流产业在内的任何行业和领域都有其既定的游戏规则和博弈范畴，置身其中的企业必须遵循，参与相应的市场竞争。中国远洋海运集团在充分享有中国改革发展红利的同时，作为国际航运市场的重要力量，正在利用自身的资源影响力，积极重塑航运市场的利益分配格局。特

别是，结合上海市打造国际航运中心的定位目标，以参与全国唯一的国家级航运交易所——上海航运交易所转企改制为契机，提升国际航运市场指数发布的影响力，打造国际航运新生态的推动力，塑造行业衍生业务的引领力，努力实现“中国声音、国际表述”。

3. 商业模式创新实现行业领军

要实现行业领军，并不是单纯的通过规模效应、资源控制及规则制定，来维系行业生产运营向有利于自身利益的方向发展，而是要通过商业模式的创新，引领行业变革、创造客户需求，对行业内外关键要素形成虹吸效应，激发整个行业交易活跃、市场繁荣、效益提升，这也正是中央企业在国家战略棋局所应发挥作用的应有之义。为此，中国远洋海运集团以“互联网+”为切入点，推进港航合作、深化央地合作、加快产融结合、建立战略联盟，为利益相关方实现共赢搭台撮合，带动整个行业商业模式创新。例如，中国远洋海运集团牵头达飞轮船、长荣海运、东方海外组成国际集装箱班轮联盟“海洋联盟”，引发全球班轮联盟进行了新的洗牌、裂变，并正在改变着整个行业的竞争模式、商业逻辑，朝着有利于全球贸易的态势发展。

（四）将构建产业集群作为资源布局的边界方法

构建产业集群来源于两个基本逻辑，**一是**国家政策。党的十八届三中全会以来，把改组成立国有资本投资公司作为优化国有资源布局的重要载体，意味着未来中央企业的产业体系下相关产业要素集聚，和综合创效能力提升。**二是**市场需求。即，客户不再满足于企业提供产业链条上某一环节的产品/服务，而是日益倾向于优先选择能够提供一揽子综合解决方案的产品/服务供应商。正是基于以上客观政策和市场环境的变化，中国远洋海运集团围绕构建世界一流的供应链综合服务能力，选取航运物流产业链中最具创效实力、最具带动能力、最具发展潜力的关键环节，构建起“6+1”产业集群框架体系。其中，**“6”是指六大产业集群**，具体来说：

1. 航运产业集群作为核心产业集群

涵盖集装箱运输、干散货运输、油气运输、码头运营等业务板块，核心使命是保障国家基础物资全球海上运输生命线的高效畅通，打造中国企业全球化经营新名片。

2. 航运金融产业集群

作为核心产业集群，致力于产融结合条件下的金融全牌照经营，核心使命是成为中国领先、国际一流的供应链综合金融服务提供商。

3. 物流产业集群

作为核心产业集群，涵盖特种货物运输、第三方物流、船舶代理、理货检验等业务板块，核心使命是成长为经营能力能够与集团核心产业地位相匹配的支柱产业。

4. 装备制造产业集群

作为重要产业集群，涵盖修船、造船、海洋工程、集装箱制造等业务板块，核心使命是推动我国船舶工业调整转型升级，推动制造业向“绿色化、智能化、高端化”转型发展。

5. 航运服务产业集群

涵盖船舶燃料供应、船员船舶管理、一般贸易等业务板块，核心使命是以上市公司为运营主体和整合平台，成为“中国最强、世界一流的综合型航运服务公司”。

6. 社会化产业集群

涵盖不动产投资管理、医疗康复养老、旅游等关系民生的朝阳产业，核心使命是打造集团产业结构调整的孵化器、平衡周期性产业的稳定器。

此外，**“1”是指基于“互联网+”的商业模式创新，**核心使命是推动集团信息系统资源整合，强化大数据获取、分离和处理能力，激发电子商务线上营销活力、业务撮合能力、产品创新能力。

（五）将实现维度指标作为评估成效的衡量尺度

中国远洋海运集团各项重组变革工作的成功与否，需要有一个指标体系来衡量评估，以此判断企业发展是否与国家战略融合、与利益相关方实现共赢，是否有效地消除短板、实现健康持续发展。为此，中国远洋海运集团针对重组变革的评估，制定了四大战略维度评估体系，并相应制定了未来发展指标。具体来说：

1. 规模增长

拟在2020年末，在经营规模和收入创造能力上，再造一个中国远洋海运集团。对于是否强调规模增长这一指标要素，集团经过反复论证，认为：**一是**与国际领先航运企业相比，企业确实与之在经营规模上存在差距，这也是原中远集团、中海集团实施重组整合的基本出发点之一。**二是**规模增长基本内涵是市场份额持续增长、资源覆盖范围扩大、行业把控能力增强，而非简单意义上生产工具/船队规模的扩大。**三是**规模增长本身就是一种核心竞争能力。例如，拥有一条船的公司仅能够为客户提供每周一天的运输服务，拥有七条船的公司则能够形成班轮航线，为客户提供天天班服务。

2. 盈利能力

拟在2020年末，实现销售利润率水平的行业领先，成为中央企业盈利的标杆之一。当前，中国远洋海运集团资产总额约为7000亿元，其中，既有国有资本，也有外资、民营等各类社会资本。因此，企业盈利能力的持续提升，关乎相当范围内各类社会资源的财富创造能力和资源运营效率。集团选取盈利能力作为评估改革发展成败的尺度之一，就是要立足于激发资产创效潜力下功夫，以重组整合为契机、优化要素配置、塑造领军产业，以创新变革为载体、调整生产关系、共享发展成果。

3. 抗周期性

拟在2020年末，实现抗周期性资产占有重要比重，达到行业领先水平。这属于克服航运业周期性波动风险的范畴。2008年至今，全球航运市场始终处于低迷发展的阶段，运力过剩、需求萎靡、运价暴跌成为压在航运企业身上的沉重负担。中国远洋海运集团在这一市场环境下，不仅要坚持航运主业、肩负物资水上运输战略安全的使命，更要从两个方面着手，提升自身抗周期能力。**一是**通过产业结构的调整，增加周期性波动不明显产业的比重，扩大产业链中收益稳健业务的贡献比例；**二是**着眼于影响航运业态，改变航运产业链价值创造和利益分配的格局，促发产业链利益分配向航运环节倾斜，保障航运产业的健康可持续发展。

4. 全球公司

拟在 2020 年末，实现海外收入占比持续提升，居于国内企业领先水平。当前，中国远洋海运集团海外资产、收入和利润已经分别达到集团总体的 56.8%、52.4% 和 49.2%，是中国全球化水平较高的企业之一。未来，集团构建全球公司的着眼点，将逐步转向在海外市场特别是各关键区域中所占有的市场份额情况、客户响应能力、服务网络布局等方面能力的提升和改善，真正实现与全球客户及利益相关方的共同成长和收益分成。

二、深改快改，推进业务资产全面整合、塑造全球航运领军企业

根据党中央、国务院的统一要求和部署，原中国远洋运输（集团）总公司、中国海运（集团）总公司自 2015 年 8 月 10 日正式启动重组整合，各项工作紧锣密鼓、平稳有序、快速推进，仅用半年时间即完成了中国远洋海运集团的组建，搭建起以战略管控为特征的总部组织架构和管控体系；2016 年底以前完成了集装箱运输、海外网络等 8 大核心业务的专业化重组，统一了生产经营、优化了业务布局、提升了发展潜力。2017 年，中国远洋海运集团重点开展航运服务、社会化产业等支持性业务的整合工作，将重组整合推向深入。中国远洋海运集团重组整合工作得到了国务院国资委的高度重视和认可，被纳入中央企业兼并重组试点工作范畴，并经国务院国资委评估论证，获得重组整合工作优秀评级。

采用全新标识的"中远欧洲"轮挂靠连云港

（一）高起点、加强顶层设计，搭建战略管控型集团总部

企业生产经营好比拳击手在比赛中竞技，一方面必须具备强健的体魄，即丰沛的基础资源能力、市场配置能力，另一方面必须反应足够灵敏，面对对手的挑战，要响应快、判断准、出拳狠、底盘稳，这离不开一个运作高效的头脑中枢，在企业中这体现为总部组织体系和管控模式。中国远洋海运集团深刻认识到，重组整合为实现企业管控变革提供了难得机遇，必须站在高起点，着眼于构建"运营高效、管控适度、机构扁平、精简专业"的战略管控型总部组织体系，科学界定集团总部职能范畴、实现管理职能与服务功能相分离，从根本上提升集团总部和管控体系的政策敏感、市场响应能力，带动企业整体经营效能的稳健提升。

主要做法和成效：

1. 强化战略管控

按照构建国有资本投资公司的组织机构模式及产业管控体系，中国远洋海运集团着眼于搭建战略管控型总部，并将总部职能确定为"定战略、配班子、调资源、抓考核、防风险"等5个方面。同时，进一步深化管控机制改革，加快推进集团和二级公司两级规范董事会建设，以管理授权为抓手，简化管理流程、明确主体责任，提高事项决策效率、客户响应速度。

2. 着眼精简高效

战略管控型总部的搭建，为优化精简总部机构设置提供了前提和基础。中国远洋海运集团总部机构设置已由原中远集团、中海集团总部的29个职能部门减少到13个，减幅55.2%；员工岗位由原来的559个减少到249个，减幅55.5%；总部中层干部由原来的65人减少到32人，减幅50.8%。由于职能界定清晰、管控流程精简，变革后的集团总部效能得到了极大提升，特别是在政策把控、创新变革、强化党建等方面已经远远地走在集团各层级管理岗位的前列，成为带动集团体制变革机制创新的核心动力源。

3. 创新共享模式

根据原企业集团总部分别在北京、上海的实际，创造性地提出了集团总部“职能部门（上海）+共享中心（北京）”。在具体设计上，通过区分集团总部的管理职能和服务功能，将财务、人事、采购、审计、研发、媒体等总部服务功能从原来的职能部门中剥离出来，成立相应的共享中心，主要为集团总部及系统内单位提供专业化的支持与服务。下一步，还将坚持并推进共享中心市场化改革，通过内部签订服务协议提供有偿服务，条件成熟后逐步实现法人化，走向外部市场。

（二）辟蹊径、创新重组模式，优化各业务板块资源配置

在推进业务重组整合过程中，由于原两家企业集团业务繁杂且高度重叠，仅将两家企业集团总部简单合并，无法取得消除内部竞争、发挥规模优势、提高竞争能力的改革目标。为此，中国远洋海运集团按照“6+1”产业集群框架体系，以实现业务板块专业化运营为原则，大胆创新、精心组织，通过集团与旗下上市公司、上市公司与上市公司之间大规模的资产置换，形成涉及74项交易、600亿元资产、3.8万员工的整合方案。

主要做法和成效：

1. 重塑公司定位、创新重组模式

中国远洋海运集团没有采取中央企业在合并重组过程中传统的简单吸收合并模式，而是对旗下四家上市公司——中国远洋、中远太平洋、中海集运、中海发展进行重新定位，分别将其界定为集装箱运输、港口经营、航运金融、能源运输四大专业上市平台，按照专业化原则注入相关资产。特别是在操作思路上，创造性地将中海集运的船舶、集装箱租赁给中国远洋，在规避上市公司同业竞争的同时，为中海集运发展航运金融打下基础。

2. 强化专业经营，搭建上市平台

将集装箱、散货、油气、特种船等运输业务，物流、工业制造等业务板块全部按照专业化公司的方式进行业务归集，实行一个总部、一套班子，统一经营、统一考核。在操作思路上，中国远洋作为集装箱事业群上市平台，向原中远集团出售散货运输业务，租入中海集运船舶；中远太平洋作为码头运营上市平台，收购中海集团、中海集运的码头资产；中海发展作为油气运输上市平台，以散货运输业务置换原中远集团油气运输业务。此外，中国远洋海运集团还通过新设方式，成立中远海运散运，注入旗下全部散货运输业务。

3. 争取多方共赢，获得市场支持

中国远洋海运集团在推进业务板块重组过程中，**一是**加强资本市场沟通，通过召开一系列的分析师和投资者说明会，开展两轮境内外路演，争取机构投资者和战

南极作业中的“永盛轮”

略投资者对重组方案的认可和支持。**二是**加强重组方案优化，先后实施了与战略投资者换股、控股股东增持等一系列优化措施。集团的积极举措取得了成效，在大股东回避表决情况下，中国远洋、中海集运、中远太平洋重组方案以 99% 支持率获得股东大会通过，中海发展重组方案以 98% 支持率获得股东大会通过。

（三）求共赢、坚持客户至上，塑造全球航运新型生态圈

中国远洋海运集团通过实施重组整合，已经在全球物流供应链的关键领域和重要环节扮演重要角色、发挥不可替代的作用，并日益影响行业上、中、下游各产业之间的竞争格局、收益分配。在新的市场形势下，在客观评估自身行业影响力的基础上，中国远洋海运集团立足于行业利益相关方的合作共赢，坚持客户至上，致力于打造运行高效、分配合理、关系和谐、生机活力的全球航运新型生态圈。

主要做法和成效：

1. 坚持客户至上理念，深化兄弟企业合作

中国远洋海运集团构建全球供应链综合服务集团的重要出发点，就是塑造为客户提供全球、全程一流的一体化物流解决方案的能力，同时与利益相关方构建起分工协作、分配公平的社会化分工体系。在国务院国资委的大力帮助和支持下，中国远洋海运集团设计和实施重组整合方案时，采取了与中国宝武、国投公司等中央企业客户相互持股的方式，以资产为纽带共享彼此发展成果。截至目前，中国远洋海运集团已经与 20 家兄弟央企签订了战略合作协议，共同推进国家战略任务部署。

2. 加强港航企业合作，促成航运博鳌共识

2016 年 12 月 9 日，中国远洋海运集团牵头法国达飞轮船、新加坡港务集团、迪拜环球港口以及我国香港东方海外、台湾长荣海运、上海港集团、青岛港集团、广州港集团等 17 家著名港航企业在海南博鳌举行“共建港航合作新生态”座谈会，发布了以打造港航生态共同体为核心的“博

鳌共识”，在海外内引起强烈共鸣，也向世界再次发出了中国声音。

3. 推动并购对象发展，提升当地经济就业

中央企业海外经营的原则逻辑与西方企业传统思路不同，更加强化对当地经济社会、人口就业的带动提升，履行社会责任。以中国远洋海运集团在重组整合过程中并购的希腊比雷埃夫斯港为例，在实现自身利润从312 万欧元增加到 2016 年 5180 万欧元的同时，为当地直接创造工作岗位2600 个，间接创造岗位 8000 个；直接经济贡献 6 亿欧元。当前，集团正在着手将比雷埃夫斯港打造为地中海地区最大的集装箱中转港、海陆联运的桥头堡、欧洲重要的邮轮母港，预计集装箱吞吐量远期突破 1000 万TEU。根据希腊知名智库研究和预测，到 2025 年，比雷埃夫斯港项目将为希腊财政增收 4.7 亿欧元、创造 3.1 万个就业机会，提高希腊 GDP0.8 个百分点，同时还将促使希腊物流产值从当前的 4 亿欧元增加到 25 亿欧元。

（四）促融合、倡导上下一心，高举“四个一”文化理念旗帜

原中远集团、中海集团尽管可以说是同宗同源，但不可否认，两家企业集团长期以来在多个市场领域属于竞争对手，彼此的企业文化以及经营理念也不尽相同。为引导全体干部员工在重组整合中做到同心同向，党组在集团成立当天，就印发了《关于在深化改革中加强企业文化建设的工作规划》，明确了重组整合过程中加强企业文化建设的核心任务、总体要求和保障措施，为传承原两家企业集团优秀的历史文化传统、促进集团重组整合平稳实施提供了有力保障。

主要做法和成效：

1. 理念融合，高举“四个一”旗帜

集团党组高屋建瓴提出企业文化建设“四个一”目标，即“一个团队、一个文化、一个目标、一个梦想”，要求全系统干部员工统一思想、胸怀全局，心往一处想、劲往一处使，凝心聚力、同舟共济，共同绘制企业新蓝图，一道成就个人新梦想。围绕“四个一”目标，集团积极开展主

题学习活动，把“四个一”作为党委会、支部会、组织生活会、政研会以及各类日常会议的重要内容，积极宣传、深化理解、融合理念。也正是“四个一”理念的塑造，使广大干部员工更为自觉而迅速地融入新集团改革发展工作氛围之中。

2. 团队融合，塑造“钻石团队”

为加速文化融合，集团特别注重发挥先进典型示范带动作用，树标杆、明方向。**一是**表彰重组整合中的“钻石团队”。集团党组把集团重组整合工作小组树立为第一批“钻石团队”予以表彰，提炼出“协调、融合、务实、高效、智慧”的“钻石团队”精神。**二是**开展寻找“钻石团队”活动。由集团总部牵头各直属企业，发起寻找“钻石团队”系列采访报道活动，以挖掘、培养和树立团队典型，在全系统掀起争当“钻石团队”的高潮。**三是**树立长期服务船舶的船员典型。在世界海员日，对持续担任船舶“三长”15年以上的389名船员进行表彰，极大地振奋了全系统5万名船员扎根岗位、拼搏创业的豪情与勇气。

3. 劳资融合，坚持以人为本

集团重组整合涉及12万名正式员工，能否顺利开展岗位调整、选聘，既关系着广大职工的切身利益，也关系着企业能否最终收获改革红利。为确保平稳推进，**一是**尊重历史、统筹安排。在集团总部人员和二级公司领导班子选聘时，坚持好干部标准、严格选拔任用程序，兼顾原企业集团人员比例均衡。**二是**保障待遇、完善薪酬。通过优化薪酬方案设计，尽可能保证重组整合初期不降低员工薪酬标准。**三是**充分沟通、平稳调动。本次重组涉及大量人员调动，在充分征求个人意见基础上，集团协同地方政府努力为这些人员提供住宿、落户、子女就学等方面的保障。重组整合期间，集团没有出现不和谐不稳定因素。

（五）重协同、实现世界一流，成为国家交通运输主力军

中国远洋海运集团自重组整合以来，实现了综合船队、散货运输、油

气运输、杂货特种运输以及码头运营规模的“5个世界第一”，集装箱运输、集装箱制造、集装箱租赁、船舶燃料供应、船舶代理、海洋工程制造等“6个世界前列”，同时，不断强化上述各类资源的产业协同，实现了全球供应链综合服务和竞争能力质的飞跃和提升，已经成为国家政府可以放心、国民经济可以依托、国际客户可以信赖的中国航运企业国家队的主力军。

主要做法和成效：

1. 强化业务板块自身协同

以航运产业集群中的集装箱业务板块为例，中远海运集运挖掘包括航线网络优化、供应商采购、集装箱管理、财务税收、运营操作、行政综合等6大类累计276个协同项目。2016年，实现协同金额53亿元，2017年1—9月，实现协同金额43亿元，远远超过咨询公司之前预测的年均3亿美元协同金额。通过开展业务板块自身协同，作为集团核心产业集群中的集装箱运输、散货运输、油气运输、杂货特种运输等业务板块，面对依然低迷的市场形势，在2017年度已经全部实现盈利。

2. 强化产业集群内部协同

以航运产业集群中的集装箱运输与码头运营业务为例。一方面，为支持码头业务加快全局布局，收购关键节点码头资源。中远海运集运将航线和运力优先布局中远海运港口所投资的码头，为其开展

中远海运的油轮 VLCC 船队

业务提供基础货源，同时，也为码头并购谈判过程中降低对手要价、争取有利条件，提供至关重要的砝码。另一方面，为支持集装箱业务海外拓展，中远海运港口密切结合集运业务航线布局情况，将是否能够满足集团内部需求作为筛选潜在并购码头的重要依据。同时，在获得码头运营权后，按照市场化原则，为中远海运集运船舶挂靠提供有竞争力的港口服务。

3. 强化产业集群之间协同

集团在贯彻落实国家“拆旧造新”政策，支持中央船舶制造企业可持续发展的同时，对于不适用国家政策的船舶订单，原则上安排在中远海运重工制造，这为企业的生产和研发提供了基础货源。与之相对应，中远海运重工结合集团航运企业生产现实需求，利用自身技术优势，为集团系统内单位设计和生产“质优、绿色、高效”的各型船舶。根据测算，以某型30万吨VLCC船舶为例，由中远海运自主建造的船舶运营效率，比外部船厂平均效率高出20%。此外，集团还通过实施内部燃油供应企业为航运企业加油，实现了船舶燃油的集中采购，极大地降低了燃油使用成本。

三、苦练内功，加快体制改革机制创新、激发企业持续发展活力

如果说，通过实施重组整合，中国远洋海运集团实现了“1+1>2”的规模效应、协同效益，具备了参与全球市场竞争、实现行业领军的物质基础和前提条件，那么，加快体制改革机制创新，就是要发挥乘数效应，通过治理结构、发展模式、产权关系、薪酬分配、党建保障等一系列体制机制要素的优化重塑、创新变革，为企业可持续发展打破层层的天花板和瓶颈桎梏，从而为企业开拓市场、扩大份额、卓越经营提供无限的发展空间和广阔舞台，实现国有资本保值增值可持续，国有资本控制力放大可持续，国有经济支撑力可持续。当前，中国远洋海运集团在重组整合工作逐

步完美收官、企业发展核心动能从重组整合逐步向体制机制变革转变之际，前瞻布局、主动作为、大胆实践，走出了一条颇具特色的改革发展新路。

（一）加快企业管控从重管理向重治理转变

近年来，世界五百强企业的进入门槛一直在提高，进入的企业生产经营规模和效益持续提升。这与传统观点所认为的，企业生产经营规模有其边界、不能持续扩大，形成了鲜明对比。究其本质原因，越来越多的企业选择通过从强化管理向规范治理的转变，以企业管理授权为核心，给予所属的不同层级、不同类别企业不同的管理权限，并搭建起承接这些权限的董事会机构。基于以上逻辑，为贯彻落实党中央、国务院关于深化国有企业改革精神，深入推进集团内部治理改革，发挥董事会在公司治理中的核心作用，进一步落实国有资产保值增值的责任，中国远洋海运集团针对直属单位建设规范董事会制度开展了大量卓有成效的工作。

1. 反复酝酿、制度规范

集团在总结原两家企业集团试点公司董事会规范运作成效的基础上，赴宝钢集团、中航工业和国投公司开展调研，并对12家拟实施建设规范董事会的公司近三年投融资情况进行了统计分析，拟定了2016年推进建设规范董事会的12家试点公司的实施时间表，制定了《中国远洋海运集团有限公司直属公司董事会运作管理办法》。

2. 一企一策、分类授权

按照“战略统筹、分类管理、额度控制、权责统一、防范风险”的原则，集团先后下发了中远海运控股、中远海运集运、中远海运物流、中远海运北美、中远海运欧洲等30家公司的董事会及董事长授权清单，按照“一企一策”的方式明确了直属单位的投资授权内容及额度，在确保建立授权项目风险防控体系的前提下，对各单位进行充分授权，规范建设董事会工作全面展开。

3. 合规行权、决策高效

通过推进董事会授权，集团在直属公司建立了权责对等、运转协调、有效制衡的决策执行监督机制，对直属公司董事长、总经理的行权行为进行了规范，直属公司建设规范董事会工作取得了积极成效，决策机制发生了根本性转变，集团对直属公司的管控方式逐步转变，实现了董事会对企业的个性化管控。2016—2017 年 9 月，集团相关直属公司共完成董事会“非受限”事项行权 33 项，金额 204. 37 亿元；完成董事长授权事项行权 150 项，金额 537. 95 亿元。同时，各直属公司按照集团要求，对建设规范董事会启动以来的相关工作进行了梳理，对存在的问题及其产生的原因进行了认真分析，提出了改进建议。

（二）实现生产经营从重数量向重质量转变

当前，我国经济结构调整正在从重数量和规模向重质量和效率的方向转变。按照中央“三去一降一补”的总体要求和国务院国资委的具体部署，中国远洋海运集团积极推进供给侧结构性改革，重点推进企业资源向核心产业、重点产业集中，发挥规模效应和协同优势；坚决压减落后修造船、海工装备产能，推广先进制造技术、实现产业升级；加速淘汰低效老旧，把握国家政策机遇，及时调整优化船队结构。

主要做法和成效：

1. 压缩法人数量和管理层级

作为国务院国资委 5 家“压减”试点单位之一，集团利用重组整合的有利条件，将整合同类型企业、处置“僵尸企业”和低效无效资产、优化业务结构与“压减”工作目标有机结合起来，确定了“压缩法人层级至 5 级、管理层级至 4 级，消减法人公司 20%”的工作目标。通过不懈努力，截至 2017 年 9 月底已清理关闭 416 家法人单位，压减率为 23%。从工作进度和成效看，集团“压减”工作走在了中央企业前列，净压减户数和工作进度在中央企业排名第二，被国务院国资委评为“压减”先进典型。

2. 修造船海工去产能去库存

根据市场低迷、产能过剩现状和业务结构调整规划，**一是**大力推动在建海工产品的交付，努力降低海工产品业务风险。**二是**压缩海工装备产能，争取到2020年，系统内海工建造企业从5家压缩到2家，年完工交付海工产品的生产能力由18个压缩至9个。**三是**压缩造船产能，提高产业集中度。争取到2020年，从事常规商船建造的船厂由7家压缩到4家，造船产能从1155万载重吨压缩至748万载重吨。此外，集团还将通过船厂搬迁、整合，压缩低端过剩的修船产能。

中远海运特运所属的我国最大的半潜船“新光华”轮

3. 淘汰低能效船舶优化船队结构

集团原有的老旧运力适货适港较差、能耗高、维修保养投入偏高，市场竞争力弱，还存在特检的再次投入和安全风险隐患。集团自重组整合以来，在国家“拆旧造新”政策的大力支持下，积极推动老旧运力拆解，同时加大造新力度，加快船队结构调整。**一是**大力推进多艘未开工散货船撤单转型。根据市场需求变化，及时取消或调整订单，避免船舶交付后因货源不足或客户需求变化导致运营周期不足。**二是**加大过剩运力拆解力度，优化船队结构。截至2017年9月底，集团为落实拆旧造新政策，累计拆解船舶395艘，1824万载重吨。**三是**购入一批新型船舶，由此进一步推动集团船队结构向低成本、高技术、重环保、更经济的方向优化，为提升船队和企业竞争力提供了重要保障。截至 2017 年 9 月底，集团自有船舶 800 艘，6642 万载重吨，平均船龄 7.98 年，与 2013 年初相比，平均船龄由约 13 年下降了约 5 年，船队年龄结构、船舶适货性和运营经济性都得到了优化。

（三）探索产权体制从“一股独大”向混合所有制转变

2016 年 8 月 17 日，国务院国资委等三部委联合印发了《关于国有控股混合所有制企业开展员工持股试点的意见》，决定从各中央企业所属三级及以下企业中遴选 10 户作为首批员工持股试点企业。经积极争取，2016 年 11 月，国资委批准中国远洋海运集团所属泛亚航运作为首批混合所有制企业员工持股试点企业。泛亚航运成立于 2004 年 5 月，主要经营中日航线、沿海与长江支线、珠江支线、中韩渡轮航线，以及国内铁路、拖车等延伸服务和航运电商平台业务。公司拥有集装箱运输航线近 150 条，经营船舶近 500 艘，总运力约 35 万 TEU。截至 2016 年末，泛亚航运资产总额 57.67 亿元，员工 478 人，当年实现营业收入 126.41 亿元。

主要做法和成效：

1. 领导重视、明晰路径，有序开展混改试点

集团许立荣董事长、万敏董事总经理高度重视混改试点工作，牵头制订了《混改和员工持股试点方案》，完成了《混改增资方案》。2017 年 4 月，泛亚航运增资扩股和员工持股方案经集团审议通过并向国务院国资委报备，在上海联合产权交易所正式公开挂牌。6 月 27 日，中远海运集运、泛亚航运、复星集团和泛亚航运员工持股平台公司签署了增资协议，6 月 29 日，泛亚航运办理了增资后的工商变更登记，完成了混合所有制和员工持股试点改革，成功实现了国资、民资与员工出资的紧密结合。

2. 产权绑定、多方参与，实现利益风险共担

集团按照“坚持依法合规，公开透明；坚持以岗定股，动态调整；坚

持增量引入，利益绑定；坚持自愿参与，风险自负”的原则，精心设计实施了泛亚航运员工持股方案。**一是**股权架构。集团对泛亚航运的持股比例从原先的100%降至82%，员工持股8%，外部非公战略投资持股10%。**二是**入股定价。以2016年12月31日为评估基准日，泛亚航运评估值34.98亿元，评估增值21.49亿元。按此评估结果作为挂牌价格计算员工和非公战投持股出资价格。**三是**员工持股范围。结合岗位、学历、司龄、近3年业绩考核结果，实施综合评价排序，筛选出162名核心骨干员工持股，约占公司员工总数的33%。

3. 政策配套、搞活机制，注入持续发展动力

一是推行市场化契约化管理。2017年7月中旬，泛亚航运举行职业经理人签约仪式，标志着职业经理人制度进入正式实施阶段。其核心内容为“一个基础、五项机制”，即在健全的治理结构体系基础上，重点围绕选拔机制、聘用机制、绩效管理、薪酬激励、退出管理等五要素展开，构建职业经理人管理机制。**二是**开展人事、劳动用工和考核分配“三项制度”改革。坚持市场化导向，强化任职条件和考核评价，实现管理人员能上能下；强化劳动用工契约化管理，实现员工能进能出；推进收入分配市场化改革，实现收入能增能减。**三是**注重培育职业经理人队伍。建立与社会主义市场经济相适应、与企业功能定位相配套的市场化劳动用工分配管理体系，着力打造一批高素质职业经理人队伍，进而激发企业内在活力。

（四）推进薪酬分配从重公平向重效率转变

职业经理人制度是现代企业制度的重要组成部分，党的十八届三中全会明确提出“要建立职业经理人制度，更好发挥企业家作用”的改革任务。从根本逻辑上来说，职业经理人制度是我国经济体制和分配制度下，按劳分配为主、多种分配形式共存，特别对按要素分配的一种具体探索和实践。集团党组高度重视该项工作，在2016年3月的集团干部人才工作会上正式提出建立职业经理人制度和与之相匹配的市场化薪酬体系，拉开试

点和推广职业经理人制度的大幕。

主要做法和成效:

1. 深刻理解和认识建立职业经理人制度的重要意义

集团党组高度重视职业经理人制度建设，多次召开专题会议研究部署试点工作。集团党组认为，实施职业经理人制度是深化企业内部体制机制改革，增强集团整体活力、影响力和抗风险能力的一项战略举措，能够有效缓解集团高、精、尖专业人才短缺矛盾，进一步推动“三能”目标的进一步实现，充分激发干部人才队伍干事创业热情，更好地促进集团“6+1”产业集群快速发展，提高集团整体竞争力。

2. 准确把握和遵循建立职业经理人制度的核心要素

集团党组根据国有企业根本性质，结合上市公司管理规范和职业经理人制度自身实际特点，牢牢抓住职业经理人制度实施的核心要素：**一是**坚持党管干部与董事会依法选择经营管理者相结合。充分发挥党组织的领导作用，依法落实董事会选人用人权。**二是**突出契约化管理。严格按照契约化方式管理，职业经理人与企业签订劳动合同、聘用合同和绩效合约，严格按契约条款执行。考核结果与薪酬及聘任管理直接关联。**三是**薪酬市场化。以绩效的市场化对标为主要依据，确定与之相匹配的薪酬水平，结合集团下达的绩效目标，按“依岗议薪、一人一薪”确定职业经理人薪酬方案。

3. 充分激发和调动试点单位参与创新变革的积极性

一是选取市场化程度最高的航运金融产业集群组织试点。结合中远海运金控、中远海运发展的实际情况，赋予公司董事会和党委明确的职责任务。董事会作为实施主体，负责职业经理人市场化选聘和管理，同时充分发挥公司党委的领导作用，负责职业经理人的日常管理监督，对人选进行集体研究并提出意见。**二是**按照循序渐进、由简到繁的原则，逐步完成试点阶段的目标任务。首先，以市场化方式面向境内外猎聘中远海运金控副总经理和首席风控官；其次，集团党组经过研究，确定经营班子成员全部转换为职业经理人，党委书记、纪委书记岗位不列入转换范围；最后，研究建立上述职业经理人的契约合同、考核评价、薪酬激励、监督管理、退出等配套管理制度。

（五）强化党的建设从重形式向重实效转变

加强党的建设，发挥党在企业生产经营过程中的领导作用，是国有企业所特有的政治和体制优势。中国远洋海运集团党组深入学习贯彻党的十八大和历次全会、全国国有企业党建工作会议精神，认真领会习近平总书记系列重要讲话要旨，全面落实中央组织部、国资委党委决策部署，把毫不动摇坚持党的领导作为推进企业重组变革的重要法宝和完善现代企业制度的核心内容。

主要做法和成效：

1. 谋事实：增强“四个意识”，充分发挥党组领导作用

一是加强班子思想政治建设。集团党组认真贯彻《中国共产党党委（党组）理论学习中心组学习规则》，2017 年度上半年组织党组成员集体学习 6 次，在思想上政治上行动上同以习近平同志为核心的党中央保持高度一致。**二是**坚持“把方向、管大局、保落实”。集团党组把加强党的领导和推动集团重组变革统一起来，将党组研究讨论作为董事会、总经理办公会决策重大问题的前置程序，2017 年上半年共研究和讨论相关“三重一大”议题 25 项。**三是**做好党建入章程工作。集团作为中央企业中第一家把党建内容系统写入公司章程的单位，当前正在按照国务院国资委党委的部署，分类指导二级、三级单位年内完成党建入章程工作。

2. 贯彻实：树立基层导向，深入推进“两学一做”常态化制度化

一是结合中心工作推进学习教育。集团党组把“两学一做”纳入“三会一课”和党校干部培训基本内容固定下来，指导和监督基层党组织和党员干部建立经常性“党性体验”机制。**二是**开展主题活动激发组织活力。

集团党组在全系统开展“迎接十九大、做合格党员、建规范支部”主题活动，引领广大党员牢固树立“四个意识”、做到“四个合格”。**三是**树立基层导向加强支部建设。集团党组继续发扬“支部建在船上”优良传统，树立党的一切工作到支部的鲜明导向，开展党建基础检查，为支部日常工作提供“业务指导书”。

3. 监督实：强化责任担当，全面开展党风廉政监督建设

一是压紧压实全面从严治党的政治责任。集团党组与境内外直属单位党委签署全面从严治党主体责任书、监督责任书和“一岗双责”责任书117 份、廉洁从业承诺书 397 份。**二是**持续保持反腐败的高压态势。严格查处各类违纪违规案件，彰显执纪监督问责严肃性。实践运用监督执纪“四种形态”，及时对有关信访举报问题进行澄清，营造干事创业的良好氛围。**三是**持之以恒执行中央“八项规定”精神。强化廉洁教育和日常监督，深入开展整治巡视工作，2017 年上半年完成了 1 家直属单位现场巡视、2 家单位巡视回访工作，形成党内监督和群众监督的强大合力。

走进新的时代，站在新的历史起点，中国远洋海运集团改革创新发展正在进行时，任重道远、使命光荣，要用新理念研究新情况、抓住新机遇，用新思想剖析新挑战、实现新飞跃，用新战略推动新发展、创造新辉煌，做国家全面深化改革的积极参与者、“一带一路”倡议的坚定实践者、国资国企改革的试点先行者，努力打造世界一流、具有国际竞争力的全球供应链综合服务集团。

6

聚焦核心能力建设　以改革创新赢得市场竞争

中国中化集团公司

中国中化集团公司（以下简称“中化集团”）成立于1950年，是中国四大国家石油公司之一，领先的化工产品综合服务商，最大的农业投入品（化肥、种子、农药）和现代农业服务一体化运营企业，并在高端地产酒店和非银行金融领域具有较强的影响力。中化集团迄今已27次入围《财富》全球500强榜单，在中央企业业绩考核中，已十二次、连续三个任期被评为A级。从1998年启动转型至2016年底，累计实现利润总额1088亿元、上缴国家各类税金1399亿元，总资产和净资产分别净增9倍和14倍，较好地实现了国有资产保值增值。

党的十八大以来，中化集团认真学习贯彻习近平总书记系列重要讲话精神，牢记国有企业的责任使命，秉持“坚持国有企业属性前提下，无限接近市场化”的总体原则，将加强党的领导和市场化改革有机地融为一体，通过创新发展助推供给侧结构性改革，在充分竞争领域树立起“国企中的民企，央企中的外企”的新国企形象，行业地位和影响力、带动力得到明显提升。公司形成**“四聚焦一保障”（聚焦管控体系，聚焦人力资源机制，聚焦核心业务转型，聚焦供给侧结构性改革，党建作为最强保障）**的经验和做法，以党的建设、战略创新、管理创新、业务模式创新等的全面变革，激发出更强劲的发展动能。在2016年经营业绩实现恢复性增长的基础上，2017年上半年，中化集团利润总额达93.9亿元，创历史同期新高，同比增长136.5%。

一、聚焦适应市场竞争和客户需求的管控体系，激发发展动力

重视管理是中化集团的优良传统。源于历史上曾经管理失控的惨痛教训，中化集团自1998年以来持续推进管理改善，建立起了具有中化特色的八大管控体系，对公司摆脱困境、转型再造提供了重要保障。

随着近年来内外部环境的深刻变化，中化集团与时俱进地对管控体系进行重新审视和调整优化。2016年启动实施管理创新工程，围绕“以石油化工为基础、以材料科学和生命科学为引领的创新型的综合性化工企业，涵盖地产和金融的有限多元化投资控股公司”的战略定位，按照“以响应市场为中心、以服务客户和鼓励创新为落脚点、以创造价值为目的”的总体工作原则，在组织架构调整基础上，总部层面实现“减成本、增效率，重构适合战略管控型、投资控股型管理体系”的目标，事业部层面实现“激发活力、做实做强、成为集团战略推进和业务拓展中坚力量”的目标，并建立起一整套匹配公司战略发展目标，能够最大限度适应市场竞争和客户需要的管控体系。

（一）重塑组织架构，明晰权责关系

按照战略管控型总部定位，本着“小总部、大业务”的原则，调整集团总部与经营单元的权责关系，对集团总部职能和管控模式进行重塑优化。集团总部重点聚焦战略预算管理、财务资金政策、重要人事任免、绩效考核评价、审计合规管理、党建纪检监察及资源协同共享等核心职能；充分赋予事业部自主经营权，事业部拥有战略建议、运营决策、选人用人、考评激励以及授权范围内主业投资决策等权限，最大限度发挥事业部作用。

集团总部采用“大部制”形式，将职能相关、相近或存在协同的部门

或模块进行合并重组，强化核心职能，打造精简高效的集团总部。总部设立 9 个一级部门、34 个二级部门，分别较改革前减少 11 个一级部门、45 个二级部门。总部编制数也较 2016 年同比减少 32% 。

同时，集团组建能源、化工、农业、地产、金融五大事业部，以做实做强事业部以及提高经营一线的市场灵活度和竞争力为目标，按照“统一规划、分步实施、尽快到位”的原则，加快推动和强化事业部建设，激发和增强事业部经营活力，使之成为集团战略推进和业务拓展的中坚力量。

（二）简政放权，充分调动各级经营组织积极性

为最大限度地增强经营活力，集团总部大力精简审批事项，实现权力归位下沉，形成集团总部与事业部之间界面清晰、权责对等的授权受控管理体系。

集团总部本着“宜授尽授、授控结合”的原则一次性下放 86 项运营管理审批权限，并以“管理体系不散、职责不丢、标准不降低”为原则进行了下放权限承接验收与制度修订工作。通过审批权限的切换与承接，公司上下各级经营管理者加深了对改革意义的认识，总部职能部门作为改革的发动机，积极转变观念，增加大局意识和成本意识，减少权力权威意识；更加贴近市场与客户的事业部则被充分赋予了自主经营权，“听得见炮火的人”拥有了更多的战略建议、运营决策、选人用人、考评激励以及授权范围内主业投资决策等权限，经营组织的内在活力得到了释放和增强。

（三）以“6S”管理体系建设为抓手，保障战略落地

中化集团按照“聚焦战略、促进一体、问题导向、化繁为简”的原则，一方面吸收借鉴外部先进经验，一方面对原有管理实践进行自我扬弃，通过一系列的系统性思考与设计，形成了由战略管理体系、全面预算体系、管理报告体系、内部审计体系、业绩评价体系和经理人考核体系组成的中化集团“6S”管理体系。

中化“6S”体系在充分激活下属企业经营管理活力，最大限度调动其生产经营积极性的同时，确保集团总部战略执行过程有方向、不走样，战略规划能够得到切实有效执行。通过推进“6S”体系建设和运行，近期来看，公司内部管理平台和管理语言更加统一，同时进一步在公司内部倡导形成超越制度层面的“6S”文化体系，形成市场导向、客户导向和业绩导向的主流文化，以创造价值为核心，让公司内部的热点话题紧紧围绕市场、客户、产品、服务、创新、品牌与业绩等内容展开，凝聚共识，引领方向，汇聚力量，团结全体员工同心同力，在战略执行过程中同频共振，保障战略落地生根、行稳致远。远期来看，集团将形成“一级看、一级管、一级干”的权责明晰的三级管理体系，实现“简政放权、各负其责、上下贯通、左右协同、战略引领、价值导向、管理高效、创新驱动”的新局面。

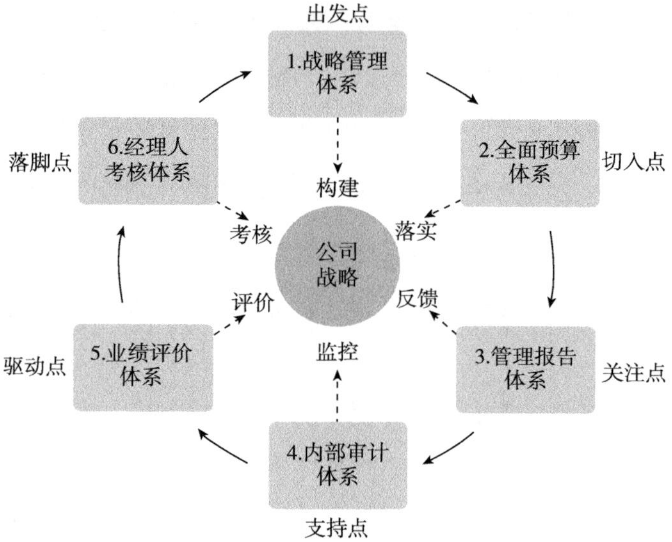

中化“6S”管理体系

二、聚焦市场化的人力资源机制，释放队伍活力

（一）深化市场化选人用人机制，打造政治素质和经营管理能力“双过硬”的经理人团队

中化集团一直把选人用人机制改革创新作为管理变革的主战场，始终

坚持习近平总书记提出的国企干部“二十字”标准，始终坚持企业文化引领，始终坚持市场化改革，始终坚持五湖四海、大胆用人，始终坚持求真务实，逐步建立了富有中化特色的市场化选人用人工作体系，有效保障了公司转型升级和改革发展的顺利推进。

1. 唯才是举，选贤任能是根本

中化集团坚持党管干部、党管人才的原则，通过严格标准、规范程序，为干部选拔把好关口，并在此基础上，不拘一格选人才，大胆使用政治素质过硬、经营管理过硬的年轻干部。目前，集团271名关键岗位人员中，“70后”有115人，占比42%，并已涌现出25位“80后”。重点聚焦专业化、国际化、转型领域人才，先后从GE、陶氏、巴斯夫等跨国企业引进关键岗位人员近50人。

2. 赛场竞马，能上能下是基础

中化集团多年来树立起以市场为导向的高绩效文化，让业绩评价体系成为干部员工的“赛马场”。坚持把战略目标质询作为干部能力竞赛和考评的起点，自上而下进行规划指引，自下而上制定战略目标，自下而上进行逐级质询，自上而下进行目标分解。推行全员绩效管理，始终坚持严格的等级强制分布，C类要处罚、D类要淘汰，保持队伍活力。对于关键岗位人员，建立起“基于评价的退出机制”，优胜劣汰，干部能上能下成为常态，仅2016年至今，就有18名关键岗位人员通过综合考评被降职或淘汰。

以中化集团下属中国金茂为例，始终坚持高绩效导向，同等条件下优先选拔具有主动、坚韧工作作风，绩效优秀的人才，担负公司重要岗位工作职责。对于现任关岗人员，无论职位高低，绩效不好一律淘汰。2016年，关键岗位主动淘汰率达8%。在人才引进上，始终坚持“专业领先、能力出众、素养过硬”的原则，从万科、华润、龙湖、中海、保利等行业标杆企业引进了多名包括职能部门一把手、城市公司总经理在内的高端人才。同时，加大创新及核心人才的引进力度，近三年累计引进340多名中高端人才，有效弥补公司发展人才队伍结构性短板。不断优化员工队伍，严格执行 5% 的 C 类绩效比例，通过绩效考核、人才盘点及时调整不适岗人员。近三年主动淘汰率保持在 5% 以上，持续保持队伍活力，提升人员效能。

3. 人才辈出，培养发展是关键

中化集团按照干部成长规律，着眼专业化、领导力、团队建设三个重点，实施“中化新动力”工程，建立青年人才（35 岁以下）、年轻关键岗位（40 岁以下）、年轻正职领导人员（45 岁以下）三层次干部梯队培养体系，培养体系的设计遵循“721”法则，重视“差异化、多样性”实践锻炼，促进年轻干部接受新环境挑战，丰富实战阅历。大力推动行动学习、团队学习的方式方法，在课程体系设计中，将政治理论学习与经营管理学习同计划、同安排、同结课。课堂教学方面，首先突出理想信念教育，将习近平总书记系列重要讲话精神、中化党建、廉洁从业等课程纳入必修课；其次，突出管理实战训练，设计了卓越领导力、商业运营模拟、五步组合论、财务分析等经营管理课程。在课堂教学的同时，公司组织学员赴华为、联想、GE、中粮等国内外企业开展经营管理学习交流，同时，还将红旗渠干部学院作为现场教学基地，以红旗渠精神为依托进一步加强党员干部的党性修养，坚定理想信念。

（二）优化完善差异化绩效考核及分配机制，使高绩效成为企业文化和员工追求

中化集团坚持分类管理和奖优罚劣，实现了职工收入随业绩变化能增能减的改革目标。

1. 持续完善分配体系，引导企业提质增效

一是优化薪酬资源配置指标体系。引入 EVA 作为配置薪酬资源的重要指标，在注重下属单位盈利能力的同时，更加强调经营质量、资本利用效率和国有资产保值增值的实际效果。**二是**差异化设置薪酬资源配置方式。

对战略投入大、资源占用多、成本结构复杂的能源、化工、农业板块核心单位，主要以 EVA 配置薪酬资源；对资源占用相对较少、盈利能力相对较强的地产、金融板块核心单位，主要以利润配置薪酬资源；对科技型企业等为集团战略发展提供支撑保障作用的单位，薪酬资源配置全面对接年度综合考评结果，并与集团年度经营情况进行“绑定”。以年度综合考评为 B 类的特殊功能企业为例，如集团年度全面完成经营预算，则该单位薪酬资源将同比上涨，反之将同比下降。**三是**严格执行既定规则，杜绝“大锅饭”。以 2016 年为例，集团下属二级单位中，薪酬资源增长最多的单位同比增长超过 10%；但同时，受外部市场环境、去库存要求等因素影响，3 家经营单位薪酬资源同比下降超过 10%。

2. 强化以价值定薪酬，将贡献与利益紧密捆绑

一是科学实施岗位价值评估。坚持收入分配改革以来不以行政级别定薪的做法，从规范、梳理“岗位说明书”入手开展定编定员，利用“国际岗位评估体系（IPE）”，通过“4 要素 10 维度”评估各岗位价值，将集团岗位划分成 7 个岗级、23 个岗等，根据评估结果建立了涵盖各个层级、不同性质岗位的统一岗位级别和薪酬体系，明确了“以岗定薪、岗变薪变、薪随岗变”的管理原则。同样行政级别的员工由于所处岗级或岗等不同，固定薪酬最多可相差 1 ~2 倍，如 2016 年集团总部各部门主要负责人固定薪酬最高值与最低值间相差 1. 7 倍。**二是**积极开展薪酬市场对标。2016 年基于“业绩对标与薪酬对标相一致”的总体原则，开展了由集团统一进行的薪酬市场对标，形成了涵盖下属 5 大业务板块、16 家重点二级单位、22 个细分领域的薪酬市场对标报告，对集团下属各个单位、各个层级职工的薪酬水平进行了科学评估，为职工薪酬管理提供了参考。**三是**强调绩效考核与年度奖金紧密挂钩。各年度职工奖金与集团整体业绩、该职工所在单位业绩、所在部门和自身绩效考核结果直接相关，同一员工在不同年份的奖金额最多可相差 2 ~3 倍。

3. 发挥文化根植作用，多措并举凝共识

一是统一思想。通过年度战略规划质询等方式让市场化收入分配理念和以价值为导向的企业文化深入人心，坚定企业上上下下推进改革的决心，为改革营造良好氛围。**二是**统筹布局。通过培训让各级管理者具备推动收入分配改革的动力和能力，树立“收入分配是企业各级管理者和人力资源部门共同工作”的理念。同时，从全局角度不断反思收入分配与劳动合同、绩效管理间的关系，通过持续调整完善，让各项管理机制像齿轮一样互相咬合、有效联动。**三是**加强宣传。2015 年以来，集团组织各单位开展“揭开薪酬神秘面纱”主题交流活动，并通过内刊、微信等方式积极向本单位员工宣传薪酬政策，不断提升员工对薪酬和激励的感受。在集团年会上，专门就薪酬分配的原则和导向进行阐述，进一步强化市场化收入分配理念。

（三）创新构建多元化激励体系，激发创业激情与创新动能

中化集团在改革发展过程中坚持市场化导向，不断优化完善激励体系，有效提升广大员工的积极性、创造性，助力公司创新性、跨越式发展。

1. 有的放矢，明确激励体系建设目标

中化集团在收入分配领域始终坚持“业绩升、薪酬升，业绩降、薪酬降”的市场化收入分配理念，并基于全面激励理论建立了符合自身实际的激励体系，对企业的持续发展起到了积极推动作用。集团出台了《中化集团关于加强多元化激励体系建设的指导意见》（简称《指导意见》），明确了建设多元化激励体系的总体目标，即“按照激励与约束并举、市场与监管兼顾、考核与分配关联、效率与公平并重的要求，坚持公平、公正、公开，坚持前瞻性、科学性、规范性、系统性，运用市场化理念，构建策略组合化、方式多元化、管理动态化的激励体系，实现企业价值与员工价值的同步提升”。

2. 科学设计，构建中化六维激励体系

通过对标市场优秀实践，中化集团提出并建立"六维激励体系"，作为对激励工作的系统性思考和品牌化设计，既涵盖短、中、长期的激励模式，又体现了物质激励和非物质激励并重。具体来说，**固定薪酬方面**，坚持以岗定薪原则，通过完善以岗位职责及任职条件为核心的岗位分析系统和科学的岗位价值评估体系与薪酬市场对标，不断优化岗级薪酬体系，持续强化薪酬的公平性、竞争性；**短期激励方面**，突出强化绩效导向和个性化管理，加强员工绩效奖金与个人绩效、公司业绩间的挂钩力度，有效识别创造价值的核心团队和骨干人才，拉开绩效奖金差距，并就职能、科研、销售、生产类岗位差异化设置绩效奖金核定规则，体现岗位特点和行业规律，确保员工收入能增能减；**中长期激励方面**，推出价值激励类、业绩激励类、利益绑定类三大类型中长期激励机制，推动下属企业尝试股权激励、超额利润分享（GPS）、项目跟投、科研分红、风险抵押金等行业、市场较为先进的中长期激励实践，鼓励各单位挑战超额业绩、分享增量收益；**福利体系方面**，建立包含医、食、住、用、行五方面的"全优"福利体系，提升员工的归属感、幸福感、获得感；**认可荣誉方面**，设立董事长、总裁奖励基金，由董事长、总裁对为集团战略发展做出重大价值贡献、工作表现突出的单位、团队或人员进行即时奖励，并构建以即时肯定、感谢为基础的认可体系和以荣誉称号评选、嘉奖为基础的荣誉体系，强化员工的荣誉感、价值感、使命感；**职业发展方面**，开展"中化新动力"工程、开办高级经营管理培训班、实施专业序列高级专家评审，聚焦年轻干部选拔培养、帮助员工提升专业能力、拓宽员工职业发展路径。

3. 统筹布局，同步推行激励约束机制

中化集团为配合《中共中央、国务院关于深化国有企业改革的指导意见》落地，同步推出了《中化集团推行超额利润分享机制（GPS）的方案》（简称《实施方案》）以及《中化经理人基于评价的退出调整管理办法（试行）》（简称《管理办法》），体现了激励与约束的统一。在《实施方案》中，明确全面推行超额利润分享（GPS）机制，与冲在改革一线、为集团业绩作出突出贡献，或对战略转型发挥攻坚作用的关键骨干人员（冲锋者）分享超额业绩，让创造超额价值的员工获得超额回报。在《管理办法》中，健全了对于不适应改革发展，履职不力、绩效平庸，不适宜担任现职经理人的调整退出机制，确保“能者上、庸者下”。

三、聚焦核心业务转型升级，提升竞争实力

作为一家处于充分竞争领域的中央企业，中化集团早在20世纪90年代末就启动市场化能力建设，历经近二十年时间的转型发展，已由一家传统外贸企业发展壮大为综合性大型企业集团。党的十八大以来，中化集团深入落实供给侧结构性改革战略部署，围绕提升市场竞争力这一根本目标，以创新作为中化的思维方式、工作方式、生存方式，加快主营业务转型升级，为推动培育经济新动能、提高国家经济综合竞争力积极贡献力量。

（一）能源板块

1. 建设先进石化产能，在国际竞争中显露头角

作为国家“十二五”期间建成投产的重点项目以及中化集团战略转型和第三次创业的标志性工程，中化泉州1200万吨/年炼油项目于2014年7月正式建成投产。项目立足高起点、高标准，致力于打造高效节能、清洁环保、健康安全、最具市场竞争力的大型现代化炼化企业，在安全环保、能耗水平、产品质量、单套装置规模、工艺路线、工艺技术、柴汽比市场适应性等七个方面达到“国内领先、国际一流”水平，有效推动了高端能源装备和炼化技术等战略性新兴产业的发展。目前，泉州石化生产的油品已打入欧洲、澳大利亚等质量要求最为严格的地区，充分显示了国内先进石化产能的国际市场竞争力。抓住国家“一带一路”倡议带来的机遇，每年进口原油1000余万吨，全部为“一带一路”国家和地区；同期出口成

品油“一带一路”国家和地区占比在70%以上。2014年投产至今累计为国家贡献税收203亿元。

中化泉州石化

2. 推动“互联网+”全面转型，引领能源行业创新增长

中化能源作为中化集团能源板块的平台公司，通过打造“互联网+”全新商业模式，推动中化能源全面转型成为能源化工领域的互联网公司。中化能源的“互联网+”战略可以概括为“自营+平台+产业链+生态圈”，利用互联网思维对企业的商业模式、经营理念和组织流程进行系统重构。其中，自营是指以中化能源现有的贸易、炼化、分销、仓储经营能力为发展基础；平台是指把企业打造成为吸引资源和整合资源的平台，让海量用户与海量商家在平台上以自组织的形式完成交易；产业链是指连接产业链上下游，提升全环节运营效率并降低成本；生态圈是指按照“共创、共享、共赢”的原则，进一步形成闭环的商业体系，使生态圈上的所有相关方都能够繁荣发展。

（二）化工板块

1. 开发具有自主知识产权的农药创制品种，促进中国制造向中国创造升级

中化集团拥有两个国家级农药创制中心——沈阳化工研究院及浙江省

化工研究院，创制农药销售额占全国创制农药销售额的 2/3 以上，中国已经产业化的 18 个创制农药其中 14 个来自中化。沈阳院农药研究所长期专业从事新农药创制及制剂研发，具备国内一流的新农药创制研发能力。1989 年以来，先后设计、合成、筛选化合物 50000 多个，通过不断优化工艺，氟吗啉（双工福玛等系列产品）、烯肟菌胺（爱可等系列产品）、乙唑螨腈（宝卓）均已成功上市。乙唑螨腈的发明专利已在中国、美国、欧洲、日本、巴西获得授权，并已被运用于近 1500 万亩农田中，其速效性和持效性表现优越，获得广泛认可。一系列创制农药品种的研发并实现产业化，标志着中国农药产品已从跟随性的仿制走向自主性的创制，迈出了中国制造向中国创造的关键一步。

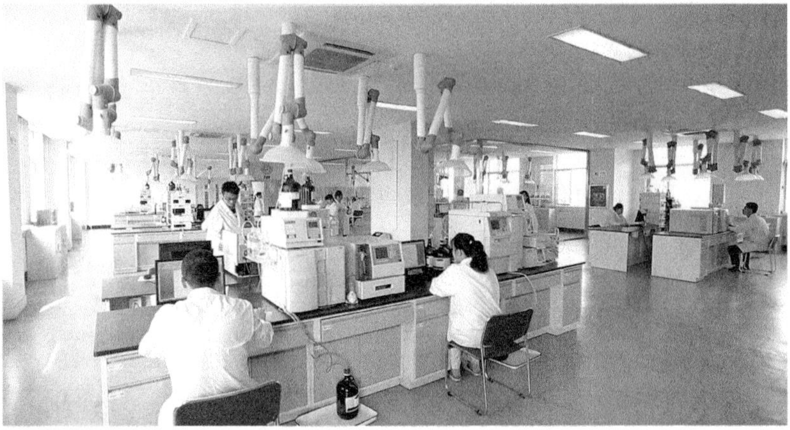

农药研发

2. 以创新发展、绿色发展为使命，促进企业可持续发展

中化集团下属的圣奥化学科技有限公司是国际领先的橡胶化学品综合服务商，其橡胶防老剂 6PPD 及关键中间体 RT 培司的产能和市场占有率均为全球第一。其开发的高品质轮胎防老剂可延长轮胎使用寿命 10 倍，减少天然胶消耗 30%、合成胶消耗 30%，节省石油资源 3% ~5%。同时，圣奥化学以创新发展、绿色发展为使命，大力发展循环经济，通过综合利用邻近焦化厂的焦炉气，达到清洁高效地供热和制氢，实现了环境效益和经

济效益的协调统一。

（三）农业板块

1. 智能配肥，提供精准服务

中化集团下属中化化肥积极响应国家发展现代农业、推行农业供给侧改革的要求，提出并致力于建设化肥智能制造及农业综合服务体系，包括移动互联网农技综合服务平台、大数据人工智能中心、电子商务系统、智能配肥服务站四个环节，把线上和线下两种服务模式结合起来，实现个性化、低成本、智能化的化肥精准配方和种植方案供给，对区域农户提供精准农化服务。2016 年，中化化肥在安徽、湖北、江西、山东、河南、江苏、湖南等 7 省建设配肥中心 30 座，销售配方肥 1 万吨，直接减少施肥量和成本投入约 400 万元，为农民带来直接的实惠。

2. 良种增产，助力科技扶贫

中化集团下属中种公司针对各地不同种植条件，有针对性地推出新品种，并积极扶植贫困地区的农业生产。自 2011 年起，在水资源紧缺的河北省巨鹿县，中种公司探索推广“上茬油葵下茬谷”的节水种植模式，变“小麦 - 玉米”两茬为“油葵 - 谷子”两茬，用足天上水，节约地下水，管理简单、省时省工，每年至少可以少浇 4 次水。2017 年，巨鹿县在全县推广该节水种植模式 10 万亩，占全县种植面积的 1/5。中种公司的油葵品种“矮大头”因纯度高、出油率高，

中国种子生命科学技术中心

已成为当地种植模式调整的首选品种。

3. 绿色农药，促进提效增收

中化集团下属中化国际深化“绿色”“优质”理念，在农药研发和生产中注重可持续发展，提供作物保护的全流程解决方案，帮助农户科学种植、增产增收。

研发环节，中化国际下属扬农集团通过对天然除虫菊素的人工仿生合成，研发出绿色高效拟除虫菊酯农药，高效低毒，不污染环境，不破坏生态平衡，荣获中国工业大奖表彰奖。拟除虫菊酯中的高效氯氟氰菊酯与甲胺磷相比，每亩用量仅为 1/50。中化国际下属沈阳中化农研，在“六五”至“十二五”期间承担了大量绿色新农药创制及其相关联的项目，在国内外申请发明专利 500 余件，从技术源头保障农业生产的绿色可持续。

生产环节，草甘膦是中化集团下属江山股份的主要产品之一，为实现清洁生产，江山股份在新区搬迁装置建成后不久又投入 1 亿多元进行清洁改造，并引入膜处理、深度除磷等技术领先的环保治理技术，先后建成了蒸发除盐、母液定向转化、生化处理、危废焚烧等一系列环保设施，环保投入超过 5 亿元，年均环保运行费用超过 1 亿元。扬农集团建成了江苏省农药清洁生产技术重点实验室，拥有 35 项清洁生产专利技术，2 项清洁生产技术被工信部列入《17 个行业清洁生产技术推行方案》。

使用环节，中化国际下属中化作保成立“金光大稻”项目组，在江苏、安徽、湖南、湖北四省建立全程示范田，根据每一地区的不同特点量身定制相应的产品组合方案，帮助农民科学种植、增产增收。目前，试验区各地“金光大稻”解决方案总体反馈效果突出，安徽省芜湖市的水稻实验田和普通水稻田，通过现场对比，“金光大稻”的长势更好，植株更健壮、叶色更浓绿，分蘖力更强，病虫害少。收割后，同样 400 穴水稻，普通水稻收获 50. 8 斤，而“金光大稻”收获 59. 4 斤，按当地收购价，每亩可为农民增收 221 元。

4. 创新模式，实现持续发展

中化集团下属中化现代农业以“社会化农业服务商”的定位提供农业生产综合解决方案，商业模式及试点成果得到了农业主产区农户、规模经营主体、地方政府和涉农企业的高度认可。在四川省成都地区，中化现代农业服务团队在充分分析当地农业经营要素的基础上，围绕马铃薯及连作作物的营养、植保、机械等，建立本地化试验示范基地，通过全过程栽培技术的集成和农机农技的有效结合，提出将原有的“水稻 - 小麦”两季连作模式调整为“马铃薯 - 水稻 - 蔬菜”的三季连作模式，取得试点成功，仅 2016 年就为成都平原的崇州、大邑、新都等县市数千亩土地的耕作者带来至少亩均 1000 元以上的增量收益。此外，通过化肥、农药“双减”技术和水肥调控，土地亩均投入减少约 300 ~ 500 元，为成都平原探索出了环境友好的可持续农业发展模式。

中化集团农业服务

（四）地产板块

1. 契合新型城镇化发展机遇，探索特色的城市运营模式

中化集团是国务院国资委批准的以地产开发作为主营业务的中央企业。地产业务摒弃买几块地、卖几栋楼的简单商业模式，而是全面落实党中央、国务院关于推动城乡一体化发展、加快中国特色新型城镇化建设的

战略部署，围绕提高城镇化质量，加快转变城镇化发展方式，以人的城镇化为核心，推动城市运营模式创新，释放城镇化发展潜力。集团下属的中国金茂引领行业发展趋势，率先提出由地产开发商向“城市运营商”转型。中国金茂的“城市运营商”经营模式，从时间上经历规划、建设、销售与持有运营等阶段，跨越从一块毛地到新城建设的全过程；在空间上进行一定体量规模的成片区综合开发；在内涵上建设绿色健康、智慧科技、产城融合、配套便利的宜居宜业城市，实现了从单纯依靠地产开发实现土地溢价向以城市综合开发与运营为代表的精细化发展模式转型，形成了以城市核心综合开发模式为标杆、城市新城模式为主体、特色小镇模式为补充的多层次城市运营产品体系。

长沙梅溪湖国际新城是中国金茂“城市新城”系列中的扛鼎之作，集中体现了中国金茂城市规划和项目综合运营能力，该项目占地 11452 亩，总建筑面积约 1040 万平方米，实现了“三年起势，五年成城”的建设目标，现已成为长沙城市新名片。在新城打造过程中，中国金茂联合当地政府成功导入数十家知名研发设计企业，近二十家省（区、市）知名幼儿园及中小学校，以及综合三甲医院，将昔日的郊区荒地发展成为长沙市最具活力的城市新中心、长株潭新型城镇化示范区和“大河西中心”的城市客厅。

长沙梅溪湖国际新城

2. 践行绿色发展理念，积极履行央企社会责任

随着中国经济的持续增长，“品质生活”成为城市居住者的共同“心

声”。中国金茂坚持“精工优质、绿色健康、智慧科技”的可持续发展理念，通过不断塑造差异化竞争优势，将绿色发展理念转化为企业竞争力，形成了以绿色生态城市为承载“面”、建筑全周期管理为牵引“线”、产品持续创新为开创“点”的多层次绿色节能体系。发挥城市运营商优势，推动绿色生态城的实施落地。在长沙梅溪湖国际新城与南京青龙山国际生态新城的项目实践过程中，从城市规划引导入手，协同政府主管部门制定生态城指标体系，带动区域内开发企业共同落实生态责任，实现了区域内绿色协同发展，两项目先后荣获了世界范围内城市建筑和设计领域的最高奖项、被誉为世界人居环境“奥斯卡”的联合国“全球人居环境规划设计奖”称号。坚持品质引领地位，打造绿色建筑全周期管理体系。在大型公建领域，推进绿色运营标准建立；在现代住宅领域，推进应用型创新实践，打造绿色住宅标杆，创新研发出符合时代特点的金茂府系产品，在高端住宅领域形成较强品牌影响力。截至 2017 年 6 月，共计获得各类绿色建筑标识 90 个，占总开发项目 90% 以上，位居全国第一，满足绿色标识设计要求的项目总建筑面积已达 672 万平方米。

（五）金融板块

中化集团金融板块以创新引领小微金融行业，助力实体经济发展。以创新驱动发展为战略理念，中化集团下属的外贸信托首创小微金融信托业务模式，回归“以客户为中心”的信托本源，将为小微经济体提供综合金融服务作为业务定位，在合规发展的前提下，致力于推广普惠金融为“三农”提供农业资金支持，为小企业主提供经营资金支持，拉动消费内需的释放，助力大众创业、万众创新。

1. 首创小微金融产品，服务改革大局，普惠民生领域

外贸信托充分研判市场需求，发挥创新精神，首创行业内首单个人消费信贷信托产品。2007—2009 年期间，外贸信托向自然人提供消费金融服务规模近十亿元，在积累消费金融业务先发优势的同时，为信托行业乃至

整个金融业探索消费金融发展提供了思路及借鉴。

2. 打造小微金融合规品牌，助力消费金融行业规范发展

外贸信托牢牢坚守合规底线，严格按照监管政策开展业务，树立了个人信贷及消费金融领域的合规品牌，获得了行业客户的充分认同和投资者的高度认可。截至2017年4月，外贸信托共发行了上百期集合资金信托计划，所有信托项目均按计划按时足额分配，为委托人提供了几十亿元信托投资收益，有效促进社会资源配置。

3. 专业化运作，助力实体经济发展与结构转型

为助力国家消费经济发展，践行普惠金融，2014年外贸信托以专业化的事业部制践行消费金融发展战略，致力于向中低收入人群及中小微企业主等提供金融服务，改善金融供给与需求不平衡的局面，再次开创了信托行业的先河。为居民提供耐用品、租房等消费分期服务，为农户提供种子、化肥、农药等综合农业投入品金融服务以及配套技术支持增值服务，为小企业主提供经营周转配套金融服务等，在激发市场活力、拉动消费内需的同时，通过金融服务提高产业产出效率及质量，输出更优质的产品及服务以扩大有效供给。在贷款资金投向区域，外贸信托已覆盖除香港、台湾之外的全国各省（区、市），深入欠发达地区，增强金融服务在不同地区的流动及优化，提高社会要素的配置效率，加快全国市场的平衡发展。

四、聚焦农业供给侧结构性改革，增强发展潜力

2017年中央一号文件把农业供给侧结构性改革作为主题，提高农业综合效益和整体竞争力是当前和今后一段时期农业现代化转型发展的主要方向。中化集团在服务三农的过程中，针对我国农业的主要矛盾由总量不足转变为结构性不平衡的现实情况，瞄准农业供给侧结构性改革，提出以“科技创造美好农业”为愿景的崭新发展战略——MAP（Modern Agricultural Platform，现代农业技术服务平台），通过帮助农民降本增效走出了一条

可持续发展之路，成为国家推进农业供给侧结构性改革的重要抓手和中坚力量。

MAP 模式是打造一个现代农业种植技术平台，把中化集团的种子、化肥、农药、种植技术、土壤改良技术以及农业气象大数据、农业机械整合起来，形成中化农业的综合种植应用技术解决方案能力。同时，以该平台为基础整合农业金融、粮食收储、农产品销售等社会服务资源，建成更有利于服务的中化农业生态圈。与新型规模化农业经营主体进行战略合作，把当地农民组织起来，首先以土地托管等方式实现土地适度规模化，而后通过为农户提供包括农资、农化服务、农机、气象等要素在内全程的农业种植技术解决方案，以及农业金融、农产销售等支持保障，最终实现农业生产的集成高效，并在此过程中实现各方利益共享的一种创新业务模式。

MAP 战略通过广泛合作汇聚资源，聚焦普通农户和新型经营主体的生产经营需要，立足于服务农业生产产前、产中、产后全过程，着力解决“耕地有效适度规模化”和“把地种好”这两个根本问题，提供线上线下相结合的农业综合解决方案。中化集团依托资源优势和技术实力，秉承“用户至上、开放合作、共创共享”的互联网理念，通过与新型农业经营主体合作，依托本地化服务团队，建设“MAP 示范农场”和“MAP 技术服务中心”，推动土地适度规模化，并提供包括农资套餐、种植技术、土壤改良、农机装备、农业大数据、农业金融、农业保险、粮食收储和农产品销售等在内的农业综合解决方案，不断推进农业生产环节的集成化、科学化和品质化，满足普通农户和新型经营主体的生产经营需要。在此基础上，中化集团通过智慧农业系统的搭建，实现农业技术标准的数据化、栽培管理和农场运营体系的线上化，打造能够提供线上线下相结合的综合解决方案的现代农业服务公司。

中化农业的 MAP 商业模式实施路径主要分为几个方面：**一是**形成综合种植应用技术解决方案能力。打造一支具有现代农业综合种植技术服务能力的多层级的专家团队，整合中化种肥药及土壤技术能力，并积极获取农业气象服务和农机资源，形成现代农业种植技术解决方案+产品包。**二是**打造中化农业集成应用技术研发平台。做强化肥临沂中心、中种武汉中心，各农药所的专业领域研发，并在此基础上形成战略合作，充分利用武汉中心的软硬件条件，建设中化农业应用技术研发中心，培育集成应用技术研发能力。**三是**筛选和发展本地化技术合伙人。寻找认同中化MAP理念的“技术合伙人”，依托“技术合伙人”组织土地托管。同时，中化农业将通过服务内涵多元化和资本合作来实现与“技术合伙人”长期稳定发展，并明确与合伙人的合作内容和利益机制。**四是**建立高效率、低成本和智能化的供应链系统。颠覆传统的供应链模式，通过智能化的供应链系统，实现化肥、种子、农药的直供，压缩农资流通环节，降低成本、提高效率，积极探索解决中国农村“最后一公里”问题。**五是**解决“卖粮难”痛点。一方面中化农业通过“订单农业”方式，以整村连片、均一品质、统一规划、按期履约、统收统卖形式，实现产销对接，为下游企业提供稳定的高品质农产品，解决农民“卖粮难”的痛点，提高经济效益。另一方面，参考《米其林指南》模式，打造中化农业“良心推介”，通过完全公益化的方式制定农产品的最高评价标准和专业评价体系，对优质农产品进行持续跟踪与推介，在助推中国品质农业发展的同时也实现中化农业自身品牌价值的不断提升。**六是**建设农业金融服务平台。以规模化生产和大数据为基础，构建可控制、可评估的风控体系，有效地解决农业金融服务中的关键障碍，通过中化农业金融服务公司解决农户融资难的问题，有效促进农村金融稳健发展。**七是**构建MAP智慧农业平台。围绕MAP农场，构建智慧农业系统，汇集耕地、种植、农技、农产品等相关基础数据，通过智能化分析为农场主提供全面的企业级农事综合管理。

中化农业的MAP模式改变过去以单一的种肥药产品为导向的业务模式，形成以用户为中心、规模化新型经营主体为核心的业务模式转变。使中化农业真正接触到终端市场，真实了解中国农业的真正需要和农民的核心痛点，而不是所有的业务模式、服务模式都围绕不是终端用户的经销商去做。

截至目前，中化集团已为近百万亩土地提供了农业生产服务，多方共赢的“中化农业生态圈”正获得越来越多新型农业经营主体和农业行业的认可和欢迎。未来，中化集团将围绕MAP农场和MAP农业技术服务中心的落地，在继续开展种子和农化、作物营养等产品研发的同时，进一步聚焦种肥药技术集成应用，并通过与农业机械、农业物联网和大数据等信息技术的最新研发成果组合集成，进一步提升农业生产的科技含量，进而提升农业种植效率和市场竞争力，让农业成为有奔头的行业，让农民成为有尊严的职业。

五、将党建作为中化改革的最强保障，始终做到党组把方向、管大局、保落实

（一）坚决贯彻执行党的路线方针政策，坚定不移做强做优做大国有企业

中化集团牢记国有企业的责任使命，坚决贯彻执行党的路线方针政策，积极践行五大发展理念，立足自身优势，坚定改革方向，明确战略定位，大力推进改革创新，坚定不移做强做优做大国有企业。

1. 坚定改革方向

中化集团按照习近平总书记对国有企业改革提出的“三个有利于”的要求，积极适应市场需求变化，以提高国有资本效率、增强国有企业活力为中心，探索国有外贸企业转型模式，不断完善现代企业制度；积极契合市场发展趋势，推动产业升级和技术创新，全力培育五大主营业务；积极调整组织结构，优化内部管理，打造协同高效、充满活力的运营体系。

2. 明确战略定位

中化集团深入落实供给侧结构性改革重大战略部署，在战略选择、业务布局等各个环节主动落实党的要求。公司从自身优劣势条件和主营业务

内外部形势出发，明确了以石油化工为基础、以材料科学和生命科学为引领的创新型的综合性化工企业，涵盖地产和金融的有限多元化投资控股公司的发展之路，将以创新为先导，持续加大技术研发，奋力打造国内领先、世界一流的石油化工和精细化工企业，推动中国能源化工产业的转型升级。

3. 践行五大发展理念

中化集团主动运用“创新、协调、绿色、开放、共享”五大发展理念指导公司发展。具体而言，**创新**就是把创新思维注入产业链各个环节和经营管理的方方面面，打造差异化产品、商业模式和体制机制，提升企业的核心竞争力。**协调**就是坚持统筹谋划、整体布局，实现传统主业与新兴产业的协调发展、规模速度与质量效益的协调兼顾、扩张步伐与管理能力的协调并进。**绿色**就是提供更加清洁高效的能源、无害化肥和农药以及其他绿色、环保的产品。**开放**就是要保持开放心态、具备开放视野、形成开放作风、培育开放团队、营造开放氛围，为公司发展聚五湖四海之士、集四面八方之力。**共享**就是坚持与客户分享经营成果、与员工分享改革红利，并积极参与社会活动和公益事业，让全社会共享中化事业发展带来的进步。

（二）坚决贯彻落实全面从严治党要求，将党的领导有效融入公司改革经营活动之中

中化集团坚决贯彻落实中央全面从严治党要求，强化政治引领，与时俱进创新党建工作方式方法，有效发挥党组织的领导作用，促进企业健康可持续发展。

1. 将党的领导融入企业改革发展和经营管理的各个环节，党组织发挥作用更加组织化、制度化、具体化

中化集团积极落实和全面推进党建工作进章程，明确将党组织内嵌入公司治理结构，以“法”的形式将党的领导要求予以落实。公司在高层决

策体系优化中强化党的领导，把董事会建设与加强党的领导有机结合，明确党组会前置程序，确保党的领导与公司法人治理实现有机统一。同时，公司建立健全党建工作制度体系，在出台全面落实从严治党指导意见的基础上，进一步研究制定基层党组织和党务工作者队伍建设等配套文件，形成了涵盖组织人事、纪检巡视等制度在内的完备制度体系，确保了党建工作开展有章可循。

2. 深入开展“四基工程”，在改革发展过程中发挥基层党组织堡垒作用和党员先锋带头作用

近年来，中化集团深入开展以“基本组织、基本队伍、基本制度、基本活动”为主要内容的“四基工程”，有效提升了党建工作成效，促进了与中心工作的融合。公司坚持改革过程中“四同步、四对接”，在新成立的五大事业部和13个利润中心均配备专职副书记并单独设立党群部门，增强党务力量，全集团专兼职党务人员已由两年前的236人上升到289人，保证了党建工作的有序开展。公司新制定下发《关于全面落实从严治党要求 进一步加强党建工作的指导意见》以及《基层党委工作规范》《基层党支部工作细则》《党务部门和党务干部队伍建设实施办法》“1+3”制度体系，为党建工作推进提供了规范指引。

3. 创新党建工作体系，促进党建与中心工作的深度融合

中化集团党建工作以落实习总书记在全国国有企业党的建设工作会议的讲话精神为指引，坚持“两个突出”：即突出党建工作的基础建设，突出与经营管理的融合。公司积极探索建立一套与企业改革发展相匹配的党建工作体系，着力解决党建工作“四个化”、与中心工作“两张皮”和活力不足、创新性不强等问题，从理想信念教育、方针路线政策执行、组织领导、党员作用发挥等四个方面着力，实现党建工作与经营管理的融合。这套党建工作体系与大监察体系、企业文化体系和“6S+”管理体系一道，形成相互衔接、逻辑完整的一整套管理系统，实现党的领导融入企业经营管理各个环节，引领和促进企业改革发展不断取得新的进步。

4. 着力构建“不能腐”的体制机制，为改革发展创造有利条件

中化集团党组认真履行党风廉政建设和反腐败工作主体责任，积极支持纪检部门落实监督、执纪、问责的职责。**一是**狠抓学习教育。通过中心组学习、专题辅导报告会等多种形式，深入领会中央有关精神，明确党风廉政建设责任，建立起层层夯实、层层落实的责任机制。**二是**狠抓“关键少数”，强化党员干部思想政治建设，提升党员干部的纪律规矩意识。**三是**狠抓作风建设，重点抓好中央八项规定精神落实，驰而不息纠正“四风”。**四是**狠抓制度建设，扎紧制度笼子，着力构建“不能腐”的体制机制。**五是**狠抓巡视巡察，2015年下半年设立独立的巡视办公室，进一步加强党内监督。**六是**狠抓党务干部队伍建设，持续提升“打铁还需自身硬”的本领。目前，中化集团正在加紧研究将党的纪律检查、巡视监察与企业审计监督、风险管控等工作有机融合，打造具有中化自身特色的“大监察”体系，力求从顶层设计出发，推进党内监督与管理监督深度融合，把构建“不能腐”的体制机制与党的建设、党风廉政建设和反腐败工作以及改革发展、管理创新保持同步，最终实现标本兼治的目标。

改革永不止步。中化集团将“四聚焦一保障”作为一根红线贯穿企业自党的十八大以来改革工作的始终，立足长远，扎实工作。下一步，中化集团还将本着对国有企业改革发展事业高度负责的使命感、责任感，在党中央、国务院的坚强领导下，全力以赴抓好改革发展各项工作，朝着行业领先、受人尊敬的世界一流企业目标不断前进。

7

以高度的政治担当推进改革 全力打造中国自己的国际大粮商

中粮集团有限公司

党的十八大以来，中粮集团有限公司（以下简称“中粮集团”）牢固树立政治意识、大局意识、核心意识、看齐意识，坚决贯彻党中央、国务院各项决策部署和指示要求，自觉扛起维护国家粮食和食品安全的使命责任，着力通过顶层设计和机制创新来破解矛盾、推动转型，全面推进具有中国特色的粮油行业国有资本投资公司改革，有效激发了企业发展动力、内生活力和综合实力。2016 年，在全球大宗农产品价格低迷的背景下，集团主业利润同比逆势增长 79%。2017 年 1—6 月，集团实现营收 2161.2 亿元，利润 55.1 亿元，同比增长 122%，收入效益实现超同期、超历史最高值、超预算，也远超社会预期。在中央引领下，中粮集团正一步一个脚印向打造中国自己的国际大粮商这个奋斗目标迈进。

一、坚定不移以习近平总书记系列重要讲话为科学指引，用中央精神统一思想、破解难题

中粮集团党组认为，中粮集团是党的企业、国家的企业、人民的企业，必须用党的思想和意志来确立信仰、指引方向、树立规矩，成为党和国家最可信赖的依靠力量，这是中国特色社会主义政治经济学的必然逻辑，是中粮集团打造百年老店和长青基业的鲜明优势，是各级领导和广大

干部员工的根本责任。

（一）党组以上率下向中央看齐，确保中粮“忠良”本色

中粮集团党组把学习贯彻习近平总书记系列重要讲话精神和治国理政新理念新思想新战略作为引领企业改革发展的根本遵循和思想武器，深入领会蕴含其中的坚定信仰追求、历史担当精神、真挚为民情怀、务实思想作风和科学思想方法，时刻牢记中粮集团“忠于国计、良于民生”的使命追求。

1. 思想武装向中央看齐

中粮集团党组班子响亮喊出“全党看中央、中粮看党组”，通过中心组学习、民主生活会、理论务虚会等多种形式，对照党的群众路线、“三严三实”、“两学一做”要求，深刻反思自身在理想信念、党性原则、能力素质、精神状态、工作作风等方面的短板，并认真落实整改，着力强化政治意识、大局意识、核心意识、看齐意识，强化自律意识、标杆意识、表率意识，带头担当、作为、负责，带头改造思想、转变作风、强化执行力，以坚强党性带领广大干部员工始终在思想上政治上行动上与以习近平同志为核心的党中央保持高度一致。

2. 谋划发展向中央看齐

紧紧围绕中央“五位一体”总体布局、“四个全面”战略布局、新发展理念、经济发展新常态、供给侧结构性改革、“走出去”战略、“一带一路”倡议等决策部署和实践要求，直面和破解集团资产规模与质量效益不匹配、国际化布局与一体化整合不匹配、产业发展与地位作用不匹配的矛盾问题，明确了“战略定位向保障国家粮食和食品安全转型、管控模式向国有资本投资公司转型、运营模式向专业化公司转型、发展方式向内涵增长和提质增效转型”的“四大转型”思路，确保中粮集团坚持中国特色社会主义方向，确保集团战略、规划、布局符合中央意图。

3. 管党治企向中央看齐

中粮集团认为，企业党员干部是受组织委派经营管理国有资产的，无

论业务市场化程度有多高，管党治党没有特殊，从严治企没有例外。在系统设计、同步推进深化改革和企业党建进程中，中粮集团在三个重点环节实现了聚焦突破：**一是**在公司治理上，修订公司章程和党组、董事会、总裁办公会工作规则，进一步明确三者的定位、权责和相互关系，确立了党组在“三重一大”问题上前置决策的法定地位。**二是**在工作抓手上，学习中央专项巡视，开展企业内部巡视，聚焦集团改革政策措施落地情况、贯彻中央八项规定精神情况、违规选人用人、以权谋私等违纪违法重点问题，从严监管查处，2017 年巡视 4 家，计划 3 年实现全覆盖。**三是**在考核追责上，破除唯业绩论，把党建工作、选人用人工作、党风廉政建设工作整合为政治素质考核，占年度考核总分 30%，全面评价各级负责人。

（二）深入开展“七问”大讨论，凝聚攻坚克难的意志力量

习近平总书记强调，要坚持以人民为中心的发展理念，依靠广大群众的集体智慧来推动改革。中粮集团经历了大规模扩张、多元化拓展、高速度成长后到了一个新的重要关头，消化期伴随阵痛，瓶颈期需要突破，过渡期需要转型，面临不少困难和挑战。**一是**改革难。各部门、各层级、各环节长期以来已形成固有模式和各自利益，动谁的“奶酪”都不会情愿，容易出现原则上讲都同意，一涉及具体问题就畏难、为难的情况。**二是**整合难。过去 10 年中粮集团平均每年 300 亿元的资产增量，有些产业和项目长期实践证明已不能生存，也不符合中粮集团发展战略，靠长期输血无法彻底解决问题，而要果断退出、止血养生，则要考验各级管理层和员工的大局意识、担当精神、纪律观念和坚强执行力。只有最大程度凝聚共识，推进改革才有力量。

2016 年 4 月，着眼为中粮集团新一轮改革进行思想预热和舆论发动，集团党组针对事关中粮集团改革发展的全局性重难点工作，鲜明提出 7 个问题：①中粮集团由大规模快速增长到深度消化整合，计划措施安排好了吗？②国有资本投资公司改革中利益和职能权力调整势在必行，各部门各

层级准备好了吗？③大宗粮油经营必须专业化，人财物、产供销必须一体化，运作能顺利进行吗？④职位能上能下、收入能增能减要动真格，干部员工能接受吗？⑤三年提质增效攻坚战任务已经下达且要出成果，能顺利完成吗？⑥“两学一做”“反四风”回头看发现的问题，能切实解决吗？⑦领导干部是集团改革发展的“关键少数”，“关键少数”在关键时刻能带好头吗？集团党组明确要求，各级党组织、领导班子和全体党员干部要结合“两学一做”学习教育，逐级组织“七问”大讨论，着力统一思想、统一认识，着力明确任务落地的路径方法，着力解决怎么干和以什么样的精神状态干的问题，胸怀大局、担当负责、开拓进取，在奉献“中国梦”、投身“中粮梦”的新征程中发挥模范作用、实现价值抱负。

随后两个多月，从中粮集团党组到各级基层党组织，从党员领导干部、一线经理人到普通职工党员，都普遍开展“七问”专题研讨：**一是**聚焦中心任务，紧紧围绕中粮集团党组提出的重大工作，深入研讨提质增效、深化改革、资产整合、创新党建等重大部署的路线图、责任人和时间表；**二是**突出问题导向，严格按照“四讲四有”要求，对照自己的思想、对照自己的职责、对照自己的作风，深入查找问题，深刻反思问题，认真解决问题，努力使自身的党性观念、能力素质和工作作风与集团的使命任务相适应；**三是**领导带头示范，各级领导干部和党员经理人学在前、做在前，带头参加学习教育，带头谈体会讲党课，带头参加民主评议，带头立足岗位做贡献，带头全面转变作风，在各项工作中当先锋作表率，形成了以上率下、层层示范、整体联动的良好局面。

经过广泛深入讨论，各级企业充分认识到，中粮集团党组提出“七问”，着眼的是中央重托和中粮未来，聚焦的是改革发展的关键和要害，检验的是服从大局的党性和格局，必须要坚定不移与党中央保持思想一致、步调一致，不折不扣贯彻落实集团党组各项决策部署，拥护改革、支持改革、参与改革在干部员工中蔚然成风，对于推动各项改革更深入地结合实际、更深入地面对问题、更深入地发挥作用，引领集团“十三五”时期的发展，具有重要作用和深远影响。

（三）培塑中粮新风尚新文化，以人的变革促进企业改革

中粮集团在长期历史发展中形成了独具特色的优良传统和忠良文化，但也存在着一些风气积弊，集中体现为“高大上”。集团党组深刻感到，面对中央要求、市场竞争和转型挑战，高谈阔论、高高在上不行，强化执行、务求实干才见成效；贪大求全、大而化之不行，抓小抓细、务求落实才是正道；浮在上面、镜中观花不行，走进一线、务求深入才接地气。

为此，中粮集团党组旗帜鲜明地提出和弘扬“严、实、廉”作风。**“严”**就是严班子，抓少数人、抓主要负责人；严指标，抓增长点、抓止血点；严管理，抓先进对标、抓短板；严风控，加强安全生产、食品质量及重大风险管理。**“实”**就是作风实，从群众中来、到群众中去，工作上心、上手、上进，下基层、下决心、下本钱；决策实，深入调研、科学论证，力求行之有效、行之久远；服务实，加大关爱职工、关注员工、关心基层的工作力度，认真解决好成长路径、工作条件、奖励激励等干部职工关心关注的实际问题。**“廉”**就是突出抓好对领导班子、领导干部的教育监督管理，确保各级组织不出问题、班子成员不出问题，以严格自律的模范行动团结带领广大干部职工，有效完成党和国家赋予的使命任务。

2017 年初，在中粮集团改革发展实践和作风建设积淀的基础上，集团党组把中央要求、央企使命、行业特点与自身特色有机统一，对“严、实、廉”作风进一步作了丰富拓展，凝练提出以“顾全大局、求真务实、从严治企、厉行节俭”为核心的中粮新文化体系，引导干部员工大力弘扬顾全大局的新文化，深刻认识企业好则员工好的道理，处理好国家、企业、部门、个人之间的关系；大力弘扬求真务实的新文化，尊重规律，说实话、办实事，发扬“啃硬骨头”精神；大力弘扬从严治企的新文化，决策严、执行严、监督严、执纪严、考核严，把严的标准和要求贯彻到各领域；大力弘扬厉行节俭的新文化，牢记赚钱不容易、省下来也是钱的朴素

道理，牢记央企责任，坚持勤俭办事，不摆阔气。中粮新文化提出时间不长，但在内外普遍引起良好反响。基层干部员工普遍反映，中粮新文化讲大局、讲务实、讲规矩、讲勤俭，这样的作风和文化才是我们做粮食的应有的价值和追求，才是真正的“高大上”。

中粮集团党组深深感到，新中粮文化之所以有生命力凝聚力整合力，之所以能够被各方面所信任所认同，最根本的是我们的文化创造，把企业实际与社会主义核心价值观融合起来，与党的先进性和民族优秀传统融合起来，给人崇高激励，给人奋斗力量。

二、坚定不移做强做优做大粮油主业，打造关键时候靠得住、顶得上的中国国际大粮商

培育具有全球竞争力的世界一流企业，是党的十九大对国有企业提出的重大任务。打造中国自己的国际大粮商，是习近平总书记的殷切期望。作为国内最大的全产业链农业龙头企业和唯一的粮油行业国有资本投资公司，中粮集团坚持在国家经济发展大局中找准位置，在宏观经济环境中把握定位，努力打造国际粮油贸易的龙头企业，成为高效执行国家粮食安全战略的国家队。

（一）担当央企使命责任，重塑中粮使命定位

1. 围绕主业确立发展定位

坚持把维护国家粮食安全、服务国家宏观调控作为谋划改革发展的出发点和落脚点，明确提出“一个主体、四种作用”的定位和目标。“一个主体”，是指将中粮集团发展成为国内独一无二的全球布局、全产业链、拥有最大市场和发展潜力的农业及粮油食品企业，成为国家粮食安全战略和食品安全战略执行主体。“四种作用”，是指充分发挥在建设现代农业中的引领作用，充分发挥在维护粮油食品市场稳定中的支撑作用，充分发挥在保障食品安全中的示范作用，充分发挥在农业“走出去”中的领军作用。

2. 围绕主业优化产业布局

中粮集团在新一轮资本整合和业务重组中，坚决落实国家产业政策和重点产业布局调整总体要求，进一步调整优化业务结构，重构“大粮油、高食品、全金融、强地产”四大业务板块。其中，粮、油、糖、棉被确定为核心主业，到2020年实现“321155”经营目标，即3000万吨玉米、2000万吨大豆、1000万吨水稻、1000万吨小麦、500万吨食糖、5000万吨海外一手粮源掌控能力，实现以量担当调控任务的意图，主导国内需求，引领市场价格。食品、地产、金融被确定为主业，通过专业化、市场化经营，提升集团品牌价值与影响力，成为创利支撑。这种划分，目的是解决集团的资本投入方向和产业政策导向，主要基于三方面考虑：**一是**战略定位。不同国企要在不同领域担当国家责任，而不能什么赚钱就干什么，中粮集团是涉农大型企业、中央宏观调控的重要抓手，必须做好主业，否则就没有存在的价值。**二是**比较优势。中粮集团不需要也不应在一般性业务上与其他企业竞争，而应发挥自身的特色和优势，致力于国家需要而别的企业难以承担的业务，比如重大的粮油贸易和进出口、大规模实施北粮南运、布局全球粮源和大规模境外采购等，其他业务让能干好的企业去做。**三是**产业协同。粮油粮棉是粮食安全的命脉，食品涉及重要民生问题和安全问题，中粮集团必须要集中资源于这两大领域。金融板块是作为农粮行业国有资本投资公司的重要业务，是投资平台、行业资源整合平台和融资平台，通过产融结合服务主业。地产板块既要为主业发展提供利润支撑，也将在农业科技园区、旅游农业、观光农业等新业态发展中发挥作用。

3. 围绕主业聚焦资源配置

中粮集团在“十三五”发展规划和投资管理中明确规定，对粮油糖棉核心业务投资实施“三个优先”：**一是**优先投资于可更好地服务国家粮食安全和食品安全的国际化布局项目；**二是**优先投资于可有效提升粮油糖棉市场份额及弥补全产业链关键环节和关键能力短板的项目；**三是**优先投资于有利于技术创新、结构升级和提质增效的项目。通过资源聚焦，到2020

小麦收割——中国河南

年使农业及粮油业务国有资本占中粮集团国有资本比重提高到 80%。其他业务以自我发展、自我融资、自我驱动为主，总部层面不再做新的增量资金投入。2017 年，中粮集团计划投资总额 299.7 亿元，其中粮油食品业务 183.2 亿元，占比达 61%，主要集中在粮油食品贸易及加工、品牌食品、仓储物流等领域，目的是通过重点投资，使中粮集团持续在稻谷、小麦、油脂油料等产业链上处于行业领先地位。在优先发展主业的同时，中粮集团明确提出战略决定进退、市场决定生死，坚决淘汰退出非主业不良资产，2016 年集团通过转让、关闭、破产、重组、出售等方式，累计退出非主业低效资产近 23 亿元，累计净减少法人 102 户，压缩 2 级法人层级；完成 50 户“僵尸”和特困企业的处置，安置人员 5323 人，预计 2017 年底可完成近 110 户“僵尸”和特困企业的处置。亏损企业亏损额由 80 亿降至 26 亿，亏损额减亏 60%，超额完成国务院国资委“三年减亏 50%”的进度要求，进一步突出优化资产，突出国家战略。

4. 围绕主业完善全球布局

目前，我国每年粮食进口总量达 1.3 亿吨以上，中央强调要统筹利用国际国内两个市场、两种资源，加快形成农业对外贸易与国内农业发展相互促进的政策体系。中粮集团围绕保障国家“适度进口”战略，着力完善全球粮源布局，通过实现“五粮合一”，掌控了主要产粮国的关键物流节点和贸易通道，吸引当地农户交粮，掌控一手粮源；形成连接6大洲的贸易渠道，建立了超过我国进口粮食贸易量3倍~5倍的全球贸易能力；通过整合尼德拉公司和来宝农业2个中型跨国企业，在国际粮食市场的话语权明显增强。目前，中粮集团与ABCD四大国际粮商对标，资产第一、营收第三、利润第四，基本具备比肩国际大粮商的运营实力。未来五年，中粮集团海外营业收入占比将超过60%，海外粮源掌控量将超过5000万吨，第三国贸易量将超过8000万吨，总经营量将达2亿吨，将能更好地承担粮食市场调控功能。

（二）创新农业产业化模式，助力农业供给侧结构性改革

党的十八大以来，中央围绕推进农业供给侧结构性改革作出一系列决策部署。中粮集团党组深刻感到，农业供给侧结构性改革的目的是提高农业生产力，这是农业产业化的根本逻辑；破解当前农业供给侧存在的诸多矛盾问题，提升农业产业化水平势在必行。着眼培育农业农村发展新动能，提高农业综合效益和竞争力，中粮集团积极发挥自身体系优势，探索创新农业产业化模式，认真履行中央企业应尽的经济责任、社会责任和政治责任。

1. 打造粮食作物“农业综合服务平台”，推进粮食生产由“生产导向”向“消费导向”转变

通过为粮食专业种植合作社、种植大户、农业服务公司等提供组合式农业服务，建立“公司+农户”新的收储模式和新型农企关系；通过牵头组织或整合零散农户土地适度集约化经营，引导新型农村经营组织发展；通过提升传统粮食经纪人功能，使其由赚取粮食差价转变为农村土地集约化经营的领头人和企业对农服务的组织者。目前，中粮集团在东北、华北两个区域，聚焦玉米、小麦两个品种开展农业产业化的探索，惠及40万户农民、315万亩土地。

2. 发展糖料作物“一站式服务订单农业”，促进农民持续增收和农村经济全面发展

发挥中粮糖业作为国家级农业产业化龙头企业的引领作用，聚焦新疆

地区的甜菜品种，搭建面向农民、农机、农资、银行、院所的合作机制和产业服务平台，通过良种培育、测土施肥、机械采种、金融支持等手段，探索农业发展综合服务体系，推动农村经济从单一种植向种植、运输、养殖、商贸等多个领域延展。2016 年，中粮糖业以订单农业为切入点，培养专业化农业合作社 21 个、农机专业服务组织 32 个，1200 户种植大户，种植面积达 39. 01 万亩。甜菜原料基地平均单产达到 4. 42 吨/亩，较 2013 年提高了 0. 52 吨/亩，成本反而降低 60 元/亩左右。

3. 创新奶牛养殖“循环经济”，实现企业增效、农民受益、环境改良

现代牧业通过青贮种植—牛粪发酵—优质沼肥—青贮施肥—回购青贮，实现“牛 - 沼 - 草”农业生态循环，将动物粪便从“无害化处理”升级为“资源化利用”，形成“牧草种植、奶牛养殖、牛奶加工一体化”的产业模式。2016 年，现代牧业与 219 家合作社签订 50 万余亩青贮玉米种植，收购青贮玉米 110 万吨和秸秆，对牧场周边 30 公里内农作物配套使用 564. 2 万方有机沼肥，100% 用于农业种植，每亩减少化肥用量 20 ~ 25 公斤，为农户带来农业直接收益 5. 7 亿元；推进沼肥变废为宝，仅通辽、和林、双城、汶上 3 家牧场年沼肥销售额就达 531. 6 万元。

全球最大的畜禽类沼气发电工程——蒙牛生物质能沼气发电厂

4. 推进农业科技园“智慧农业”，以模式示范和技术支撑带动区域发展

中粮集团根据国家京津冀一体化战略的总体部署，按照北京市“四个中心”的新定位和发展核心功能的要求，充分发挥在农业、健康、商业运作的成功经验和品牌优势，着力打造农业科技产业、健康科技产业、首都生态小镇三大支柱产业，形成一二三产业融合发展的良好局面。目前，生态谷的支柱性项目——中粮智慧农场，已成为中国农业科技示范的窗口，获得良好的社会效益。智慧农场以“农业科技高精尖、农业休闲高品位”为战略目标，重点建设智慧农业中心、都市休闲农业示范园、多样新品种新技术试验园、市民农场试验园、农耕文化休闲体验园、蔬菜新品种试验园、葡萄种植改良试验园，引领区域产业升级，辐射带动其他地区相关产业发展。

中粮智慧农场——旋转追光系统

“十三五”时期，中粮集团将持续深化农业产业化实践创新，实施农产品结构优化工程、粮油食品产业链工程、农业科技示范园工程、现代物流体系工程、“优质、安全、绿色”食品工程、全球贸易网络工程等 6 大工程，服务和维护我国粮食安全、质量安全、生态安全、产业安全，当好引领农业供给侧结构性改革的排头兵。

（三）服务“一带一路”，成为农业合作重要引擎

“一带一路”建设是中央促开放、强国力的战略举措。中粮集团党组深刻领会中央意图，加强组织领导，系统谋划论证，整体协调推进，进一步加大“一带一路”沿线资源配置，加快沿线区域重点项目落地，积极作为，发挥作用。

1. 制订“一带一路”行动规划

中粮集团“十三五”期间，将致力于在“一带一路”沿线国家发挥国家粮油产业投资主体作用，进一步完善在全球主要粮源产地的供应链资产布局，提升经营效益，促进国内外贸易。明确“1315”的业务规划，在“一带一路”沿线国家实现投资 100 亿元人民币，粮食经营量 3000 万吨，掌控一手粮源 1000 万吨，进口食品 50 亿元人民币。打造“两通道四基地”，打造对接“一带一路”的进口粮食陆路和海路两大粮食物流通道，打造“一带一路”沿线国家粮食采购基地、高端进口食品采购基地、进口非转基因农产品国内加工基地、国内农产品加工产能转移基地等四大基地。围绕“一带一路”沿线国家布局重点项目，深入研讨“中俄粮食陆路运输走廊项目”及西伯利亚地区农业合作项目，加快推动黑海地区仓储物流设施项目，推动泰国及越南的大米加工项目。

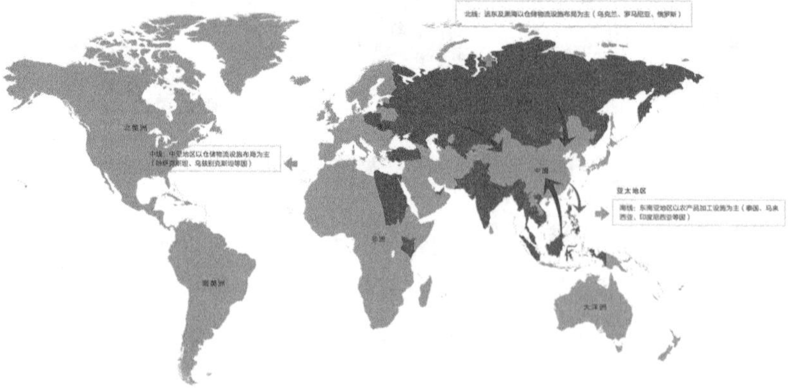

全球布局之“一带一路”

2. 带动区域良性发展

中粮集团坚持以农业科技为引领，以现代高效的物流仓储设施为保障，以行业领先地位为支撑，助力形成开放、包容、互惠、共赢的区域经济共同体，带动区域农业经济带发展。自 2013 年 10 月份开始，中粮集团就从泰国、柬埔寨、缅甸、老挝等“一带一路”沿线国家进口优质大米，以大米贸易为纽带，有效推动了相关国家稻米产业的升级和进步。柬埔寨绿色贸易公司专程发来感谢信，对中粮集团在合同执行中对于柬埔寨农户、加工厂、出口商的支持表示衷心感谢。通过中粮集团的农业科技指导，柬埔寨稻谷总产、单产极大提高，加工产能增加，同时带动了烘干、仓储、物流设施系统的建设，切实为柬埔寨稻米行业从业者带来了福祉。

3. 扎根海外拉动当地就业

近年来，中粮集团与沿线国家从贸易往来深入到共建共荣，以建设者的姿态融入海外，带动了“一带一路”沿线国家的经济发展和人民生活水平的提高。作为践行“走出去”战略的排头兵，中粮集团海外资产占比已达 50% 以上，境外员工总数约 1.4 万人。2015 年 11 月，中粮集团旗下蒙牛乳业在位于新西兰北岛中部的怀卡托地区总投资 11 亿元建设的雅士利新西兰工厂正式投产，开创了奶粉行业国内品牌在海外 100% 自主建厂的先河，为当地提供了 800 多个就业岗位。2016 年 5 月，中粮集团在乌克兰投资 7500 万美元建设的 DSSC 码头正式投入运营，进一步优化了乌克兰及周边国家从河流到出海口的粮食仓储物流体系，大大提高了该区域粮食出口量，为拉动当地经济和人员就业作出了很大贡献。

三、坚定不移走专业化经营、产业化发展道路，深度推进资本整合、体系重塑和模式创新

中粮集团在推进国有资本投资公司改革试点中，集团党组通过研究产业发展规律、剖析行业标杆、总结正反经验，深刻感到，要破解困扰中粮

DSSC 码头——乌克兰尼古拉耶夫

集团的业务混杂、资源分散、权责不清、产业竞争力不足等问题，必须更加突出专业化发展、专业化竞争、专业化运营，由此展开了以提升专业化水平为导向的新一轮大规模、深层次、全方位资产重组和结构调整。

（一）分离资本资产，在厘清职责中优化三级管控体系

通过分离资本运作与资产经营，探索构建定位清晰且职责明确的“集团总部资本层—专业化公司资产层—生产单位执行层”三级架构，实现政企分开、投资和经营分开、所有权和经营权分开。

集团总部：是资本运营中心，承担保障国家粮油食品安全的战略功能，主要负责国有资本的调配和监管，管理集团战略与资源配置、投资与评价，强化资产布局及资本运营能力。职能集中体现为三大平台：**一是**投资平台，就是代表国家向规定范围内的产业进行投资。中粮集团目前已运作完成了 300 亿元的优化资本结构整合基金，目标是要成立 1000 亿元的中国粮食食品投资基金。**二是**融资平台，就是运用金融杠杆的手段，在国际上代表国家直接融资。**三是**整合平台，就是代表国家对行业进行大规模整合，把分散在各个领域涉及粮食和食品的国有资产进行整合优化，解决“小、散、乱”的问题，保证国有资产保值增值。按照“小总部、大产业”

职能部门

办公厅	战略投资部	财务部	人力资源部	审计与法律风控部
监察部	党群工作部	中粮香港		

专业化公司（平台）

中粮国际	中粮贸易	中粮油脂	中粮粮谷	中粮生化
中粮饲料	中粮糖业	中国纺织	中粮工科	中粮酒业
中可饮料	中粮肉食	中国茶叶	蒙牛乳业	我买网
中粮包装	中粮资本	中粮置地		
中粮营养健康研究院				

中粮集团组织构架图

原则，中粮集团总部职能部门从 13 个压缩到 7 个，人员由 610 人压缩为 234 人。

专业化公司：是资产运营实体核心，是集团直接管理的资产运营企业，制定竞争战略，负责资产的调度、配置和生产运作；对影响运营效率的各关键环节进行整体把控，对资源调配、财务资金、创新研发、品牌建设等职能进行统一管理；对资产运营的盈利回报负责，接受集团的预算和考核。

生产单位：是执行层，负责业务的具体生产运营，包括原料采购、产品生产、销售、成本管理等。生产运营层包括粮库、工厂、码头、产业园、区域分公司等。

（二）激励约束并行，在放管结合中做强“十八路专业军”

1. 重组整合专业化公司（平台）

着眼专业化经营、产业化发展方向，中粮集团按照先整合产业、再整合资本，先整合国内、再整合国内外，先专业化做强、再协同合作，先整合产销平台、再整合上市平台的思路，重新梳理业务逻辑，将分散于原来四大板块的不同资本、业务和管理职能重新进行定位整合，仅 2016 年就实施了 36 项重大资产整合，2017 年正在推进 18 个重点项目。在此基础上，正式组建中粮国际、中粮贸易等新的 18 家专业化公司（平台）。新组建的各专业化公司（平台）重新定位和明晰各自核心业务，彻底实现了职能聚焦、业务聚焦、领域聚焦、产品聚焦、资源聚焦。

2. 坚决放权搞活

中粮集团总部向专业化公司充分下放用人权、资产配置权、生产和研发创新权、考核评价权和薪酬分配权五大类关键权力。总部主要通过派驻专职董事、监事行使股东权利，不直接干预企业经营决策和业务运营。专业化公司（平台）是资产运营的唯一实体和核心，是依法自主经营、自负盈亏、自担风险、自我约束、自我发展的独立市场主体，集总部生产运营职能、经营中心管理职能和自身生产运营职能于一身，具备四大特征：**一是**业务聚焦，有清晰的竞争战略，是集团大战略的分解落实，围绕核心产业链进行上下游纵向延伸，成为有品牌影响力、有规模、有效益的公司。**二是**全面对标行业标杆，以行业数一数二甚至行业绝对领导者为战略目标。**三是**有专业能力和专业团队，特别是要有强大的营销能力。**四是**有市场化的机制，包括人才机制、激励机制。“十三五”期间，中粮集团将致力打造 2 ~ 3 个营业收入超 1000 亿元规模、4 ~ 5 个营业收入超 500 亿元规模的专业化公司。

3. 强化激励约束机制

中粮集团强化科学预算、刚性考核的办法，在完善国企已有分配机制的基础上探索企业利润超额分享机制，即按以专业化公司当年预算为基数，利润总额超预算 150% 后，超出部分按比例分成，2016 年有 6 家专业化公司获奖，鼓励团队持续做大“蛋糕”，实现国家得大头、企业可持续、团队有动力的多方共赢格局；同时，对有一项未完成预算将给予通报，两项皆未完成则亮“黄牌”，连续两年被亮“黄牌”将更换一把手。正负激励，极大地调动了企业提质增效发展的积极性。

4. 创新“大监督”体系

坚持权和责相统一、放与管相配套，放权但不能放任，通过创新监督体系，推动实现由人监管转变为制度监管，从行政监管转变为资本监管，破解“一放就乱、一管就死”的管理怪圈。**一是**整合构建四个链条的大风控体系，确保放权搞活规范有序。通过整合“审计直管、纪检专设、财务统一、董事专职”四条监督线力量，并通过 ERP 系统的支撑，实现风险监督管理的系统化、智能化、可视化。**二是**下沉职能机构到各专业化公司，对经营风险实施伴随式监管。坚持上综合下分设、上精简下充实、上调度下执行，科学设计机构职能。集团总部层面，设立审计与法律风控部，由集团董事长直接领导，统筹实施综合监督职能。在专业化公司层面，区分大中小三类，做实监管部门和人员。**三是**强化监管力量的垂直化任用考评，确保监管的独立性权威性。在审计队伍上，审计特派员由集团党组决策委派。在纪检队伍上，集团党组纪检组提名、考察、考核下级纪委书记。在财务队伍上，各专业化公司财务负责人在提名时必须征求集团财务部的意见，实行双线考核。同时，严格执行干部交流和轮换制度，按照任职回避原则，审计和纪检干部都不能在专业化公司内部产生；财务、纪检和审计负责人在同一专业化公司连续任职不得超过两个任期，到期必须进行交流调整。目前集团已向 16 家专业化公司（平台）委派了审计特派员，向 17 家委派了纪委书记。

（三）破解“死亡模式”，在机制创新中重构一体化商业模式

中粮集团既有大市场、大品牌、大资源优势，也不缺经营人才，而且一线企业无论是技术标准、管理水平还是产品质量，都处于行业领先地位，但近年来 B2C 业务却难言乐观，红酒死气沉沉，小包装油徘徊不前……2016 年以来，集团党组再次对这种现状展开了反思问诊，班子成员先后进行了 500 多次调研，召开多次研讨会，剖析自身问题症结，参访国内外行业标杆企业，听取一线企业负责人意见建议。在多点交汇的研讨交

流中，最终发现人不是最主要的问题，长期以来最大的症结在于商业模式的设计欠缺，即产供销割裂，生产企业和销售企业“两张皮”，合作伙伴、上下游变成对立法人甚至“敌人”，生产企业不了解市场，营销企业不知道生产，最终导致众多产品表现不景气。这个症结犹如中粮集团的“阿喀琉斯之踵”，集团党组将其概括为“死亡模式”。

为破解困局，中粮集团党组鲜明提出要打造产供销、责权利一体化的商业模式。**一是**现阶段中粮集团必须走专业化的发展经营模式，这是根本态度、信心和方向问题。**二是**坚持以市场为导向，以购销一体化、产销一体化为核心，每个产业都要在同一个生产平台上实现产供销一体化，由一个运营中心统一对采购、加工、销售、运输进行一体化调度和运营。**三是**区域化市场产品在区域平台上购、加、销一体化，全国性市场产品在全国平台上购、加、销一体化。**四是**在重组 18 家专业化公司实现管理一体化的基础上，全力推进资产一体化，把分散于不同上市公司和企业的资源资产，按照核心产品线，重组、整合进各个专业化公司，并通过纵向整合打通产供销各个环节，从产权归属和体制机制上解决生产和采购销售割裂、上下游相互对立、出现问题无法追责的情况。

方向和路径明确以来，各专业化公司（平台）紧马快鞭、立说立行，都在积极探索适应自身业务特点、推进产供销一体化的实现路径和方法。2016 年 9 月蒙牛乳业新领导班子上任 100 天，就完成了组织架构调整，将核心业务板块设立为独立专业化事业部，并实现了当年业绩的快速增长。中粮酒业的责权利、产供销一体化商业模式已完成设计，进入施工和推进阶段。中国茶叶在新任领导班子主导下，也正紧锣密鼓地推进商业模式变革。

中粮集团专业化重组一年多来，18 个专业化公司成为人财物、产购销独立成本核算的主体，经营团队有了全面成本管理、全面市场经营的责任，既承担了生产，又承担了经营，成为完整的市场经营主体，资本资产结构明显优化，资源配置效率明显优化，主要经济指标明显优化，企业成本和效益得到了明显改善，很多长期亏损的企业扭亏为盈，专业化体制设计在实践中初见成效。

四、稳妥有序推进混合所有制改革，激发企业发展的活力和动力

中粮集团把混合所有制改革作为深化国有资本投资公司改革试点的重要突破口，有力有序加以推进。

（一）正确处理“一股独大”，实现企业经营机制真正转换

中粮集团党组认为，混合所有制改革看似是资本调整，实质是职能调整。中粮集团按照“完善治理、强化激励、突出主业、提高效率”原则，除承担保障国家粮食安全任务的核心主业外，其他业务不强求绝对控股、不搞“一股独大”和“假混改”，力求通过混改真正引入新理念、新机制、新模式，把企业真正改造成为能够自负盈亏的市场竞争主体，按市场机制、市场规律高效运行、配置资源。中粮我买网混改后，在投资者推动下，董事会设立了科学的考核体系，以经营结果及过程指标相结合设立不同部门的 KPI，按季度进行考核，并根据考核结果发放绩效工资，以互联网企业的创新文化和创业精神驱动和激励员工迎接更高业绩目标的挑战。投资者还要求我买网积极向市场选聘职业经理人，先后从零售业、互联网龙头企业引进一批总监级人才，搭建起专业化程度高、市场经验丰富的专业团队。2017 年，中粮集团又启动了 3 家混改企业总经理的社会聘用制度。6 月份，集团面向内外公开选聘中国茶叶总经理，按照职业经理人进行管理，并正在推进长城酒事业部总经理、中粮产业基金公司总经理的公开选聘，未来将在符合条件的专业化公司全面推行职业经理人制度。截至目前，中粮集团已有 14 家专业化公司实现股权多元化，计划 2018 年底之前实现 18 家专业化公司全部混改。

（二）稳步推进员工持股，建立利益共享、风险共担机制

中粮集团党组充分认识到职工参与股改不是简单地购买，更不是廉价

地处置国有资产，而是同股同价，增量入股，市场决定价格。从 2015 年至今，集团在中粮包装、中粮工科、中国茶叶、中粮酒业等专业化公司实施员工持股计划，通过增资扩股等方式，向管理人员和核心骨干授予一定比例的股权，把员工利益和企业发展结合起来，打造利益共同体，激发了团队活力，充分调动了广大员工推动公司改革和发展的积极性，看到了与过去国企不一样的责任心和竞争力，全员关心发展，多年想解决的机构臃肿、效率低下等问题得到了解决。用员工的话讲，过去早九晚五，现在早五晚九，拼的劲头很足。

（三）建立现代企业制度，完善公司法人治理结构

中粮集团党组深刻认识到，混改是个系统工程，涉及党的领导、国资安全、企业治理、经营模式等各方面问题，必须统筹谋划、协调推进，避免为混改而混改，避免单兵突进，真正做到以点带面，通过混改促进企业治理全面转型。为此，集团认真落实习近平总书记坚持两个“一以贯之”要求，正确处理党对国有企业的领导和建立现代国有企业制度的关系。在党的领导上，中粮集团对设立董事会的专业化公司，全面推行党委书记和董事长“一肩挑”制度。坚持将党委（党组）研究讨论作为董事会、经营班子决策重大问题的前置程序，凡涉及机构设置、人员编制、人事任免的事项均由党委（党组）会研究决定。在董事会建设上，混改企业的董事会由执行董事、专职股权董事、独立董事构成。集团选派政治素质好、业务能力强、工作作风优的同志担任执行董事、专职股权董事和监事，履行出资人职责；实行独立董事制度，独立董事在董事会中占 1/3 以上；除特殊情况外，集团部门负责人不在下属企业董事会兼职。从实践看，通过混改形成了多元化的股权结构，通过董事会的多元制衡，实现了规范的公司治理，切实防止“一个人说了算”。中粮肉食在混改中与投资者约定，有关公司章程变更、资产处置、关联交易、资本支出和融资计划、并购重组等重大事项必须通过公司 2/3 董事同意方可通过，使中粮肉食董事会成为有决定

权、有推动力的董事会。

中粮集团国有资本投资公司改革试点是贯彻落实十八届三中全会精神的重大举措，是推动中央企业改革发展的重要试验田。集团将努力实现布局国际化、治理结构现代化、团队专业化、薪酬考核市场化，为国有企业改革提供优秀实践，为保障国家粮食和食品安全战略做出新的贡献！

8

"四试一加强"推进改革试点 积极探索国有资本投资公司发展新模式

国家开发投资公司

国家开发投资公司（以下简称"国投"）始终坚持探索实践国有投资控股公司的发展道路，特别是2014年7月被确定为首批国有资本投资公司改革试点以来，认真学习贯彻习近平总书记关于国有企业改革的系列重要讲话精神，全面落实国有企业改革"1＋N"文件，积极探索实践国有资本投资公司的功能定位、体制机制和运营模式，形成了**"四试一加强"（试方向、试机制、试管理、试监督、加强党建）**的经验和做法，努力发挥改革试点的示范、突破、带动作用。截至2016年末，国投资产总额4671亿元，管理金融资产过万亿元，实现利润180亿元。连续13年在国务院国资委经营业绩考核中荣获A级，连续四个任期获得业绩优秀企业。

一、试方向：把握功能定位，调整业务结构，推动国有资本向命脉和民生领域集中

按照习近平总书记关于国有资本投资运营要服务于国家战略目标，更多投向关系国家安全、国民经济命脉的重要行业和关键领域的指示，党的十八届三中全会关于国有资本投资公司的功能定位，中央关于供给侧结构性改革的部署，国务院国资委对国投改革方案的复函，国投重新梳理、优化调整公司业务结构，推动主要业务向命脉和民生领域集中，形成了基础

产业、前瞻性战略性产业、金融及服务业、国际业务四大战略业务单元，在国民经济发展中发挥了投资导向、结构调整、创新引领的独特作用。

（一）服务国家战略，发挥投资导向作用，推动国有资本向命脉和民生领域集中

国投按照国有资本投资运营要服务于国家战略目标的要求，坚持发展壮大实体经济，投资大项目，发挥大作用，推动国有资本向命脉和民生领域集中。

国投始终坚持将国家需要与企业发展紧密结合，在西部大开发、新疆跨越式发展、海峡西岸经济区建设、京津冀一体化、雄安新区建设等国家重大战略实施中，率先布局，示范引领，投资建设了一批在国民经济和区域发展中起支撑作用的大项目。比如，在我国第三大水电基地雅砻江流域，首创“全流域梯级滚动开发”模式，实现了水电资源综合开发效益最大化，规划装机 3000 万千瓦已投产 1470 万千瓦，是我国“西电东送”的骨干电源点；在人迹罕至的罗布泊，投资建设了年产 150 万吨硫酸钾生产基地，使我国钾肥的

雅砻江水电官地电站大坝

世界上最大的硫酸钾肥生产基地
——国投新疆罗布泊钾盐有限责任公司

对外依存度从75%左右下降到40%，昔日的“死亡之海”变成了造福“三农”、保障国家农业生产和粮食安全的战略工程；投资建设的国投天津北疆4台百万千瓦超超临界发电机组，是集“发电－海水淡化－浓海水制盐－土地节约整理－废物资源化再利用”五位一体的循环经济项目，各项环保指标均达到燃气机组排放标准。

国投北疆发电厂五位一体的循环经济项目

国投主动适应经济发展新常态，坚持五大发展理念，加快对经济社会发展重点领域、薄弱环节的投资力度，努力发挥国有资本的引领带动作用。贯彻落实中央脱贫攻坚的战略部署，与财政部、中国烟草总公司联合设立国内第一支市场化运作的产业扶贫基金，首期募集资金28亿元，助力14个集中连片特殊困难地区整体脱贫；联合中央企业发起设立中央企业贫困地区产业基金，首期募集资金122亿元，培育带动贫困人口脱贫的经济实体，助力精准扶贫、精准脱贫。积极应对人口老龄化挑战，立足解决“失能、半失能和失智老人”的养老问题，加大国有资本对涉及亿万群众福祉的养老产业的投资，北京、广州两个医养结合的养老项目将投入运营。为保障国家水资源安全供给，解决京津冀水资源短缺，投资建设的天津北疆电厂一期日产20万吨海水淡化项目已成功进入市政管网；通过消化吸收以色列技术，组织科研攻关，自主创新，突破三倍浓缩多效蒸馏海水淡化技术难题，掌握了海水淡化的关键技术，二期在建的30万吨海水淡化项目将全部采用国产化设备，具有完全自主知识产权，投产后将是全国最大的海水淡化基地。

（二）主动融入供给侧结构性改革，大力调整结构，优化国有资本布局

国投主动融入中央供给侧结构性改革的部署，落实国家产业政策和重点产业布局调整总体要求，不断调整优化国有资本布局结构，有进有退、有所为有所不为，着力优化国有资本配置结构，提高国有资本运营效率。

国投坚持推进结构调整，努力在股权合理流动中实现资本优化配置，滚动编制投资项目三年退出规划，推动国有资本从不符合国有资本功能定位的项目中退出。近年来，国投通过市场化机制，共退出项目近1900个，其中控股项目近300个，回收资金240亿元，并全部投向国家需要重点发展的行业和区域，集中力量促进主业发展。作为国资委国有资产经营平台，国投成功化解了原中国高新的张铜危机，圆满完成了对中国包装总公司的托管任务；重组了中投保、中纺物资、电子工程院、中国成套、中国高新等5家企业，通过业务梳理，明确战略定位和主业，增资改制，输出管理，文化融合，推动内部改革，理顺运行机制等举措，促进了划转企业的健康发展。

国投认真贯彻落实中央关于供给侧结构性改革的部署，加大国有资本调整力度，大力压缩、坚决淘汰过剩及落后产能，在“三去一降一补”中发挥了国有资本投资公司的示范带动作用。**航运去产能方面，**2014年将航运业务整体划转给中国海运，划转船舶共15艘、101万载重吨，同时将沿海电厂90%以上电煤运输交由中海散运承运，实现了优势互补、合作双赢。**煤炭去产能方面，**按照党中央、国务院关于化解煤炭行业过剩产能、推动煤炭行业实现脱困发展的要求，以国资委组建央企煤炭资产管理平台公司为契机，积极推进全部所属3418万吨/年的煤炭业务重组，2016年8月，将煤炭业务整体划转给央企煤炭资产处置平台，成为第一家煤炭业务整体退出的中央企业。**煤电去产能方面，**国投“十三五”期间不再新建火电项目，并逐步退出小容量、高能耗煤电机组，近年来共转让煤电装机

901 万千瓦。

（三）创新投融资方式，以基金投资方式发展战略性新兴产业，培育经济发展新动能

国有资本投资公司担负着产业培育使命，近年来国投创新投资融资方式，将产业投资基金作为培育发展战略性新兴产业的有效途径，放大国有资本功能，培育新技术、新产业、新业态，形成新动能。国投组建成立国投创新、国投创业、国投创合、国投创益、海峡汇富 5 个基金管理公司，形成覆盖 VC、PE、FOF、政策性专项基金等不同类别的综合性基金管理业务。国投通过基金投资方式在贯彻国家战略和中央重大决策部署方面走在前列。截至 2017 年 6 月底，基金管理规模 1568 亿元，国有资本引导带动作用有效发挥。国投基金认缴出资规模 216 亿元，带动社会资本 1352 亿元，基金的一级引导放大效应达到 6.2 倍。截至 2017 年 7 月，国投基金实缴出资规模 99 亿元，通过基金的投资项目（含子基金），带动社会资本 5240 亿元，项目投资的二级引导放大效应达到 52 倍。经过多年发展，国投旗下基金吸引了来自国家部委、地方政府、社保基金、保险、银行、外资和其他社会资本的加入，形成了混合所有制相互融合、政策导向与市场需求有机衔接的多元化格局。

发起设立国家先进制造产业投资基金，重点投资轨道交通装备、工业机器人、新能源汽车等领域，先进制造基金出资 15 亿元领投宁德新时代，带动社会资本 95 亿元，使动力电池产能由 2.4GWh 提升至 18GWh，为新能源汽车需求爆发式增长提供了保障；向中集来福士出资 10 亿元，支持自主设计建造“蓝鲸 1 号”第七代超深水双钻塔半潜式钻井平台，助力我国海域可燃冰首次试采取得圆满成功。发起设立国投科技成果转化创业投资基金，服务国家创新战略，聚焦国家重大科技成果转化；发起设立国家新兴产业创业投资引导母基金，服务“大众创业、万众创新”；发起设立京津冀产业协同发展投资基金，首期规模 100 亿元，助力京津冀一体化落地

2016 年 6 月 8 日，先进制造产业投资基金成立大会在京举行

生根；发起设立国投水环境基金，解决北京市排水、污水处理、再生水、污泥处置等设施建设的资金需求。

二、试机制：推行分类授权，努力激发子公司发展动力和活力

按照习近平总书记关于国有企业改革要着力创新体制机制、加快建立现代企业制度的指示，国投按照“一企一策、试点先行”的原则，分类授权，推动子公司成为独立的市场主体。

国投是投资控股公司，业务板块相对多元，二级子公司分布在能源、矿业、交通、高科技、金融、工程设计和承包、贸易等领域。各业务板块发展阶段不同、市场化程度不同、管理要素不同，需要结合各板块特点，按照“一企一策”的原则进行管理。国投将子公司划分为充分授权、部分授权、优化管理三类，分别进行授权，依法落实子公司的市场经营主体地位。

（一）设计子公司评价指标体系，对子公司进行分类

评价体系选取外部条件、公司治理、人才队伍建设和企业竞争力 4 个

维度的 14 个指标，并根据各评价指标和企业市场化运营的关联度明确分值权重。由 9 个主要的职能部门结合自身管理职责对各子公司打分，进行量化评价。

子公司评价指标体系

维度及权重（4 个维度）	评价标准（14 个指标）	权重建议（共 100 分）
外部条件（25）	行业发展阶段	5
	行业及市场监管	5
	市场竞争程度	5
	与集团关联度	10
公司治理（30）	主体资格	5
	规范运作	10
		10
	风控建设	5
人才队伍建设（15）	领导班子建设	10
	人才队伍建设	5
企业竞争力（30）	盈利水平	10
	成长性	5
	近三年经营业绩考核结果	5
	资产质量	5
	历史遗留	5

按照国务院国资委《关于国家开发投资公司改组为国有资本投资公司试点方案的复函》（国资改革〔2014〕1160 号）明确的“基础产业”“前瞻性战略性产业”“金融业”三个领域，结合子公司评价打分情况，将子公司分为三类。A 类公司经营业绩优良、外部监管到位，内部管理相对规范；B 类公司经营业绩一般、内部管理基本到位；C 类公司还存在一些管理上的弱项，需要进行优化管理。

子公司分类情况表

分类结果	A 类	B 类	C 类
基础产业	1 家	2 家	
前瞻性战略性产业	1 家		
金融		2 家	
服务业		5 家	4 家

（二）建立专职股权董事制度，做实子公司董事会

做实子公司董事会、提高子公司董事会决策能力是分类授权改革的重要保障。为此，国投推行股权董事改革，制定了《子公司董事管理暂行办法》《董事库建设方案》《股权董事工作指引》等制度，加强董事管理，明确股权董事职责，培育打造一支符合改革发展需要、专业化的子公司董事队伍。总部通过选派子公司的党委书记、董事长、纪委书记和专职股权董事，履行出资人职责。股权董事改革主要内容包括：

一个董事库。国投从全集团内推荐选拔，建立一支包括专职董事长、行业战略管理、人力资源管理、审计与风险管理专家在内的专职股权董事人才队伍，并通过专项制度对股权董事进行专业化管理。同时，结合公司业务特点，在相关行业内推荐掌握了一批包括行业领军人物、法律、资本运作、会计或审计专家在内的独立董事人才队伍。当前，股权董事库人才30 多人，已任职的 9 人；独立董事库人才约 30 人，已任职的 5 人。

两个来源。股权董事的人选**一是**从总部、子公司的高中级管理人员及控股投资企业（集团成员企业）的负责人中选拔。**二是**结合岗位需求，适时向社会公开招聘。

三项职责。股权董事主要承担三项职责，**一是**独立参与董事会决策，根据自身专业知识进行判断，专业高效地在决策中表达意见。**二是**切实贯彻总部战略意图，忠诚敬业，并将掌握到的情况及时告知公司相关职能部门。**三是**及时发现企业潜在风险，勤勉尽责，主动了解企业日常生产经营决策信息，对企业管理情况、潜在风险和对策进行评价。

四种能力。一是战略决策能力，能够从战略的高度、行业的角度、专家的深度等多个维度对决策事项分析判断。**二是**资源整合能力，具备行业、专业知识及丰富的经营、管理经验，并能够将各类资源有效整合，履行董事职责。**三是**风险把控能力，对公司的经营、决策有较强的风险意识，具备风险的分析判断能力及快速反应能力。**四是**沟通协调能力，具有较好的语言表达能力，能将公司战略意图有效落实到子公司董事会的各项决议中去，做好衔接。

（三）按照"一企一策"原则，分类开展授权改革

针对 A 类公司逐步推行充分授权，按照《公司法》相关规定，该管的决不缺位，不该管的依法放权，推动其建立独立市场主体地位。针对 B 类公司的不同情况，给予部分授权，提升内部管理水平；对于 C 类公司，明确该类公司的定位和发展方向，调整结构，加强管理，激发企业活力，提升企业竞争力。采用授权清单的形式，在人力资源、战略规划、投资决策、资本运作、产权管理、全面预算、投资分红、融资管理等方面分别进行授权。

1. 充分授权试点子公司

为了更好地推进授权改革工作，发挥好试点的示范引领作用，国投相继选择 A 类公司中的国投电力、国投高新进行充分授权改革试点，将产业经营职能下沉，能放的、该放的逐步下放子公司。将选人用人权、自主经营权、薪酬分配权等由总部决策的 70 多个事项，分别授权国投电力董事会、国投高新董事会；将延伸到三级及以下控股投资企业的管理事项，原则上交由国投电力、国投高新依法依规决策，推动决策责任归位和管理责任到位。

人力资源：试点子公司领导班子选聘及管理、工资总额管理执行公司总部有关管理制度。其他岗位聘任、薪酬分配、绩效考核等人力资源管理基本制度由试点公司结合企业实际情况制定，与总部沟通一致后，报试点

公司董事会审批。实施过程中，有关内部机构设置及定员、中层人员任免、员工招聘、员工考核、控股投资企业董监事人选及负责人任免等事项，事后报总部备案。

战略规划： 授权试点公司董事会，在公司战略规划确定的发展方向、总体目标及分解目标框架下，制定企业中长期发展战略规划并推动实施。

投资决策： 符合主业发展方向、无需总部出资且资本金出资额在一定额度内的投资项目，授权试点公司董事会决策。

资本运作： 不涉及控制权变化的资本运作事项，授权试点公司董事会决策。

产权管理： 试点公司与其全资子企业之间的产权或资产转让行为，由试点公司自行决策。转让价格可依据已备案的评估报告或最近一期的审计报告确认的净资产值为基准确定。

全面预算： 总部重点审核试点公司利润、EVA 等合并预算指标，分项预算指标的确定及调整（包括子公司本部及其投资企业）授权试点公司董事会决策。

业绩考核： 试点公司董事会按照公司业绩考核办法和工作要求，结合企业实际情况，制定子公司业绩考核方案，提出考核指标和目标值，经与公司总部沟通一致后实施。

考核年度结束后，试点公司董事会按照方案进行考核评价，提出考核建议，与公司总部沟通一致后，确定考核等级，作为员工和高级管理人员激励的重要依据。

2. 部分授权类子公司

在国投电力、国投高新授权的基础上，按照“一企一策”原则，对国投矿业、国投交通、国投安信、国投财务、国投资产、电子院、中投咨询、国投贸易、中成集团等 9 家企业，开展分类授权改革。授权内容的主要差异如下：

投资管理方面： 根据子公司发展定位及发展实际，授权部分子公司在其各自的主业范围内，对无需总部出资且出资额不超过其上一年度归属母公司所有者权益的2%（含境外项目）的项目投资进行自主决策。

外事管理方面：对非正职班子成员的出访，组织规模超过原则规定的双跨团组、涉及军队的双跨团组，按一次审批、一年内多次出国（境）有效的办法审批业务人员出访，派员赴境外常驻（不含正职），参加境外团体、机构单独在华举办的国际会议等事项，授权部分子公司，其他子公司暂不授权。

人力资源方面：主要是控股投资企业负责人的任免备案管理，部分子公司无需备案，其他事后备案。

与充分授权类的国投电力、国投高新授权相比，部分授权类子公司的授权范围有所缩小。

充分授权类与部分授权类子公司授权范围对比

事项	部分授权类	国投电力、国投高新
投资管理	部分子公司授权，投资额度较小	授权
内部机构设置及定员	授权，事前备案	授权，事后备案
总师总助的任免	授权，事前备案	授权，同中管人员一致，均事后备案
高管选聘和管理	不授权	随职业经理人试点一并开展
子公司经营班子业绩考核	不授权	授权，考核办法事前备案，考核结果事后备案
金融衍生业务管理	不授权	授权，事后备案
项目退出规划制定与调整	不授权	授权，事后备案

授权改革激发了子公司的内生活力和发展动力。通过对子公司进行授权，建立了责、权、利能够有效落实，与国有资本投资公司定位相适应、适应市场、激发活力、管理有效、监督到位的体制机制。授权以来，下属子公司明确了决策主体，完善了决策流程和工作流程，积极应对外部环境变化，主动发展的动力显著增强，业务推进明显加快。董事会充分讨论论

证的多了，一团和气的少了；股权董事主动深入一线了解情况的多了，坐办公室听汇报的少了；主动分析行业风险、寻求对策的多了，被动听指令的少了；主动与总部职能部门沟通、报告情况的多了，等待职能部门提意见的少了。管理层责任落实更加到位，主动担当意识增强，对总部的依赖意识减弱。员工对工作更加充满激情，干事热情高涨。

公司成功收购苏格兰海上风电项目

以国投电力为例。授权改革后活力大增，业务实现重大突破。国投电力董事会自主决策了海外收购项目，2016 年 5 月，分别与西班牙雷普索尔公司、马来西亚云顶集团进行股权交割，完成英国海上风电项目、印尼万丹火电项目收购，实现了海外投资零的突破。2017 年 3 月万丹一期投产，形成 4 亿美元的资产，预计净资产收益率 10%。英国项目 2019 年 4 月投产后可形成 6 亿英镑的资产，预计净资产收益率 10%。

三、试管理：重塑总部职能，探索完善国有资本投资公司的管控体系

习近平总书记强调，推进国企改革要奔着问题去，以增强企业活力、提高效率为中心，提高国企核心竞争力。改革前，国投总部存在职能错位、越位，管得过多、过细、过死的问题，也存在与国有资本投资公司的功能定位不相适应的问题。试点改革中，国投按照管资本为主的要求和

“小总部、大产业”的改革目标，将产业经营职能下沉至子公司，实行专业化经营，缩短管理链条，提高管理有效性。对总部职能进行全面的梳理，建立责任权利清单，下放部分职能，整合交叉职能，强化核心职能，推动服务类职能共享，加强总部的战略管控与财务管控能力，提高总部运行和管理效率，重点管好国有资本的投向、运作、回报和安全。

（一）战略管控与财务管控相结合

总部的战略管控，主要是管方向，以战略规划、行业研究、结构调整和改革发展为抓手，解决干什么的问题。总部负责制定集团总体战略发展规划，通过审批子公司的战略规划行使股东权利，不具体插手子公司日常运营，通过对子公司进行职能支持创造资本价值。

战略管控的具体内容包括：制定公司总体战略，制定并审批子公司战略规划，通过预算、决算等财务手段，对战略推进和资本运营效果进行监控和效果评估；建立完善投资决策体系，评估筛选具有发展潜力的产业；制定公司投资、业务调整规划，审查和批准重大项目的投资、并购和退出；制定公司人力资源战略规划和人力资源管理标准，任免关键人才，完善考核评价体系；依法依规开展监督与追责，组织推进公司整体风险控制体系建设。

在财务管控方面，以预决算管理、风险管理、资金管理为抓手，履行积极股东和股权投资者责任，通过增持、减持或持有投资企业股权，创造价值，提高国有资本回报。

财务管控的具体内容包括：完善公司财务管理制度和相关标准；编制公司预算并对子公司进行预算管理；制订公司融资计划并进行融资管理；实行公司资金管控，审批和监督对外担保行为；提供财务、税务筹划、资产评估等专家资源。

（二）进行总部职能重塑优化

1. 梳理总部职能

国投根据中央关于国资国企改革的精神和公司分类授权改革的新要求

开展了总部职能梳理，并进行了职能优化改革访谈，征求公司领导、职能部门和子公司主要负责人的意见，明确了总部需要保留的职能，包括：战略发展、人力资源管理、财务会计、经营管理、审计监督、党群及纪检监察工作、法律事务、行政运转；根据国有资产管理体制改革进展情况需要调整的职能包括：安全生产、科技环保和节能减排；可以进行优化的职能主要包括：信息化管理、新闻宣传、培训、研究、后勤和离退休员工服务等。

2. 下放部分职能

以国投电力、国投高新为充分授权试点，总部逐步下放运营监管类职能、共享服务类职能、公共管理类职能，将依法应由子公司自主决策的事项归位于子公司。其中，运营监管类职能包括：生产调度、基本建设项目管理、科技创新等。共享服务类职能包括：总部承担的新闻宣传、后勤保障服务、信息化服务、离退休员工服务、培训服务等职能。公共管理类职能包括：安全生产管理、节能减排等，在国有资产监管机构将配合承担的公共管理职能归位于相关政府部门前，总部暂时保留上述职能。改革初期，由于授权范围的不同与进度差异，总部的部分职能管理处于“双轨制”。

3. 整合交叉职能

按照精简高效、权责清晰的改革要求，对相近管理职能进行整合，出现交叉、分离的，原则上集中到同一个部门。具体包括：

政策研究、行业研究融入战略发展职能。建立政策、行业、区域、新业务研究“四位一体”的战略研发体系，提升公司战略统筹、新业务开发的结合力度，更好地发挥战略引领作用。

全面预算、全面风险管理等纳入财务管控职能。对全面预算、财务决算、国资委业绩考核进行统筹管理，促进战略规划的年度落实、提升资本配置效果；全面风险管理融于内控体系；实现信息共享、减少交叉，减轻子公司向总部“一对多”报送信息的工作量。

统筹业绩考核与绩效激励职能。将对子公司的业绩考核和工资总额管理进行整合，并统一设置在运营与安全生产监督部，使业绩考核与薪酬激励的衔接更加紧密；总部人员的考核和薪酬管理仍由人力资源部负责。

统筹安全生产管理与应急管理。由子公司负责投资企业安全生产管理；运营与安全生产监督部负责组织开展安全生产监督、职业健康监督、节能减排监督和应急管理。以集团生产调度中心为平台，承担应急管理指挥中心职责。

信息化相关管理职能融入运营管理。由运营与安全生产监督部负责统筹集团信息化工作。根据工作需要，各部门提出信息系统建设需求，运营与安全生产监督部负责审核相关建设方案，保证各信息系统之间的顺畅衔接，国投培训与服务保障中心负责组织实施及系统日常维护。

企业名称授权使用与注册商标统一管理；企业文化建设与新闻宣传相结合；对口扶贫与社会责任统筹管理。

4. 强化核心职能

总部作为资本配置和运作机构，聚焦资本投资和运作职能，建立精干、规范、高效的组织机构和决策体系，通过组织架构与部门职责调整，着重提升战略决策能力、资源配置能力、资本运作能力、监督评价能力等核心职能。通过强化总部战略决策职能，更好地服从服务国家战略，引领公司健康发展；通过强化资源配置职能，推动资本向命脉和民生集中；通过强化总部的资本运作职能，推动国有资本合理流动；通过强化总部的监督评价职能，加强对授权的监督和战略规划的落实。

战略决策主要包括：强化政策、行业和区域研究，发挥战略引领作用；编制国有资本投资公司发展规划，确定子公司战略定位和发展方向，分解发展目标；进行规划实施效果评估，批准子公司中长期发展规划；牵头新业务开发、结构调整，推动国有资本布局结构更趋合理。

资源配置主要包括：通过选拔、培训培养等手段加强关键人才队伍建设，完善人才管理机制，统筹人力资源配置。立足提高国有资本回报，统筹财务资源配置。通过预决算管理，充分引导调动各方面资源，实现国有资本投资公司经营目标。

资本运作主要包括：统筹资产经营与资本运营，加强并购重组能力建设，利用多层次资本市场，推动资本合理流动，通过上市、重组、并购等手段，实现国有资本投资公司价值提升及资本增值。并购重组能力包括了并购方向研究的能力，对无子公司承接的新兴产业中的具体并购项目筛选的能力，并购项目落地实施、谈判推进的能力，等等。

监督评价主要包括：加强专业监督（审计、纪检、监察、巡视、后评价、监事会）和职能监督（人力、经营、财务、安全生产、法律等从职能管理角度开展的监督）的协同作用，发挥监督合力，加大问责力度；优化考核评价和激励机制，实现对各业务板块、子公司及重点项目的追踪、评价及退出决策，提升对子公司的监督、评价、激励与优化资源配置，提高国有资本配置效率。

5. 推动服务共享

设立国投培训与保障中心，统筹后勤服务、医务、信息化终端及网络维护、离退休工作站服务等保障工作，以及职称评审、档案、培训计划的组织实施等职能支持工作，实现管服分离。部分服务保障工作移交现有子公司负责。将图书资料室、健身中心、公务车辆、办公用房等日常管理工作移交物业公司负责；将对口扶贫涉及的捐助项目落实等工作，交由国投创益承担；部分服务保障工作，通过集中采购向社会机构购买。

总部改革后，部门大幅精简，管理效率有效提高。处室由56个减少到32个，管理人员控制在230人以内，职能部门由14个减少为9个。分别是：办公厅（董事会办公室）、人力资源部、战略发展部（内设政策研究室）、运营与安全生产监督部、财务部、法律合规部、监察部（巡视工作办公室）、审计部（内设审计中心）、党群工作部（公司新闻办）。

改革后，总部以战略及财务管控为两大抓手，实现对国有资本更有效、更合理的投资管理。总部从管理能力（子公司董事、高管层选派或推

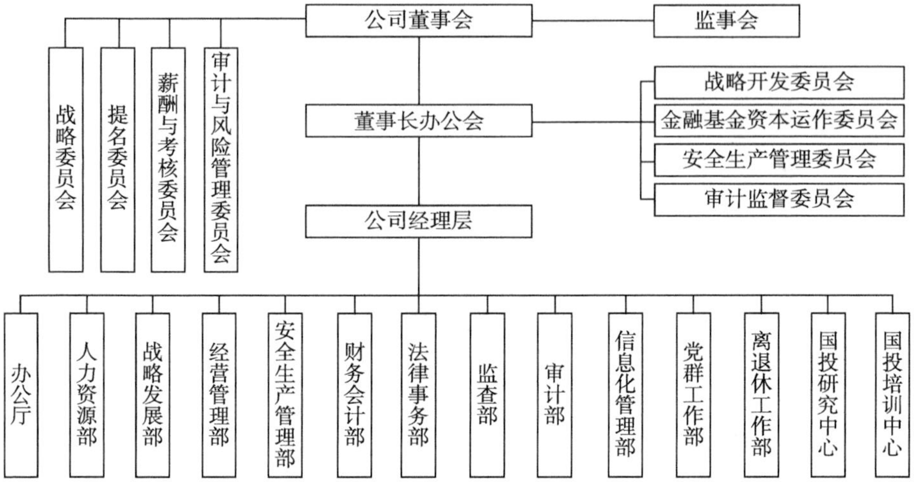

调整前的国投总部职能机构设置

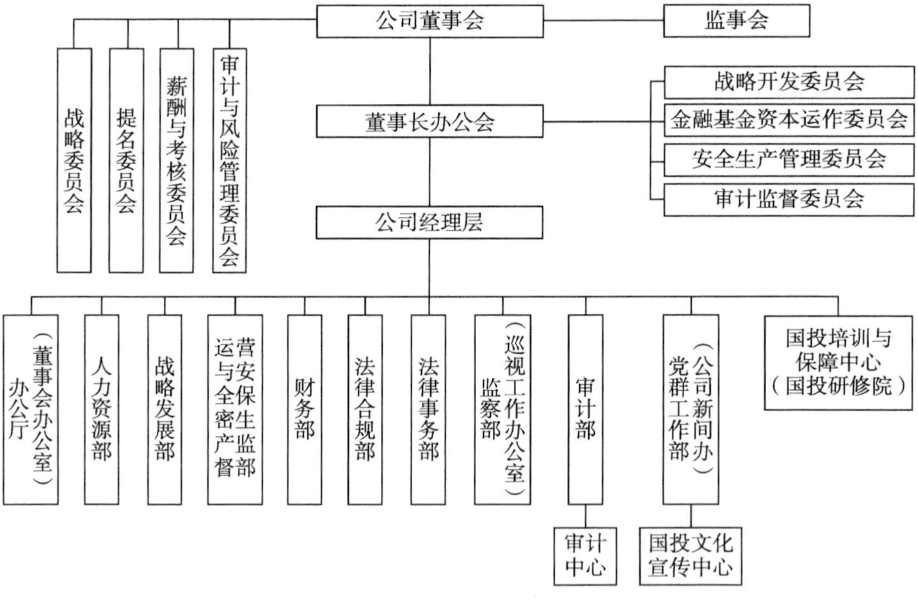

调整后的国投总部职能机构设置

荐）、战略指引（战略规划、行业研究、投资方向指导）、资本运作（如兼并收购方面支持）、监督评价与激励体系（通过闭环管理实现评价与激励的挂钩)、共享服务体系（如医疗服务、信息化服务、影像制作、培训等）等方面加强对子公司的支持。

母子公司权责清晰，决策更加高效。总部定位为资本配置与运作中心，子公司定位为产业投资中心。总部的决策与监督分离，做到权利有边界，监督全覆盖；管理与服务分离，做到管理有效率，服务有质量。通过管理要素的调整，总部与子公司在已有行业及新兴行业中的研究、项目发掘、投资、孵化培育等方面的权责边界更加清晰。新业务开发从研究、标的发现、孵化到发展都将有明确的承接部门或平台公司。

四、试监督：整合监督资源，建立大监督体系，构建国有资本监督闭环

习近平总书记多次强调，要加强监管，严防国有资产流失。试点改革中，国投按照“集中资源、提高效率、职能明确、责任落实、全面监督、统一归口”的原则，进行监督资源整合，形成监督合力，在组织管理、监督实施、结果运用等环节，加强各类监督主体的协同合作，推行大监督体系改革，形成监督工作常态化和闭环管理机制。

（一）推行审计集中

针对同体监督偏软问题，推行审计集中改革，确保授权到哪，监督跟到哪。审计监督权上收总部，并设立审计中心，子公司原则上不设审计机构。按行业监管要求必须设的，业务服从总部领导，审计负责人以总部考察推荐为主。针对问责不到位问题，强化审计部门向董事会负责的工作机制，设立稽查办公室，加大整改和问责力度。

（二）加强监事会监督

推行外派监事会向内设监事会改革，发挥监事会过程监督与审计事后监督的合力。总部审计部设审计特派员担任子公司监事会主席，并有内审人员同时担任监事，有利于运用监事身份开展工作、运用审计方法发现问

题，充分发挥二者监督合力。公司总部审计部设监事会工作处，管理和服务监事会工作，通过制定监事管理办法和监事工作指引，明确细化监事履职要求和规定动作，促进监事会有效履职。通过监事参与审计监督，以及监事会当期监督成果为审计监督进行导航，促进审计监督定位更准、问题挖掘更加深入到位。

（三）实施协同监督

审计、纪检、监察、巡视、后评价、监事会等监督部门统一编制年度监督计划，更加突出公司战略执行、经营管理重点，落实监督环节前移、强调闭环管理要求，增强了监督工作的针对性和有效性。在实施中重视加强事前沟通、现场实施等环节的沟通协调，形成了多部门协同实施监督的新常态。对同一监督对象多部门同时协同监督，发挥各自专业优势，变“专科大夫检查”为“全科大夫会诊”；对审计发现的重要问题、重点事项，当即反馈相关部门；定期组织召开审计监督工作沟通会，通报监督工作开展情况，剖析突出问题。

（四）实现过程管理

应用“互联网＋”的理念，开发建设国投集团监督工作平台，将监督工作标准、监督内容、质量控制要求、操作流程等内置其中，满足集团各级单位开展各类监督工作的需要，实现对监督全过程的管理，促进监督工作的标准化、规范化，实现监督管理、作业、成果共享运用的一体化、系统化。

随着数据量的不断积累，国投运用大数据技术理念，从不同角度、不同层面挖掘分析，从中找出企业经营发展中的内在规律、共性问题和发展趋势，增强后续监督工作的针对性，为企业管理提供预警服务。

（五）强化内控体系

国投结合国家法律法规、公司制度规定、行业标准规范，逐条梳理形成了统一的监督程序和方法体系，包括 500 多个监督事项，每个事项细化到主要风险点、涉及的法律法规、监督的具体程序和方法，同时，归集出 2000 多个企业经营管理常见问题，形成“监督事项库”和“问题库”嵌入监督工作平台，作为监督工作开展的统一标准，使监督工作标准化、规范化。

（六）闭环追究责任

开展整改跟踪专项监督，对公司上一年度内外部各项监督检查发现的问题，以及以前年度未完成整改问题的整改进展情况进行专项监督检查。建立问题整改台账，对整改实行销号管理，保证整改落实效果。经检查核实完成整改的予以销号，未完成整改的问题持续跟踪，并列入后续整改跟踪专项监督范围。

（七）统筹审计资源

面向集团各成员企业选聘兼职审计专家，列入集团审计专家人才库，由总部审计部根据审计监督工作需要，统一调配使用。建立专题集训、外部调训、内部培训等形式的审计监督人员职业教育培训体系，不断提升审计人员综合能力，帮助审计人员夯实业务基础，改善专业知识结构，促进审计人才队伍整体能力提升。构建完整的审计监督专业培训体系，形成对初、中、高级审计人员差异化、递进式培训，促进人才成长、骨干队伍形成。

建立大监督体系后，形成了监督工作常态化和闭环管理机制。试点三年多来，国投未发生违规经营投资和重大国有资产流失事件。完成了64家企业的巡视工作，实现了巡视全覆盖。2016年对113家子公司及投资企业进行了监督监察。对发现的问题快速定性，提出整改方案，落实责任倒查追究机制，全年完成21个突出问题问责，涉及67人次；扣减责任人员薪酬38人次；纠正违规发放薪酬68.56万元；既明确了行为边界要求，又切实起到了警示震慑作用，更实现了管理闭环。

五、强党建：全面落实管党治党责任，解决国企党建四个化问题，筑牢企业发展的“根”和“魂”

习近平总书记强调，要坚持和加强党的全面领导，坚持党要管党，全面从严治党。国投全面贯彻落实中央全面从严治党的要求和习近平总书记在全国国有企业党的建设工作会议上的重要讲话精神，按照中央 44 号文件的要求，在改革中全面加强党的建设，将加强党的领导与完善公司治理有机统一，实现体制对接、机制对接、制度对接和工作对接。国投借鉴项目管理理论，运用“互联网 +”等高科技手段量化细化党建工作考核指标，强化集团各级党组织和党务工作者的党建工作能力，推进实施由“一个决定、两个意见、三项规则、四项工程、五大载体”为主要内容的“国投卓越党建管理模式”。

2017 年 6 月 20 日，国投卓越党建管理平台上线

（一）形成“一个决定”

国投党组发布《中共国家开发投资公司党组关于贯彻落实中央全面从严治党要求的决定》，作为国投新形势下贯彻落实全面从严治党的指导性文件，体现了国投党组坚决贯彻习近平总书记系列重要讲话的坚定决心，是各级党组织加强党建工作的指南针，为国投党组、企业党委、基层党支部和党员开展工作、发挥作用指明了方向。

（二）出台“两个意见”

分别是《中共国家开发投资公司党组关于加强集团党的建设工作的指导意见》《中共国家开发投资公司党组关于建立健全党建工作责任制的实施意见》。这是推动公司党建工作的标准要求，为全面推进党建工作所铺设的轨道，确保党建工作有序开展，取得实效。

一是在集团各级党组织的工作原则，集团党的组织机构与领导关系，集团党的建设工作内容，子公司、控股投资企业党委的领导作用，子公司、控股投资企业党委参与重大问题决策，落实党管干部原则和党管人才原则，集团各级党组织的自身建设，集团党的反腐倡廉建设，集团党的作风建设，集团思想政治工作和精神文明建设，集团企业文化建设和加强对群团工作的领导等一系列内容上，制定了标准，明确了要求，规范了措施，把集团从严管党治党要求科学化、系统化、制度化，为推进改革发展提供了坚强的思想、政治和组织保证。

二是规范和改善国投各级党组织党建工作机制，通过规范党组、党组书记、党组成员、党委、党委书记、党委副书记、党委委员、党支部、支部书记、支部组织委员、支部宣传委员、支部纪检委员、支部群工委员的主要职责，逐级明确责任，细化责任清单，强调谁主管谁负责，一级抓一级，层层抓落实。

（三）明确“三项规则”

制定了《中共国家开发投资公司党组工作规则》《国投集团企业党委工作规则》和《国投基层党支部工作规则》。从公司党组、企业党委、基层党支部三个层面构建、夯实党建工作基础，提升各级党组织、党务工作人员的责任意识。

《中共国家开发投资公司党组工作规则》包含总则、职责、组织原则、民主集中制建设、反腐倡廉建设、责任追究、会议制度、学习制度、民主生活会制度、附则等具体内容，对公司党组、党组书记和党组成员的主要工作任务及职责做出了规定。

《国投集团企业党委工作规则》对国投集团全资和控股投资企业党委、设置党支部或总支部的集团成员企业进一步规范党委工作，履行党委职责，更好地发挥企业党委的领导作用做出了规定，保证党组织参与决策，带头执行，有效监督，充分发挥领导作用，把党组织的政治优势转化为企业核心竞争力，为企业科学发展提供坚强的思想保证、政治保证和组织保证。

《国投基层党支部工作规则》从党支部的设置、党支部的工作任务与职责、发展党员、党支部参与管理的内容和形式、党支部的工作原则和工作方法、党支部工作制度、临时党支部、党小组建设、党费收缴相关规定、党组织党员活动经费等方面提出具体规则，对发挥好基层党支部战斗堡垒作用和党员先锋模范作用具有重要作用。

（四）建设“四项工程”

简称“四手册、四记录、四平台、四考核”，“四手册”即《国投基层党务工作实用手册》《国投党建工作流程手册》《国投党建工作平台操作手册》《国投党建工作考核指导手册》；“四记录”即《国投党建工作党组记录本》《国投党建工作党委记录本》《国投党建工作支部记录本》《国投党建工作党员记录本》；“四平台”是以“卓越党建管理平台”为依托的“信息管理平台”“学习交流平台”“微信服务平台”“监督考核平台”；“四考核”是《国投党建工作考评办法》中针对“党委、党支部和党委书记、党支部书记”四个主体的考核。

各级党组织在实际工作中运用“四手册”指导开展工作，运用“四记录”做好日常工作的记录、存档，运用“四平台”打造“互联网+党建”新型工作方式，运用“四考核”增强各级党组织书记管党治党意识，夯实各级党组织党建工作基础。

（五）搭建“五大载体”

包括主题实践、阵地建设、党群共建、创新创效、典型示范等五大载体平台，在经费预算、人员调配、组织保障等方面做好平台的搭建，用平台来实现党建工作与改革发展工作的有效融合。

主题实践载体是各单位按照中央精神，根据国投党组的部署安排或者本单位本年度中心工作确定的年度主题党建工作实践活动。做到“规定动作不走样，自选动作有特色”，确保工作实效。阵地建设载体旨在建立党员、团员、员工开展思想教育、参加组织活动的阵地。党群共建载体是积极推进党建带工建、带团建，充分发挥群团组织桥梁纽带作用方面开展的工作。创新创效载体是推动技术革新、管理创新、提质增效等方面开展的能够发挥党组织特有价值创造能力的工作。典型示范载体是在营造氛围、创先争优、凝聚员工、带动发展等方面开展工作。

目前，国投所有子公司均成立了党委、纪委，相应建立健全了党的工作机构，配备了党务工作人员。国投共有基层党组织 442 个，其中，党委 48 个，党总支 8 个，党支部 386 个，以坚强的组织保障夯实了公司改革发展之基。国投按照中央的部署和要求，将党建工作写入了公司章程，完成了公司章程的修改。16 家二级企业、71 家三级企业完成了章程修订，明确了党组织在公司治理中的法定地位。“国投卓越党建管理模式”在 442 个基层党组织进行了三年的实践，增强了基层党组织的战斗堡垒作用，得到了中组部和国务院国资委党委的认可和肯定。2017 年 6 月，国投党组提炼总结的“卓越党建”理论基础和实践成果——国企党组织工作实务参考丛书正式出版发行，为国有企业加强党建工作提供可借鉴的做法。

“卓越党建”理论基础和实践成果——“国企党组织工作实务参考丛书”出版发行

国投承担改革试点任务三年多来，以高度的责任感和使命感做好各项工作，努力探索可复制、可推广的经验，取得了阶段性成果。下一步，国投将认真贯彻落实党中央、国务院的决策部署，攻坚克难，先行先试，积极进取，加快改革、转型、创新，努力完成中央赋予的使命任务。

9

以“活”促“合”全面深化改革建设世界一流企业

招商局集团有限公司

招商局集团有限公司（以下简称“招商局集团”）拥有145年历史，自成立之初就始终将改革创新作为企业发展的动力之源。党的十八届三中全会以来，特别是被确定为国有资本投资公司试点企业后，招商局集团按照党中央、国务院关于深化国有企业改革的各项决策部署，根据“1+N”系列文件提出的目标任务，积极开展综合性改革探索实践，以市场化为核心深化改革，以“活”（活体制、活机制、活模式）促“合”（契合、整合、融合）实现跨越式发展，在体量上进入万亿级资产企业行列，企业活力、控制力、影响力和抗风险能力大大增强，国有资本运营效率明显提高，初步实现了做强做优做大。2016年，招商局集团实现营业收入4954亿元，同比增长78%；实现利润总额1112亿元，同比增长34%。2017年1—6月，继续保持良好发展态势，实现营业收入2580.8亿元，同比增长6.4%；利润总额630.3亿元，同比增长8.1%。招商局集团连续13年在国务院国资委中央企业业绩考核中被评为A级。

在招商局集团的改革实践中，“活”是基础，主要是对内在长期形成的静态固有传统体制、机制、模式的改革：体制主要包括治理结构、组织架构；机制主要包括市场化选人用人和激励约束机制；模式主要包括管控模式、资本运营模式。“活”为“合”提供了基础和前提条件。“合”是手段，主要体现在服从服务国家重大战略、抓住重大发展机遇；契合主要是战略契合、目标契合、方向契合；整合主要是内外部并购重组；融合主要是与社会资本和各利益相关方融合发展、互利共赢。

一、活体制：以管资本为主优化治理结构和组织架构

（一）加强党的领导与完善公司治理相结合，建立健全科学决策体系

招商局集团建立以集体决策为原则，以董事会分级分类授权为核心的决策体系，将决策层级分为党委会、董事会、董事会常务委员会、集团办公会 4 级，并通过修订公司章程、“三重一大”决策制度、董事会议事规则等，从制度流程上明确把党组织研究讨论作为董事会、经理层决策重大问题的前置程序，进一步明确各治理主体的职责权限，党委会、董事会、办公会等在根据制度明确职权边界的基础上充分发挥各自应有的作用，通过实践不断完善。特别是设立了董事会常务委员会，对于一定额度的集团重大固定资产及对外投资、融资、财务预算调整等事项，由董事会授权常务委员会决策，常务委员会向董事会汇报决策结果。这些事项时效性强、频次高、可预测性弱，为保证决策效率，由董事会确定总体额度和分级标准，实施分级授权。

截至 2017 年 6 月，招商局集团召开了 14 次董事会会议和 7 次专门委员会会议，审议及通报重大议题累计 67 项。历次会议的召集、提案、出席、议事及表决均按照相关要求规范运作，各个环节均严格遵守制度要求，尊重程序、不走过场，董事会的重大决策权得到充分落实，董事会规范运作的机制逐步健全。董事们积极参与董事会建设和决策，推动和完善公司法人治理，充分发挥董事的约束制衡职能。特别是外部董事从各自的专业角度对当前经营管理面临的问题和未来发展方向提出了很多有益的意见和建议，提高了公司决策的科学性和客观性。

招商局集团董事会自 2017 年开始试行“议题沟通会”制度，针对董事会定期会议需要审议的重大复杂议题，若按董事会制度规定无需事先报经董事会专门委员会审议的，则在董事会前召开议题情况介绍会议，由议题执行部门向外部董事做专题沟通与汇报，议题所涉集团分管领导、集团董事会秘书等参与沟通。通过召开事前议题沟通会，让外部董事现场详细听取及研究特定议题，有利于董事会正式会议时做出高效客观决策，取得了良好效果，得到了外部董事的高度认同。

（二）调整优化组织架构，打造精干高效总部

招商局集团按照国有资本投资公司总部的核心职能定位，不断强化总部战略引领（Shaping）、风险管控（Safeguarding）和综合服务（Servicing）的“3S”管理职能，逐步构建精简高效、职责明确、运转快速、协调顺畅的组织架构体系。2015 年，集团总部实施“大部制”改革，总部职能部门从 13 个减少到 7 个，管理资源和焦点向战略引领和风险管控等关键职能集中。2017 年，集团对总部职能进一步调整优化，将具有支持性、服务性、事务性的工作职责剥离，成立信息中心、审计中心、创新研究中心等共享中心，以提供更加专业的服务，提高效率，增强协同。此项改革完成后，集团总部人员编制减少 17%，人员压缩到 200 人以内，“权威总部”“价值总部”“创新总部”的定位明显强化，管理效率显著提升。

招商局香港总部

战略引领：以集团战略为核心，集团总部部门协同推行集团战略规

划，引领集团发展方向，体现战略导向性。战略引领涉及战略规划制定、经营计划（预算）管理、业绩考核、投资管理、资本运营、人才管理和企业文化建设等管理职能。集团总部负责指导和引领下属企业的发展目标、方向和路径，形成战略管理体系的闭环管理。通过体系构建和完善，明晰总部部门职责，形成管理合力，保证战略管理体系闭环的高效运转。

风险管控：总部通过构建集团全面风险管理体系，有效预判和应对各类风险，保障集团的健康可持续发展。风险管控涉及风险管理、内部控制、合规管理、内部审计和纪检监察等管理职能。集团构建全面风险管理体系，有效运行三道防线，系统管控六类风险（战略风险、市场风险、财务风险、法律与合规风险、运营风险、廉洁风险），将各道防线的风控职能落实到总部各部门及下属企业，为集团战略发展的健康运行提供安全保障。

综合服务：总部职能部门为集团总部和成员企业提供优质、高效、专业的服务，支持战略的实施，实现总部的价值创造。综合服务涉及决策支持服务、资源配置服务、共享服务、协同服务、集团文化品牌建设等多项内容。集团总部通过发挥自身优势、强化部门间分工协作，重在提升服务水平、丰富服务内容、创新服务机制、改进服务效果，为集团及下属企业稳步推进总体战略、专项战略和业务战略提供支持服务。

在总部实施“3S”管理的同时，集团坚持集权有道、分权有序，重点构建“责、权、利”协调统一的分类管控模式，在强化激励约束机制的前提下，加大简政放权力度，对涉及日常经营管理的一般职责，逐步归位于二级公司，推动各公司成为高效运营、自我约束、具有市场竞争力的独立市场主体，实现“世界一流”或“国内领先”的业务战略目标。

二、活机制：高度的市场化为企业注入内生活力动力

招商局集团始终坚定不移地走市场化改革之路，持续强化“能进能

出、能上能下、能增能减”的机制，极大增强了各级领导班子和人才队伍的活力，既集聚了人才，又传导了压力，更激发了动力。

（一）推进市场化选人用人

1. 坚持市场化选，选得有标准

自2015年起，招商局集团累计在招商轮船、招商港口、招商金融、招商蛇口、招商物流等10家二级公司实施了市场化全球公开招聘核心主官，2017年上半年完成仁和人寿等4家公司领导班子部分岗位市场化选聘。在选聘过程中切实落实党管干部原则，严格执行“酝酿动议—推荐考察—四个凡必—党委会审议”的选拔程序，不断提升选人工作质量。**酝酿动议**——由董事长、总经理、纪委书记、分管人力资源事务的集团领导和人力资源部主要负责人组成的小组充分酝酿动议。**推荐考察**——对民主推荐中获得大多数认可的干部，进行访谈考察，全面了解干部综合情况。**“四个凡必”**——干部档案凡提必审，个人有关事项报告凡提必核，纪检监察机关意见凡提必听，具体可查信访举报凡提必查。**党委会审议**——在党委成员到会超过2/3的情况下，坚持党委书记不率先发言定调，充分讨论，以应到会成员超过半数同意形成决定。

2. 坚持市场化管，管得有效果

招商局集团对重要二级子公司的总经理，按职业经理人标准实施契约化、任期制管理，三年一个任期。对于经市场化公开招聘上岗的二级公司总经理，采用同样的考核与激励约束标准，使市场化引入的人才能够在平等的机制下参与企业经营管理、激发干事创业热情。同时，集团还逐步将多家二级公司领导班子成员纳入市场化任用体系，由集团与二级公司签订KPI合同，并严格按照管理规范，由集团或所在二级公司与领导班子成员签订三年期聘书，明确领导班子成员的聘任、考核、薪酬和退出机制，强化契约化管理，到期考核不合格的经理人不再续约，予以免职或调岗，做到“能上能下”“能高能低”。

3. 坚持市场化退，退得有依据

对市场化选聘的经营管理者加强绩效考核，执行相当比例的淘汰。对年度考核结果为“有待改进”者进行调岗、免职或辞退；到期考核不合格的经理人不再续约，予以免职或调岗。目前，在市场化选聘的经营管理者中，已有一人因业绩未达到管理要求而被辞退。该公司为招商局集团金融板块下的一家重要二级公司，特别委托了知名猎头公司在全球范围内招募一流人才担任公司首席运营官。公开招聘工作共进行了 4 轮面试，从 19 名候选人中选中 1 人，并以市场化的薪酬水平予以聘任，签订 5 年期劳动合同。经过 2 年在任职岗位上的观察与磨合，该名人员在决策效率、管理系统性以及与集团管理文化的适应性等方面，均与工作要求存在一定的差距，工作效果欠佳。为此，启动了其免职程序。同时，从对其本人负责及业内影响等角度考虑，经协商，最终采用其个人提出辞职的方式完成免职程序。

（二）实施市场化考核分配

在考核方面：树立跑赢大市、优于同行的强业绩导向，进一步加大年度薪酬与 KPI 业绩考核结果的挂钩力度，引入递延奖金机制，在三年战略考核周期内，将每年奖金中的一部分递延，到三年战略考核周期结束时一次性发放，递延奖金兑现额度根据三年战略考核分数调整。兑现额度系数为 0 ~ 2，有效引导经理人关注战略落实进度，实现短期业绩、长期战略的协同发展。

在薪酬体系方面：强调“与市场接轨、与行业相符、与地域相适、与业绩匹配”，在薪酬水平与市场薪酬对标的基础上，同层级岗位体现行业差异，同类岗位体现价值差异，不同行业二级公司高管薪酬相差数倍。如招商轮船总经理业绩较差的 2013 年与业绩较好的 2015 年相比，其薪酬水平相差 2 倍多。**与市场接轨**——通过研究监管政策，掌握前沿工具，与同行交流研讨，进行市场薪酬调研，利用引进薪酬数据报告，专项咨询项目等，让薪酬标准贴近市场水平。**与行业相符**——选定同业上市公司对标，每年根据各单位战略方向选定对标效益指标，根据效益指标年增长率所处分位值区间确定对标结果。以地产为例，选定绿地、万科、恒大、保利、中海、碧桂园、华润等同业上市公司的营收和利润以及增速指标对标，根据本企业效益指标年增长率所处分位值区间（0%～100%）确定对标结果。**与地域相适**——不同区域的所属公司，其薪酬标准需参照所在地区的收入及消费水平确定。**与业绩匹配**——高级管理人员年度奖金与KPI考核结果紧密挂钩。视KPI考核得分情况，KPI挂钩系数为0～1.3。当KPI考核得分为100分时，KPI挂钩系数为1；KPI考核得分小于70分时，KPI挂钩系数为0；KPI考核得分为130分时，KPI挂钩系数为1.3。

（三）建立市场化激励约束机制

招商局集团注重个性化需求，开展重点探索，在全面深化改革的同时，注重引导所属企业根据企业发展阶段的实际需求，参照本行业和市场惯例，有针对有侧重地实施重点改革，探索实施员工持股计划、股票期权等多种中长期激励工具。例如，对于资本投资运营平台的基金投资类企业，按照相关行业惯例，参照有关部委的政策，要求招商资本基金投资决策等参与人员强制参加该期基金跟随投资机制，共担风险、共享收益；对于所属的科研、设计类企业，根据其人力资本贡献占比较高的特点，探索实施股权出售激励计划、岗位分红激励计划；对于符合员工持股试点政策导向的中外运化工物流公司，申请开展混合所有制员工持股试点。

招商局集团把PE行业中成熟的跟投机制复制到创新项目投资上，将跟投主体从项目实施者扩展应用到投资决策者。同时，还实施反向跟投机制，由企业跟投投资决策者决定的投资项目，真正做到风险共担、利益共享。招商局集团还把跟投机制运用在房地产行业，实施项目跟投管理制度，目前仍处于实施阶段。随着跟投项目在全国铺开，这种机制对房地产项目的获取、开发建设及回报都将有积极的作用。

比如，为做强区域公司、做实城市公司，将活力放在城市公司、将权力放在区域公司，招商蛇口学习市场跟投机制实践，研究制定了项目跟投机制，并于2017年6月1日起正式实施。

1. 跟投机制主要做法

招商蛇口项目跟投机制在跟投模式上对标万科、碧桂园等行业标杆企业做法，在资金来源、权利义务等方面严格遵守国企监管的政策法规。跟投项目主要为城市公司操盘开发，通过市场化方式获取的销售型项目，通过旧改、收购等方式获取的项目，如参与跟投，须以一事一议的方式由公司办公会严格审批。

对项目成败具有关键影响的核心管理人员强制跟投，鼓励其他员工自愿跟投。强制跟投人员依据岗位工作性质及职级确认跟投额度上下限，项目责任越大，强制跟投额度越高，强化人员与项目间的风险与利益捆绑；区域及城市公司管理层对所有项目都强制跟投，不允许跨区域、跨城市公司的自愿跟投。

强化业绩牵引，针对性地以IRR及成本利润率为业绩指标，设计与项目跟投收益挂钩的业绩系数，鼓励提高项目周转率，为公司创造超额利润。跟投权益比例不得高于跟投总金额占注册资本金的比例，以确保公司作为大股东的利益；跟投本金返还及分红的安排以风险共担为原则，在确保项目资金存量富余的前提下分批安排返本；在确保项目盈利为前提实施分红兑现，且与项目税后利润挂钩。

2. 跟投机制的实施方案

一是先试后推，不断优化。选择一线城市公司和二线城市公司为跟投试点，其他城市公司、经营单位经申请，报公司办公会审批通过，可纳入跟投试点。**二是**专设组织，分级授权。总部设立跟投工作小组，负责公司跟投工作的统筹、审批和具体推进工作，定期召开工作小组会议，统一研究和决策重大问题和特殊事项；城市公司设立跟投管理员，负责统筹各单位具体跟投工作推进。确保跟投实施科学决策、高效执行。**三是**平台支撑，技术保障。开发了线上跟投管理平台，以实现员工线上认购、项目信息披露、投资过程跟踪等功能；与资管公司合作，通过 APP 进行付款操作，简化认缴程序，监控资金实况。

3. 跟投机制的实施效果

2017 年 7 月 11 日，招商蛇口首个跟投项目——佛山三水建设路项目提前两天完成跟投认缴工作，标志着跟投工作从方案阶段顺利进入实施阶段。一线公司对跟投的反应积极，执行力强。截至目前，已有 4 个项目完成认购认缴（另有多个项目启动认购认缴），总跟投人次达 237 人次，跟投总金额约 1300 万元，跟投比率（跟投人数/具备该项目跟投资格的总人数）为 51%。上海太仓项目、郑州新郑项目基本实现满额跟投。

根据方案测算，项目拿地到开盘周期每缩短一个月，跟投平均收益率提升 1% ~2%。截至目前，机制的激励作用初步显现，跟投项目积极通过"收益提升头脑风暴会"等方式研究如何保节点、促销售、提效益，并主动从人员、工程、设计等方面探索提升空间，对开发计划进行重新编排，整体压缩 60 ~90 天的开发周期。有项目提出"能抢的节点不留余力、全力完成，为早日开盘销售创造一切充足的条件，最大限度地提升该项目的收益"。

项目跟投是招商蛇口一项重要的约束与激励机制，通过在实施过程中及时总结经验、评估效果、不断优化机制，让更多员工用"事业合伙人"的心态经营项目，同心共创，助力企业可持续发展。

三、活模式：灵活的运营模式为企业持续创造价值

（一）持续优化管控模式，充分授权激活所属企业

招商局集团按照"以管资本为主"的要求，根据分类分级管控的原则，对绝对控股公司采用战略管控模式，对相对控股公司采用财务管控模式，建立战略层层分解、权利层层授予、责任层层落实的分级授权经营体

系。总部持续加大对二级公司及其董事会的放权和授权力度，2015—2016年总部累计调整下放投资管理、人事管理等方面关键权利 40 项，二级公司在投资、融资、工资总额等环节的自主权进一步扩大，市场主体地位进一步强化。

（二）加强资本投资运营平台建设

近年来，努力打造国内领先的资本运营与资源整合、生态圈构筑平台，在总部层面设立资本运营部，并相继成立了招商资本、招商投资、招商创投等一系列实体投资平台，作为资本投资运营平台的执行主体，通过主动投资实现新的产业布局和现有产业的生态圈搭建，打造端到端整合运营能力，同时有效利用集团和社会资源，运用市场化机制实现资源整合、价值创造，驱动可持续增长。近期，对招商资本和招商投资两个境内外投资平台进行了有效整合，打通跨境项目、跨境资金的往来渠道，实现了境内外投资联动，在提高资本运营投资收益的同时，进一步强化产融结合的推进能力，为产业提供更有力的支持，推动了更多产融结合项目落地。

招商局资本作为专业的另类投资平台，从成立之初，就肩负着落实招商局集团“产融结合”战略目标的使命。招商局资本的发展目标之一就是与集团现有产业进行有效的结合和互动，注重多种资本的组合，对内整合集团内部资源，加强协同发展。就具体实践而言，招商局资本已与招商地产和招商工业等兄弟单位多次展开项目合作。例如，招商资本与招商地产共同设立商业地产基金，在产业园区以及联合开发新的房地产项目等方面展开合作。

（三）坚持创新驱动提升竞争能力

1. 搭建平台

招商局集团作为国家首批 7 家企业“双创”示范基地之一，提出打造具有自身特色的“四全（全链条、全周期、全流程、全要素）、“四加”（线下 + 线上、空间 + 资本、资源 + 机制、境内 + 境外）、“四化”（专业化、特色化、协同化、产业化）”的“双创”生态体系，推动“双创”与传统产业转型升级、创新发展的有机结合。利用旗下的产业园区搭建开放式创新平台，实现创新资源的集聚。招商局集团目前在全国建设和投入的产业园区面积约590万平方米，其中服务“双创”主体的园区面积近230万平方米；园区入驻企业近1480家，其中新三板、创业板企业45家；2016年园区企业生产总值超800亿元；带动就业人数超10万人。目前，以蛇口网谷、南海意库为中心的蛇口滨海深港创新创业产业带已发展成为招商局“双创”示范基地的重点建设区域。这一片区用于“双创”孵化的线下空间面积超过60万平方米，集聚了招商启航“厘米空间”互联网孵化器、清华启迪等24个专业化“双创”支撑平台，累计投资孵化企业超过800家。2016年区内企业生产总值约600亿元，较2015年增长一倍。

蛇口网谷

2. 嫁接资本

招商局集团充分发挥产融兼具、产融结合的优势，积极推动旗下招商启航、招商创投、招商资本、招商证券、招商银行等成员单位形成既互为补充又差异化运营的全生命周期金融投资服务平台，为企业提供从发展、成长、成熟到衰退的一站式综合金融解决方案。截至2017年1季度，已累计向中小微企业提供的资金支持超7000亿元，并推出了“文创贷”“版权贷”“三板贷”等特色化“双创”金融产品。与此同时，招商局集团高度重视各类“双创”基金在引导和撬动社会资本支持“双创”的重要作用，目前专门用于支持“双创”主体发展的基金规模约96亿元，累计投资项目68个，累计投资金额约64亿元，并参与了19支母基金的投资，投资金额约15亿元，带动社会资本约200亿元，放大规模约13倍。下一步还将募集10支规模为500亿元的产业基金用于支持“双创”成果的产业化转化。此外，招商局集团还以互联网技术和金融科技为依托，为中小微企业打造互联网融资平台。集团下属招银前海金融资产交易中心利用深圳前海自贸区的天然区位优势，以金融资产交易为基础，通过与集团核心企业、保理商等的合作，引导金融资本为数十万中小企业提供融资服务。自2016年8月正式运营以来，累计交易规模近3000亿元。

3. 制度创新

招商局集团将完善创新创业管理体系和激发内部员工创新创业主动性作为首要任务。以“双创”示范基地建设为契机，先后出台《关于加快“双创”示范基地建设的指导意见》《员工在岗创新待岗创业管理暂行办法》《“双创”基金管理办法（暂行）》等一系列推动“双创”工作的有关制度，协调解决制约集团“双创”工作的体制机制障碍，完善创新容错机制。提出“在岗创新、待岗创业”的理念和配套举措，设立首期规模为3000万元的集团“双创”基金，用于支持内部员工创业项目，并通过建立回岗保障机制、提供创业补助、给予50万元起步资金支持等三项举措，切实打消内部员工创业顾虑。截至目前，招商交科院“睿力诚”等2个创业团队已实现内部创业。在国家有关政策允许的范围内，积极支持有条件的公司创新股权、期权、分红权、“双创”成果利润分享及事业合伙人等多种形式的中长期激励措施，使资本所有者与劳动者形成利益共同体。

四、契合：与国家战略高度契合

招商局集团积极承担服务“一带一路”建设、深港合作、自贸试验区等国家战略需要的任务，以贯彻落实国家战略为契机，及时调整发展定位，加快“走出去”步伐，持续优化业务布局，在服从服务国家战略过程中，提高了自身实力。

（一）围绕服务国家战略，重塑发展定位

根据“服务国家战略，提升产业竞争力”的目标，招商局集团提出“立足湾区、开拓雄安、重返上海、一带一路”的全国战略布局，全力打造“3 个世界一流”和“4 个全国领先”——世界一流的超级油轮船队和超级矿砂船队、世界一流的港口综合服务商、世界一流的供应链物流服务商、全国领先的城市综合开发和运营服务商、全国领先的高速公路投资运营服务商、全国领先的海工装备制造商、全国领先的金融控股集团和特色金融服务商；进而培育银行、保险、物流、产业园区等数个具备世界 500 强实力的企业。

招商局集团认真贯彻落实习近平总书记在香港视察期间讲话精神，科学谋划立足香港、加大投资，提升在港发展力度，为香港繁荣稳定做出更大贡献。研究制订做实做强集团香港的方案，同时依托前海蛇口自贸片区桥头堡独特优势，力争全面融入粤港澳大湾区建设，实现快速发展。

党中央做出设立雄安新区重大战略部署后，招商局集团第一时间赴雄安新区考察，并迅速成立领导小组、工作小组和办公室，全面对接雄安新区建设。集团各公司也迅速跟进，高起点、高定位组织推进了雄安新区安置区和市民中心项目竞标，协同雄安新区提出智慧交通、供应链物流、金融创新、科学城等建议或规划方案，为集团今后开拓雄安打下了坚实基础。

（二）围绕“一带一路”建设，加快“走出去”步伐

招商局集团重点围绕“一带一路”建设，加快了海外布局的步伐。在

推动国际化进程中，始终注重研究国际市场，遵循国际市场规律，谋定而后动，避免冲动盲动。截至 2016 年底，招商局集团境外企业总资产达到 4544 亿元、销售收入 487 亿元、实现利润 50 多亿元，境外实体企业 184 家，分布于五大洲 43 个国家和地区，与“一带一路”高度契合。

石龙－沃尔西诺

根据“一带一路”建设的战略布局要求，招商局集团积极发挥自身在设施联通上的综合优势，聚焦关键通道、关键地区、关键项目，在“一带”和“一路”上海陆并举、全面布局，努力构建互联互通的海上港口网络和陆上物流大通道，打通“一带一路”建设的经脉。在“一带”上，招商局集团积极推动中欧物流大通道建设，2016 年开通中欧及中亚班列 14 条线路（包括粤新欧、湘新欧和欧亚大陆桥等）、400 个班列（部分线路每周开行两列），班列数量占全国开行班列总数的 23.5%。同时，进一步加强中欧物流大通道沿线物流网点建设，形成了物流服务关键节点资源。根据中央要求，招商局集团还与国机集团一起投资建设了被视为“一带一路”建设标志性工程的中白工业园，并在园内投资 5 亿美元建设中白商贸物流园，一期工程已投入运营。在“一路”上，目前已经在全球 19 个国家和地区投资了50个港口，许多位于战略关键节点。如吉布提港扼守红海入口，斯里兰卡科伦坡港位于南印度洋主航道，土耳其伊斯坦布尔港和马耳他港位于地中海战略要地等，地理位置都十分重要。目前招商局集团还在积极推动位于立陶宛、俄罗斯、印度尼西亚、坦桑尼亚等国家的多个重要港口及工业园区建设等项目，不断完善集团在东南亚、南亚、中东、非洲、欧洲、南美以及波罗的海等地的布局。

（三）围绕自贸区建设，推动项目落地

2015年1月，国务院正式批复，决定设立广东、天津、福建三个自贸试验区。中国（广东）自由贸易试验区包含28.2平方公里的深圳前海蛇口片区，其中有招商局蛇口工业区9.4平方公里、招商港口西部港区3.8平方公里，合计13.2平方公里。

自贸区前海蛇口片区

招商局集团与深圳市政府成立深圳市前海蛇口自贸投资发展有限公司，并以此为突破口加快推进前海土地整备和开发建设，探索“小政府+大企业”的企业化管理、市场化运作的新模式，创新前海蛇口自贸片区管理体制机制。自贸投资公司将从打造产业新引擎、构建城市新空间、树立合作新理念、探索发展新机制四个方面建设“一带一路”，形成引领粤港

澳大湾区建设的新格局。

吉布提自贸区项目是“前港－中区－后城”模式在海外落地的第一个项目，已经取得了突破性进展。2012 年招商局集团投资吉布提港后，新建现代化港口。发展产业园区，集聚产业，发展当地经济。自贸区整体规划面积 48 平方公里，首期开发 2.4 平方公里，整个项目建成后将产生 GDP 超过 40 亿美元，相当于目前吉布提 GDP 的两倍多，可创造就业岗位逾 10 万个，超过吉布提可就业人口的 1/6。此外，招商局集团也正在推动多哥、坦桑尼亚、斯里兰卡等国复制这一商业模式。

五、整合：对内外资源全面整合

招商局集团充分利用资本市场，运用市场化手段，加强对外兼并收购、对内重组整合，推动业务结构从“三大主业”向“三大平台”转型，基本形成了实业经营、金融服务和投资与资本运营的协调发展，有力促进了资源的优化配置和资本效率的有效提升。

（一）聚焦主业发展优化布局结构

1. 加快兼并收购

两年来，招商局集团加大对外投资力度用于兼并收购，把资源不断集中到更有能力的经营者手中。如 2014 年兼并重组了因连续 4 年亏损被暂停上市交易的中国外运长航油轮业务，此举不仅盘活了一家濒临破产的企业（其 2015 年由亏损转为盈利 6 亿元），保全了 200 多亿元的巨额银行资产，还使得招商局 VLCC 船队规模、效益跃居世界第一。2015 年底，经国务院批准，中国外运长航又整体并入招商局集团。

招商局集团积极参与国内主要区域港口整合和重要港口集团并购重组，进一步扩大覆盖国内各主要区域的枢纽港口网络布局。在华南地区与深圳市合作推进深圳港口资源的整合，并增资控股汕头港集团、湛江港集团。在东北地区与辽宁省政府合作，推进东北地区港口整合，取得重要进展。

2. 积极扩展新产业

在消费终端布局上，围绕保险产业、大健康产业和邮轮产业展开。招商局仁和人寿保险股份有限公司获准在深圳正式开业，注册资本50亿元人民币，为近年来新设保险公司之最。大力发展邮轮业务，太子湾邮轮母港迈入开港运营首年，广泛合作，大胆创新，开局良好有力；2017年上半年共计完成邮轮停靠53艘次，母港邮轮客流量5.5万人次，邮轮业务实现营业收入3907万元；引入“处女星”号、“海洋航行者”号、“大西洋”号等7艘国际邮轮开展母港或访问港挂靠，牵头成立深圳市邮轮旅游联盟，探索新型邮轮产品销售模式，多方拓展分销渠道。以蕲春健康产业新城建设为重点，大力推动医药、医疗、健康领域的全方位联动发展。与蕲春县政府签署合作协议，注册成立招商局（蕲春）投资发展有限公司；持续推进蕲春园区规划修编调整，开展项目产业和产品定位、招商引资战略研究。首期项目产业促进中心项目设计方案已确定，土地获取工作正在推进之中。

蛇口邮轮母港

（二）聚焦提升能力加强内部重组

招商局集团相继推进了集团港口、物流、贸易等业务的重组整合，都取得了较好的整合效益。2015年完成园区与地产开发业务的重大重组，重组公司市值由原来的 755 亿元提升到 1700 亿元，利润保持两位数的增长，重组效益逐步显现；2016 年以来，公路板块资源整合取得重大进展，招商公路股份制改造工作全面完成，形成了统一、高效的公路业务平台，进一步理顺了管治模式，目前正在积极推进上市相关工作。

中国外运长航并入招商局集团后，加强了战略融合、管理融合、文化融合和业务融合，其中业务融合分三个阶段进行：航运业务板块整合，以招商轮船为整合平台，整合两家集团优质航运资产，实现统一专业化经营管理；物流业务板块整合，确定以外运股份为资本运作平台，将中国外运长航物流业务资产包和招商物流资产包注入上市公司，未纳入重组范围的物流资产由上市公司托管，其他资产或委托上市公司管理或由集团集中管理处置，打造跨境旗舰物流上市平台；集团总部层面重组设立“物流航运事业部”，推进中国外运长航总部的重组。通过业务整合，招商局集团成为中国最大的综合物流服务供应商，全国性物流网络布局进一步完善，货代、第三方物流等业务进入世界前六，国际竞争力进一步提升；集团 VLCC（超级油轮）和 VLOC（超级矿砂船）船队规模均居世界第一，成为参与世界能源运输市场竞争，保障中国能源运输安全的重要力量。

2014 年，招商局集团决定对地产板块进行重组整合，蛇口工业区整体变更为招商局蛇口工业区控股股份有限公司（以下简称“招商局蛇口控股”），招商局蛇口控股发行 A 股换股吸收合并招商地产 A 股及 B 股股份，同时进行配套融资，向包括机构投资者在内的战略投资者和员工持股计划非公开发行 A 股。本次整合完成后，招商局蛇口控股规模明显提升，土地储备及开发能力搭配更为合理。双方在资产、业务上的集中管理和资源整合发挥出规模效应和协同效应；同时，人员上的整合也降低了管理成本、提高了经营效率。

六、融合：与各方合作伙伴实现双赢多赢共赢

招商局集团始终坚持从市场中来到市场中去，在注重提升经济效益的

同时，也注重与其他社会资本之间的合作，注重带动社会经济发展，实现双赢多赢共赢。

（一）注重与社会资本合作

招商局集团目前拥有控股上市公司 11 家，参股上市公司 36 家，截至 2016 年底，集团 95% 以上的资产已分布在上市公司，2016 年度集团来自所属上市公司的营业收入和利润均分别约占集团的 85% 和 94% 。在推进混合所有制改革过程中，按照因地施策、因业施策、因企施策的原则，坚持宜独则独、宜控则控、宜参则参，充分利用境内外资本市场和产权市场，推动所属企业公开发行上市或公开挂牌融资，公开披露企业信息，公平接受社会资本竞价，改革过程公开透明，国有资产价值得到充分体现；改革后混合所有制企业得以良好发展，各方资本实现共赢。上市公司也给各方股东带来了丰厚的回报，据统计，11 家上市公司上市以来共募集集团外部资金约 1550 亿元，累计向集团外的股东分红 980 亿元；2016 年 12 月 31 日，集团外股东应占上述公司市值 4770 亿元。

2015 年招商蛇口混合所有制改革，成为中国资本市场非上市公司换股吸收合并上市公司同时配套融资引入员工持股计划的首例，员工与外部战略投资者按同股同价增资入股，既优化了企业股权结构，又激发了企业活力。招商局集团在兼并收购民营企业恒路物流 70% 股权后，保留了企业原有员工持股平台，恒路物流管理层及部分骨干通过该平台持有企业部分股权，有效保持了核心团队的稳定性。在“走出去”过程中，大力吸引国际资本和全球行业龙头的力量，充分利用外资等非国有资本，境外投资的大部分港口项目均为混合所有制股权结构，完全按市场化方式扎根本地开展运营，取得良好的经济效益，成为集团增长的新动力。在探索新兴产业方面，通过合伙制基金这一混合所有制形式，充分发挥国有资本的带动力和影响力。所属招商资本目前管理总资产达 2300 亿元，其中招商局集团投入的资金仅 315 亿元。

所属中国国际海运集装箱（集团）股份有限公司（以下简称“中

集”)，是世界领先的物流装备和能源装备供应商，1980 年创立于深圳蛇口，目前中集主要股东为中远集团和招商局集团，属于国有（合计）控股、战略投资者、管理团队和公众股东持股的混合所有制企业。与从传统国企发展而来的混合所有制企业相比，中集的混合所有制有比较明显的差异。1980 年，由招商局和丹麦宝隆洋行共同出资 300 万美元，各占 50% 成立了中国国际海运集装箱有限公司。股东的外资背景以及初期的外方负责经营管理，为中集的诞生注入了国际化和市场化的基因。公司严格执行董事会领导下的总经理负责制。1987 年，中远集团受让了宝隆的大部分股权，新的股权结构为：“中远” 45% ，“招商局” 45% ，“宝隆洋行” 10% 。形成了独特的“两股均衡”的法人治理结构，1994 年 4 月，中集在深交所上市，成为国有控股的公众上市公司，招商局集团与中远集团依然均衡持股。2009 年底，中集面向管理层和骨干员工推行股票期权激励计划。包括总裁麦伯良在内，187 名高管和员工获得 6000 万股认购权，占总股本的 2. 25% 。2013 年，中集通过 B 转 H 股引进战略投资者联想弘毅。2014 年，中集向管理层和核心团队增发 H 股，集团总部和主要子公司核心骨干团队 80 人合计出资 19. 28 亿元，合计持股比例 4. 83% ，公司投资主体进一步多元化。

基于这样的股权结构，中集呈现出了以下特质：**一是**政企分开。相对国有股东，中集业务、财务、人事完全独立，股东方通过董事会行使出资者权利，对日常经营不做任何干预。**二是**资本平等。董事会层面，确保平等对待国有资本与非国有资本，8 个董事会席位，招商局 2 个，中远 2 个，经营层 1 个，独立董事 3 人（内地 2 人，香港 1 人）。董事会决策一定是四方共识。**三是**高管职业化。中集高管团队是职业经理人，只对董事会负责。国有资本或行政单位不能通过人事任免权直接干预企业法人的经营权。职业经理人薪酬待遇与市场接轨，与国企高管的行政工资制度不同，不受股东单位工资总额限制。

（二）带动境外项目所在地经济发展

招商局集团“走出去”秉持“共商、共建、共享”的义利观，即不去挑战别人、抢占别人的地盘，而是与所在国一起，共同将“蛋糕”做大，形成利益共同体、命运共同体、责任共同体。

以港口项目为例，通过投资建设新的港口，促进了当地的经济发展。如招商局集团在斯里兰卡投资的科伦坡集装箱码头，改变了斯里兰卡不能停靠大型集装箱船舶的历史，使得远洋集装箱班轮干线可直达科伦坡，不再中转到迪拜和新加坡，为印度次大陆地区海上集装箱运输节省时间4～5天，极大地促进了南亚地区的对外贸易发展。这个码头不仅给当地带去了税收和就业，还为当地培养了合格的技术人才和管理人才。招商局集团仅派出不到20名高级管理人员，其余300多名员工都在当地聘用，并送到中国培训。习近平总书记2014年9月访问斯里兰卡视察该项目时给予了高度肯定。同时，这一码头给招商局带来了良好的经济效益，码头投产第二年即实现盈利（一般码头绿地项目都是投产5～8年才能实现盈利）。这几年箱量每年都实现两位数的快速增长，2017年有望达到设计吞吐能力210万TEU，贡献2.4亿元的净利润，比上年同期增长25.9%。

除绿地项目外，招商局收购的尼日利亚、土耳其、吉布提等成熟项目，经过招商局集团提升规模能力和输出运营管理经验等，也都实现了较好的经济效益。如吉布提港2016年货物吞吐量和经常性利润分别相当于招商局2012年入股前的160%和284%，当地工人的收入也在稳步提高。

2017年是招商局集团创办145周年，回首百年历程，改革创新始终是招商局集团发展的动力之源。下一步，招商局集团将切实贯彻党中央、国务院的决策部署，坚持以市场化为核心，充分用好国有资本投资试点赋予的先行先试和综合改革等有利条件，加快试点步伐，提高国有资本投资和运营效率，提升国有资本回报水平，努力把招商局集团建设成为具有国际竞争力的世界一流企业。

10

打造国有资本市场化运作“巧手”成为中央企业改革发展“推手”

中国诚通控股集团有限公司

党的十八大以来，特别是十八届三中全会以来，中国诚通控股集团有限公司（以下简称“诚通集团”）深入学习贯彻习近平总书记系列重要讲话精神，按照国务院国资委战略部署，围绕“国有资本市场化运作专业平台”的定位，着力强化“投融资、资产经营、资本运作、股权管理”服务功能，充分发挥党委领导作用，把方向、管大局、保落实，探索符合资本运营公司运作规律的国有资本专业化市场化运作路径，努力打造市场化运作的“巧手”，成为服务国有经济布局结构调整、供给侧结构性改革、国有企业转型升级的“推手”。在服务大局的同时，诚通集团也实现了自身的快速、健康发展。

一、秉持改革传统，实施“新设式改组”

诚通集团的发展历程，是中国国有企业改革、国资监管体制改革的缩影。20 世纪 90 年代，诚通集团作为国家物资部部属企业经历了由计划经济向市场经济转型中的“阵痛”，以壮士断腕的决心实施改革重组。2005 年，国务院国资委选择诚通集团作为首批 7 家中央企业董事会试点企业之一和首家国有资产经营公司试点企业。2016 年 2 月成为国有资本运营公司试点后，诚通集团坚持改革决心，以“新设”的方式，对公司实施了全面改组。

（一）深入学习研究，强化战略引领

诚通集团认真学习习近平总书记系列重要讲话精神，组织一系列关于国企改革“1＋N”文件精神学习、研究，形成了《关于深化国有企业改革的建议》《国有资本运营公司及投资公司试点研究》《对组建国有资本投资运营公司的思考》《关于发展混合所有制经济的建议》《国企改革政策措施的梳理与建议》《中央部属企业资本分析与管理建议》等一批研究成果。部分研究成果受到国务院、相关部委领导的高度重视，并采纳吸收到相关方案的修改中。

经过深入学习研究，结合自身十余年资产经营实践，诚通集团在试点中逐步清晰了国有资本运营公司的运作框架，即“一个定位、四个功能、三个任务、三个转换、三个目标”：坚持“国有资本市场化运作的专业平台”的定位，通过“投融资、资产经营、资本运作、持股管理”四个功能，完成“形成资本、管控资本、运作资本”三大国有资本运营任务，实现“资产、资本、资金”“三态转化”，提高国有资本流动性，追求“优化的资产配置和投资组合、良好的盈利表现、充沛的现金流”三大目标，在流动中优化布局结构，提高运营效率。

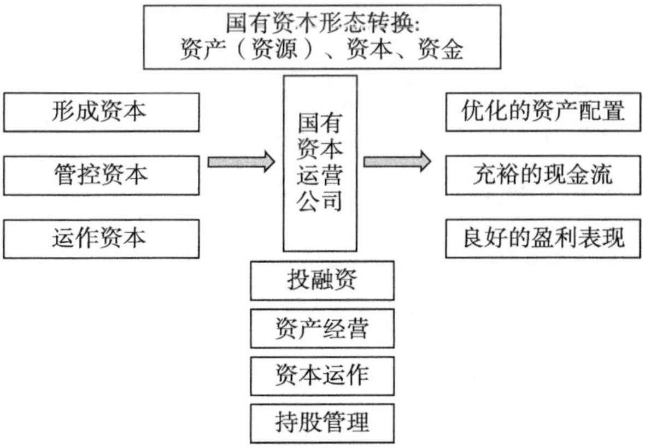

资本运营整体框架

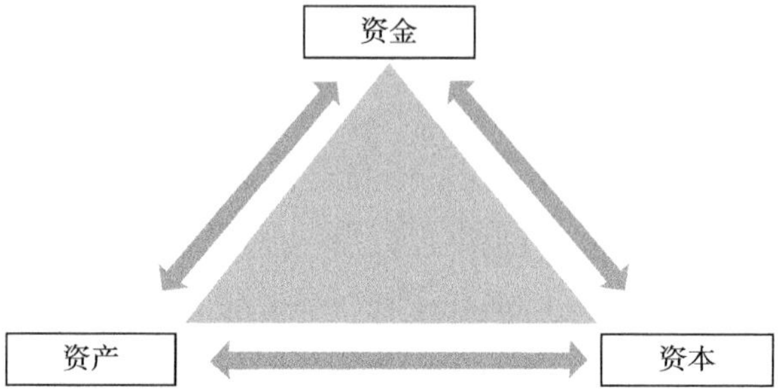

国有资本形态转化

（二）深化董事会试点，完善公司治理

诚通集团是首批董事会试点企业之一，公司董事会连年被国务院国资委评定为“运行良好”。成为国有资本运营公司试点后，国务院国资委调整了诚通集团的董事会结构，充实了有资本运作专长的外部董事。诚通集团董事会充分发挥战略引领和推进改组的作用：指导制定了《改组国有资本运营公司总体方案》，前瞻性研究国有资本运营公司中长期战略发展规划、中央企业布局现状与结构调整、国有资本运营公司资本配置模型、国有资本运营公司财务管理体系、风险控制体系；突出重点工作，深入听取了基金运行、金融服务功能完善、总部组织机构调整、所出资企业调整整合等报告，评估和推进改组方案实施；根据董事专长，外部董事牵头，与经理层一起专题研究国有资本运营公司改组与运作、高管业绩考核与激励机制、股权运作及平台整合、所出资企业业务整合、金融服务功能完善与管控、授权与公司治理等，形成研究报告，指导工作。

（三）围绕资本运营，塑造专业化总部

一是调整组织架构，充实团队。适应国有资本运营公司任务要求，按照“精简高效、运行专业”的原则，诚通集团重塑集团总部组织架构和流程，突出总部战略管理、财务管理、风险管理、人力资源配置、资本经营等五大能力。诚通集团将总部部门分为“前台、中台、后台”，增设股权管理部、金融管理部、资本运营部三个前台部门；相应对原有的战略管理

中心、运营管理中心、资产经营中心岗位职责进行了调整。集团结合新的组织机构设计，重新编写了各部门职责和员工工作职责，对总部员工聘任办法进行修订，强调了员工任职能力要求。按照“精干高效”的原则，总部员工定编为100人。总部坚持市场选聘与内部培养相结合，以满足岗位任职能力要求为前提，重点关注具有行业工作经验和优秀教育背景的人员，市场化选聘20余人，全部具有硕士以上学历，其中近1/3拥有博士以上学历。在总部范围内进行了部分部门副职岗位的内部公开竞聘活动，经过人事部门任职条件审查、经营班子公开面试、总部员工公开考察等环节，确定了部门副职，充实了总部干部队伍。

二是全面修订管理制度，重构业务流程。集团总部以“管资本”为目标，以“放管结合”为原则，全面修订管理制度，重构业务流程。对现行99项制度进行全面梳理，新增44项，修订38项，废止9项，初步构建了较为完善的国有资本运营公司制度体系和业务流程。以投资管理制度为例，一方面对建立规范董事会的所出资企业加大放权；另一方面，制定了严格的审计、后评价制度，以及严格的责任追究制度。

（四）推进三项制度改革，增强企业活力

一是以业绩考核为抓手，建立能上能下的用人机制。诚通集团专门出台了《中国诚通控股集团有限公司深化劳动用工和收入分配制度改革工作方案》，推进“三项制度”改革，激发企业活力。按照集团的要求，各级企业结合本企业实践，严抓业绩考核工作落实。

所出资企业中国纸业在全系统推行统一的五级绩效考评法强化管理压力，提高员工竞争意识。中国纸业规定员工履职能力低于任职要求或20%工作任务未完成的视为待改进，予以降薪，人数占比不得低于总人数的10%；履职能力与任职要求有较大差距或不匹配，或工作中有较大失误，或30%以上工作任务未完成、工作存在惰性和不作为情况，或其他不胜任原因的视为不胜任，公司将对员工予以降职、降薪、调岗或离岗培训，此

人数占比不低于总人数的5%。该公司总部职能部门、业务部门、子公司高层、中层及一线员工全员采取月度考核和半年度述职考评相结合的绩效考核形式。考核结果分为A、B、C+、C、C-、D、E几级。其中：规定D、E级员工不低于总数的15%。在此考核制度下，2017年上半年总部员工因业绩考核结果影响，降级、调岗、离职人员达到总人数的15%。

所出资企业诚通国贸对部门副职及子公司副经理以上干部实施定期考评，对工作不在状态、工作业绩不突出的，给予降职处理。2016年因业绩原因对7名中层干部进行降职处理；对工作有干劲、业绩表现突出的，通过选人用人程序大胆提拔，2017年上半年，共提拔任用中层干部3人，实现了管理人员能上能下，强化了绩效导向，调动了员工工作的积极性。

二是以劳动合同管理为基础，实现员工能进能出。诚通集团始终坚持用人市场化，坚持企业与员工劳动关系契约化管理。多年以来，员工与企业劳动合同签订率一直保持在100%水平。集团各级企业建立了能进能出的员工流动通道。2015年新进员工1818人，流出员工3508人，流出员工人数占期末职工人数的15.44%；2016年新进员工2382人，流出员工6386人，流出员工人数占期末职工人数的29.71%；2017年1—6月新进员工1024人，流出员工1381人，流出员工人数占期末职工人数的6.64%。

三是以创造效益为核心，实现收入能增能减。对所出资企业，诚通集团坚持业绩导向，坚持股东回报要求，建立起了一套激励约束机制。**实施目标管理机制。**几年来，诚通集团不断强化对所出资企业考核的目标导向，建立了“三维度”考核机制，以“前三年完成值均值、集团全面预算值、根据占用总资产和长期投资比例”数据为基础，确定所出资企业负责人效益指标的依据。在以上三项指标中，按照最高值、平均值和最低值确定了考核目标的较高值、基准值和较低值。利润总额目标值所处区间越高，完成目标值，考核系数越高。几年来，所出资企业的主要业务指标目标值均不低于当年财务预算值，主要业务指标目标值合计数超过集团预算合计水平。**分类进行考核。**诚通集团将所出资企业分为竞争型企业、平台型企业和资产经营型企业。其中：竞争型企业以市场为导向，以提升盈利水平和行业竞争能力为主要目标；平台型企业以功能发挥为导向，以完成集团交办任务和发挥功能作用为主要目标；资产经营型企业以资产优化为导向，以实现价值增值和完成上级交办任务为主要目标。三类企业具有不同特点，采取个性化的考核方式。不同企业采取不同的考核内容，采用不同的激励方式。**实施效益奖励。**效益奖励是对完成经济效益指标有突出贡献的企业增设的激励指标。效益奖励以利润总额目标值超过较高值部分为基础，给予所出资企业负责人一定比例的奖励。实践证明，效益奖励能够促使有能力的企业努力提高经济效益，有利于合理地拉开不同创利能力企业负责人的薪酬差距。效益奖励与业绩考核目标值确定机制相结合，既保护了有能力企业的创效激情，也防止了所出资企业负责人虚报、低报目标值。

二、加强党建工作，打造坚强核心

习近平总书记指出，坚持党的领导、加强党的建设是国有企业的“根”和“魂”，是国有企业的光荣传统和独特优势。诚通集团党委深入学习贯彻习近平总书记系列重要讲话精神，认真落实“坚持分类指导，推进改革重组，有针对性地解决实际问题”的重要批示精神，把强党建作为实现保增长、快改革的重要保障，强化党的政治领导、思想领导、组织领导，牢牢把住企业发展方向。

（一）加强党的领导，把准改革方向

一是强化思想政治引领。坚持“研究超前、讨论超前”，吃透政策、明确目标、指导实践，组织开展国有资本运营公司新形势下党建课题研究，形成了25项专题研究报告。坚持讲政治、顾大局、敢担当，主动提出凡是上级党委交办的任务无条件全接、坚决执行、不推不挡，特别是在困难企业的改制重组中，把思想政治工作放在首位，从危机处理中体现党建价值，使党建工作成为推动改革的内生动力。

二是强化战略定位引领。以党内集中教育活动为契机，不断深化明晰战略目标，统一思想，凝聚共识，为企业跨越式发展把关定向；坚持“管资本就要管党建”原则，明确提出“在资本进退中：进，要符合国家产业政策和新兴产业发展方向，落实出资人意志；退，要按照国家政策导向，退出过剩产能、低效无效资产”，在实现资源最优配置的同时，贯彻落实了国家战略。

三是强化组织机制引领。按照“四同步四对接”原则，研究制定《全面加强党的建设实施意见》《改制重组、破产关闭企业党组织工作流程》，保证党的建设与企业改革同步谋划、同步推进，尤其是在新成立的诚通基金管理有限公司和中国健康养老集团及时组建党组织，加强党建工作力量，确保改革任务落实落地。

诚通集团党委书记座谈会研究制定《全面加强党的建设实施意见》

（二）落实两个“一以贯之”，把党的领导融入公司治理各个环节

一是把党建工作总体要求纳入公司章程。诚通集团有两家所出资企业是混合所有制企业；实际控制 7 家上市公司，持股比例均不足 50%，多家

企业有境外股东，且持股比例大。将党建工作要求纳入公司章程，不是简单的文本变更问题，而是一项政治性政策性很强的工作。诚通集团党委要求，既要坚决推进，又要稳妥进行。各公司根据股权结构的不同特点，提前、耐心做好有关股东的工作。目前诚通集团总部、所出资企业和上市公司章程修订已经完成。

二是落实重大问题决策前置程序。诚通集团修订了《党委议事规则》，制定了《党委研究讨论重大问题前置程序的实施细则》。相关制度明确，重大问题就是指“三重一大”事项，党委研究讨论重点是在政治性、政策性、方向性、规范性方面把关。前置程序安排上，充分考虑了与公司治理其他主体的关系。由董事会决策的，在总裁办公会研究后，先提交党委会研究讨论，再履行董事会决策程序；由总裁办公会决策的，在总裁办公会决策前，由总裁提请党委会研究讨论后，再履行总裁办公会决策程序。

（三）抓好班子建设，发挥表率作用

按照“党管干部，党管人才”原则，保证党对干部人事工作的领导权和对重要干部的管理权，努力打造“对党忠诚、勇于创新、治企有方、兴企有为、清正廉洁”的领导干部队伍。

接收困难企业时，及时派出托管组，由党委成员任组长，领着干、带着干、促着干，切实加强领导班子能力建设，担负企业改革重任。注重调动原领导班子积极性，本着“多换思想少换人”原则，坚持不把依靠对象变成工作对象、不把工作动力变成工作阻力，所接收企业98%的原领导班子都继续在相应岗位发挥重要作用。普通党员也发挥了示范引领作用，为顺利完成资产经营任务提供坚强保障。

面对资本运营发展需求，坚持将党管干部和市场化选人用人机制相结合，积极改革人才管理和薪酬管理机制，加大市场化选聘力度，提升领导班子专业化能力水平。向控股企业派出董事、监事，委派总会计师，组织开展资本运营课程培训，克服本领恐慌，为继续当好“国企改革马前卒”、发挥“国有资本布局结构调整的抓手”作用提供人才支撑。

（四）维护职工权益，确保和谐稳定

面对资产经营功能性平台带来的“分散问题集中化、隐性问题显性化”挑战，诚通集团党委进一步贯彻以人民为中心的发展思想，牢固树立“稳定也是生产力”理念，将维稳工作作为核心竞争力之一，对上建立重大情况请示通报机制，对下建立政策解释宣传机制，对内建立面对面、一对一交流机制，对外联合地方党委政府、公检法建立维护企业和职工合法权益机制，多措并举，稳定职工、稳定企业、稳定利益相关人、稳定市场。在困难企业成立党员干部宣讲队，领导分支部、党员盯职工，开展耐心细致的思想工作，涉及职工重大利益的事项，严格履行职代会审议程序，讲清楚“退出也是发展”“改革是职工最大福利”，引导职工理解改革、支持改革、参与改革。专门组建人力资源平台，强化对退出企业职工的“兜底”式保障，做到“企业调整了，党组织还在；企业不在了，对老同志的服务还在”。在“政策有依据、职工能接受、企业能承担”的前提下，采取补贴迁置费、上岗培训费等安置方式，实现员工快速、平稳分流。2005 年以来，集团累计投资近 2 亿元用于危房改造、异地搬迁，建成住房 16 万多平米，解决了 2200 多户困难职工家庭的安居问题。

（五）打造“阳光诚通”，防止国有资产流失

诚通集团党委坚持推进阳光操作，提出“对内透明经营促管理、保稳定，对外信息披露促规范、提价值”。自 2003 年开始主动向社会公开年报，2007 年起接受独立信用评级，2012 年起披露社会责任报告，增加披露公司治理等信息，诚恳接受社会评价监督。资产盘活坚持进市场、挖价值，统一进场交易，公开竞价，在流动中实现增值，产权交易平均溢价率超过 30%，有效防止国有资产流失。近年来，党委主动应对境外

投资、资本运作、合资合作、企业改制中可能出现的国有资产流失新形态，对所出资企业实行股权多元化、资本证券化、管控专业化市场化，规范信息披露，加大纪检、法律、审计监督力量，为规范国有资本运营保驾护航。

三、健全投融资功能，支持结构性调整

诚通集团通过成立基金管理公司、设立基金、完善与资本运营相适应的金融服务功能等多种方式完善投融资功能，支持中央企业转型升级，服务实体经济发展。

（一）推动基金设立和有效运营

诚通集团以中国国有企业结构调整基金（以下简称“结构调整基金”）为核心，推动基金设立和有效运营，健全投融资功能，支持中央企业优化布局结构、实现转型升级。经国务院批准，受国资委委托，诚通集团联合建信（北京）投资基金管理有限公司、招商局集团有限公司、中国兵器工业集团公司、中国石油化工集团公司、神华集团有限责任公司、中国移动通信集团公司、中国中车集团公司、中国交通建设集团有限公司和北京金融街投资（集团）有限公司共同发起设立结构调整基金。该基金总规模为人民币3500亿元，首期募集资金1310亿元，是目前全球第二、国内规模最大的私募股权投资基金。诚通集团成立诚通基金管理公司，受托管理结构调整基金。此外，诚通集团资产经营平台公司——中国诚通资产经营管理公司联合社会资本，发起设立国内规模最大的不良资产投资基金——诚通湖岸不良资产投资基金，目标总规模100亿元。

（二）充分发挥结构调整基金带动作用

成立一年来，结构调整基金已完成交割和近期拟完成交割的项目近310亿元，已签约项目投资额511亿元，90%投资于国有企业，尤其是中央企业，以资本力量助推中央企业改革发展、供给侧结构性改革。

一是助推中央企业混合所有制改革。与招商局集团、深圳市、盐田区共同设立国调招商并购股权投资子基金，总规模500亿，通过对相关产业的并购投资，为国有企业转型升级、提质增效、国际化经营和混合所有制改革服务；与工商银行、国富资本共同设立北京国调混改投资基金，首期规模50亿元，重点围绕中央企业及地方国企的混合所有制改革、并购重组等方向进行投资；出资129.75亿元参与中国联通混合所有制改革，与百度、腾讯、阿里巴巴、京东等知名互联网企业一道，完善中国联通公司治理，引入市场化经营管理机制；出资8亿元参与中粮资本混改，支持中粮资本优化股东结构，建立以市场化为导向的现代企业制度，助力中粮集团完善全球农业产业链布局，履行国家粮食宏观调控和粮食安全的战略使命。

二是支持中央企业落实“走出去”战略。积极发挥资本的作用，落实“一带一路”倡议，协助国有企业实施“走出去”战略。结构调整基金参与中国电建非公开发行，帮助中国电建完成“一带一路”沿线的老挝南欧江水电项目及巴基斯坦卡西姆港燃煤电站项目、高速公路、轨道交通项目、清洁能源项目补充资金，协助中国电建提升水环境综合治理业务能力；参与洛阳钼业非公开发行，帮助企业完成两笔境外优质战略矿产资源并购交易，成为铜矿、钴矿、铌矿、钨矿、钼矿产量位居全球前列的多金属矿业龙头企业。

三是布局战略新兴产业。投资京东金融等行业领先企业，布局“金融+互联网”，为中央企业、国有企业嫁接大型民营互联网企业资源，发展新兴产业奠定基础；与中国电子、国家开发投资公司、中国联通共同筹建中国健康医疗大数据产业发展有限公司，打造健康医疗大数据领域的“国家队”和“国家级平台”，促进中央企业提前布局健康医疗大数据产业；密切跟踪5G、核电、物联网、大数据、机器人、高端医疗、智能制造、新能源等重点领域投资。与华润集团共同设立的华润国调医药产业投资基金，协助华润医药集团主业做强、做大，提前布局生物制药和大健康领域，通过基金化运作推动央企内部机制、业务模式创新，增强组织活力。结构调整基金与中国中车集团等机构共同发起设立中车环境科技有限公司，促进中车集团环保板块的业务发展，并作为第一大基石投资者，参与光大绿色环保港股IPO。更为重要的是，结构调整基金通过股权关系，正在成为促进中央企业之间、中央企业与其他市场主体之间的战略合作、“产学研用”协同创新平台。

四是助力“降杠杆”。结构调整基金与中铝公司成立总规模为30亿元的北京国调中铝铜产业发展基金，通过权益性资金的注入和市场化机制的引入，降低中铝洛阳铜加工集团的财务杠杆和融资成本，改善资本结构，提升运营效率，升级产品结构，增强中铝洛铜的市场竞争力，促进其改革和持续发展，推动我国铜加工产业供给侧结构性改革。结构调整基金出资22.16亿元，参与中船重工所属中国重工的市场化债转股，协助企业调整优化资本结构和资产负债结构。分别出资21.3亿元和20亿元，帮助中钢股份、中国一重落实债务重组工作，维护了生产经营稳定和中央企业品牌形象。

五是助力中央企业改革发展。参与中国中冶非公开发行，向中国中冶注入股权资本0.96亿元，吸引了社会资本的广泛关注，确保了此次非公开发行成功，助力中国中冶发展节能环保、地下管廊、海绵城市等新兴产业，降低负债率和财务风险。投资18亿元参与中国国航非公开发行，确保发行成功，所募集资金用于机队升级、电子商务升级改造、机上WIFI等。结构调整基金参与中信建投港股IPO基石投资，吸引了境内外众多知名投资机构参与，并与中信建投形成全面战略合作。

四、强化资产经营功能，服务供给侧结构性改革

诚通集团从国有资产经营公司试点到国有资本运营公司试点，始终以完成国家使命为己任，服务中央企业改革脱困，服务供给侧结构性改革。

（一）十年资产经营发挥独特作用

2005 年 6 月，诚通集团被国务院国资委确定为国有资产经营公司试点。选择诚通作为试点，主要缘于诚通自身就是在改革和重组整合中发展起来，在前期困难企业重组退出等方面做了大量工作，有组织机构基础，有一支具备企业重组实操经验的队伍。1999 年，为扭转全面亏损局面、实现上划中央管理，诚通集团实施了大规模企业整改。2001 年接收整合总装备部移交的 11 户军工企业。2003 年成立专业平台，开展 76 户困难企业的退出管理工作。

2005 年，根据资产经营试点要求，集团董事会确定了资产经营公司的定位和发展战略：为国有经济和中央企业布局与结构调整服务，坚持资产经营与产业经营相结合，成为在中央企业结构调整中发挥独特作用、市场竞争力强的资产经营公司。

之后十年间，诚通集团在国资委指导支持下，在建立完善国有资产重组和资本运作平台功能，尝试中央企业非主业资产及不良资产市场化、专业化运作和处置路子方面做了积极探索。先后完成 6 户中央企业、14 户中央企业所属二级企业、11 户军工企业和 1 户地方国有企业以及系统内 182 户企业的重组整合，对 1 户中央企业财务公司实施了破产清算，共涉及企业 664 户、资产债务 749 亿元、职工 8.84 万人。

救助困难中央企业。发挥救助困难企业“ICU”（重症监护室）职能，帮助划入企业解决突发问题后对企业做出“诊断”：能继续发展的，创造条件，帮助发展；难以为继但存在有效资产的，保全资产，实现价值；经营无望的，平稳退出。寰岛集团、中商集团、中包总公司在解决债务危机、历史遗留问题后，重新确立发展定位；中国国际企业合作公司关闭，剥离出人力资源业务，与集团同类业务协同发展；华诚投资公司破产，普天所属企业退出。坚持资产退出与孵化并重，市场化发现价值，实现国有资产保值增值。共清理退出困难子企业 447 户，变现盘活资产近 60 亿元，整合孵化有效资产300多亿元。共分流安置人员6.9万人，管理离退休职工1.5万人。

支持中央企业发展。中唱总公司整体改革脱困后划入华录集团，支持其主业发展；接收亏损严重的普天所属企业、中冶科工所属中冶纸业，支持其结构性调整；接收中钢集团所属炉料公司和滨海公司，支持其缓解财务困难；将华诚投资公司破产财产中国天元华创有限公司股权置换到南光集团，支持其改造建立南光北京总部；帮助中国建材洛玻集团、哈电阿继集团实施职工安置等工作，处理原中国康利实业公司职工安置遗留问题，受银监会委托实施华诚财务公司清算和破产工作。

开展资本运作。孵化培育寰岛集团海上旅游等有效资产注入诚通集团在港上市公司，实现资产证券化；通过重组欧洲商业管理中心，投资建设中国最大的境外商贸项目——俄罗斯格林伍德国际贸易中心，落实“走出去”战略和国家中俄贸易战略；重组珠海红塔仁恒、广东冠豪高新、湖南泰格林纸集团等地方企业和上市公司。通过债务重组、不良资产剥离、资本结构调整，实现*ST美利业务结构优化和资本增值，妥善解决中冶纸业金融债务问题。

参与企业改制上市。参与了中国北车、中国通号、中国国药、华润医药、大唐环境、

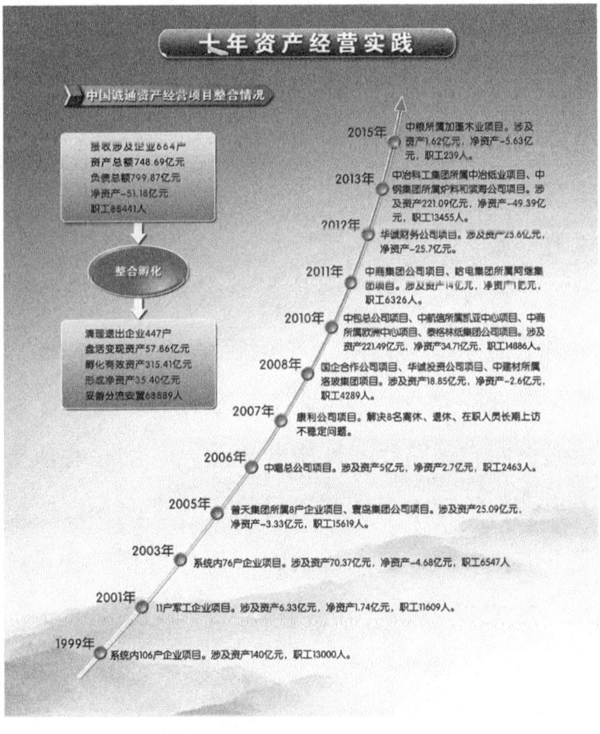

诚通集团十年资产经营实践

华能新能源等中央企业，中国农业银行、邮储银行、光大银行、中金公司、国银租赁、东兴证券等金融企业，以及神州租车、神州专车等“互联网+”企业的改制上市工作。

（二）打造国有资产经营“升级版”

一是帮助困难中央企业改革脱困。

——托管中国铁物。2016 年 4 月国务院国资委决定由诚通集团托管中国铁物。托管后，诚通集团采取“定价比选 + 创新交易”的方式变现资产，加快欠款回笼，保障中国铁物 68 亿元公募债券按期兑付，维护了债券市场的稳定，维护了中央企业信誉，有效地防止了风险外溢。结合资本运作手段，形成“本金安全 + 变现还债 + 留债展期 + 利率优惠 + 转股选择权”一揽子债务重组方案。在化解债务危机基础上，加快业务整合和内部改革：推进“瘦身健体”，解决历史问题，托管以来共计分流安置减员 1500 余人；回归铁路生产性服务主业，特别是在服务铁路“走出去”方面取得了突破，签订中老铁路项目物资代理服务订单超过 20 亿元；围绕铁路核心业务创新升级，自主研发的“钢轨探伤管理系统”和高速打磨技术达到世界领先水平，填补国内空白。

中国铁物高速打磨作业

——重组中冶纸业。2013 年初，中冶纸业面临严重亏损、资金枯竭、资不抵债，上市公司中冶美利纸业股份有限公司被深交所给予退市风险警告的困难局面，国务院国资委决定将其划转至诚通集团实施重组。诚通集团采取了一系列措施：关停淘汰落后产能，累计淘汰落后产能36.5万吨；产能转移，盘活存量资产，形成产业聚集效应；腾笼换鸟，上市公司美利纸业通过定向增发方式引入民营资本，共同拓展云计算产业，实现了公司的业务转型和公司市值的大幅提升，为筹集改革成本创造了条件；安置冗员，保稳定、降成本、提高效率，安置人员10000余人；通过债务重组化解了银企矛盾，妥善解决全部金融债务145.65亿元，最大限度地保证了银行利益，也大幅降低了企业的财务负担，实现银企双赢；改革企业用人机制，能者上、庸者下，一批年轻人脱颖而出，成为企业生产经营一线的主力军；改革企业分配机制，引入“模拟股权分配机制”，以“增量分红”“利润换薪酬”为原则，建立健全骨干员工长效激励机制。经过几年努力，中冶纸业“瘦身健体”成效显著，业务经营稳中向好，逐步实现扭亏为盈，员工积极性大幅提高。

中冶纸业在宁夏中卫腾格里沙漠种植的防沙生态林

——参与中石化国勘公司市场化改革。在国务院国资委的指导下，诚通集团参与中石化国勘多元化、市场化改革。在股东会、董事会层面，着重从资本结构调整、资产处置、资源整合等方面入手，推动国勘公司市场化改革。

二是助力“去产能”。根据国务院国资委组建产能过剩行业平台公司的工作思路，诚通集团积极承担责任，支持中央企业“去产能”。为化解煤炭产能过剩问题，诚通集团参与出资组建了国源煤炭资产管理有限公司，作为中央企业煤炭资产整合平台。为化解煤化工产能过剩问题，诚通集团参与中新能化科技有限公司战略重组工作。诚通集团作为重要、非控制性股东，派出董事、监事，完善公司治理结构，促进整合工作开展，发挥了集团在资产经营等方面的经验和能力，助力中央企业"去产能"。

三是探索经营性国有资产的集中统一监管方式。为落实《中共中央 国务院关于深化国有企业改革的指导意见》（中发〔2015〕22号）关于"稳步将党政机关、事业单位所属企业的国有资本纳入经营性国有资产集中统一监管体系，具备条件的进入国有资本投资、运营公司"的要求，诚通集团积极稳妥开展培训疗养机构资产接收工作。一是提前深度研究、介入。在国务院国资委的领导下，与相关部委保持密切联系，参与相关改革文件的起草和讨论，多项政策建议被中央采纳。二是做好接收准备工作。根据《关于党政机关和国有企事业单位培训疗养机构改革的指导意见》（中办发〔2016〕60号），研究制订培训疗养机构改革资产接收方案，组建中国健康养老集团有限公司，作为资产统一接收、专业化运作、快速盘活、准确鉴定资产功能、分类处置、平稳退出、优化配置、高效利用的专门平台。

五、培育资本运营功能，促进国有资本流动

为实现资产（资源）、资本、资金的"三态转化"，在流动中完成国有经济布局结构调整任务，实现国有资本的保值增值，诚通集团努力培育资本运营功能。

（一）全面推进所出资企业混合所有制改革

一是引入战略投资者，强强联合，完善业务布局。中储股份向战略投资者普洛斯非公开发行A股，募集资金总额20亿元人民币，普洛斯作为第二大股东持股15.45%。普洛斯是全球领先的现代物流设施提供商，双方的合作完善了中储仓储物流业务网络布局，提升了综合物流运营能力，建立了大宗商品电子商务、物联网仓储物流盈利新模式，从而推动中储股

份成为具有国际一流水平的综合物流服务商。

二是以混改为契机，深化内部改革和机制创新。所出资企业中国物流股份有限公司先后两次增资扩股改制引入资金19.48亿元，其中民营资本所占股权比例达到45.92%，核心团队持股9.01%。混改后，公司法人治理结构更加完善，企业活力被有效激发，从一个中小企业发展成为国家5A级物流企业、“中国最具竞争力50强物流企业”，实现了跨越式发展。所出资企业中国诚通国际贸易有限公司引入公司管理团队持股30%，企业活力不断增强，净资产收益率连年保持在25%以上，实现了良好的股东回报。

中储智运平台产品

三是布局新产业，培育新动能。诚通集团积极通过混合所有制改革，布局以“互联网+”为代表的新产业。中储南京智慧物流科技有限公司作为“无车承运人”物流电商平台，是交通部首批“无车承运人”试点单位。公司引入有业务上下游关系的国有、民营企业作为战略伙伴，共同发展平台。该平台于2015年4月上线，当年向全国推广，2016年交易额突破20亿元，单月最高成交金额突破5亿元；截至2017年8月底，交易额突破41亿元，单月最高成交金额突破7亿元，单月最高交易单数接近13万单。有效实施了“互联网+”业务转型升级，实现业务的快速发展。

（二）大力推进资产证券化

为形成资本，使国有资产处于可交易状态，诚通集团大力推进资产证券化，同时，整体上市是诚通集团推进混合所有制改革的重要途径。所出资企业中，除资产经营类企业外，已基本完成公司制改造，其资产占集团总资产的比例达到 98.94%。目前，诚通集团控股 7 家上市公司：中储股份（600787）、冠豪高新（600433）、岳阳林纸（600963）、美利云（000815）、粤华包 B（200986）、诚通发展（00217）、华贸物流（603128），主要资产已进入上市公司，资产证券化率达到 74.65%。

六、完善股权管理功能，创新体制机制

为实现“管资本”的目标，诚通集团完善股权管理功能，为“管资本”奠定基础，努力创新体制机制，通过公司治理机制实现“管资本”。

（一）规范股权接收与管理流程

新设改组之初，总部就成立了股权管理部，作为中央企业划转股权接收管理的职能部门，形成规范的股权划转、市值管理、股权运营的工作制度和流程。截至目前，已经接收管理国务院国资委划转的中国远洋、中海科技、宝钢股份、武钢股份、中国建材、中材节能、中国能建、桂冠电力等中央企业上市公司部分股权，并接收了中国旅游集团所属上市公司华贸物流控制性股权。同时，诚通集团积极探索股权盘活运作方式，参与央企 IPO 和定向增发，打造承接股权、运作股权的市场化、专业化股权流转平台，提高国有资本流动性和运营效率。

（二）调整股权管理方式

以公司治理为主渠道调整对所出资企业行使股东权利方式。通过派出董事、监事等方式，依法履职，承担积极股东职责，通过送达《管理建议函》和《风险提示函》等市场化方式发挥积极股东作用。总部聚焦关注国有资本流动和增值状况，注重资本结构调整，关注资本安全。所出资企业拥有独立法人财产权和自主经营决策权，以市场为导向，提高市场竞争能力、价值创造能力和股东回报水平。在非控股、参股企业中，积极参与公司治理，充分表达股东意见，保障出资人权益。

（三）加强风险管理

为了防止国有资产流失，诚通集团坚持增强活力和强化监管相结合，按照“放管结合”的原则，一方面充分授权，另一方面大力强化风险管控。强调风险隔离和管控，逐步降低对所出资企业的担保额度，以出资额为限承担有限责任。按资本占用额设定分类考核指标，并按照考核结果、收益情况调整配置比重，决定“用手投票”，还是“用脚投票”。再次是实施流程再造，形成标准化行为规范，培育资本运营公司企业文化，形成独特的核心竞争力。

十八大以来，诚通集团在党中央、国务院的正确领导下，落实国务院国资委的战略部署，全面深化改革，把试点改组与完成国有资本运营任务相结合，试体制、试机制、试模式，不断自我挑战，努力探索。试点工作取得的阶段性成果充分说明国务院国资委以改组方式开展国有资本运营公司试点工作的路子是对的，确保了试点迅速发挥平台作用，也验证了市场化方式服务落实国家战略、防止国有资本流失是可行的。

改革只有进行时，没有完成时。诚通集团将紧密团结在以习近平同志为核心的党中央周围，深入学习贯彻习近平总书记系列重要讲话和重要批示精神，牢固树立“四个意识”，在国务院国资委指导下，发扬“勇担千斤担，敢啃硬骨头”的诚通精神，进一步深化使命认识，落实“综合改革试验区”的要求，深化试点工作，打造国有资本市场化运营专业平台，为国企国资改革发展、做强做优做大国有企业、实现国民经济持续健康发展作出更大贡献！

11

坚持“六个创新” 提升竞争能力 打造以轨道交通列控技术为特色的跨国产业集团

中国铁路通信信号集团公司

中国铁路通信信号集团公司（以下简称“中国通号”）主要从事高铁“大脑和中枢神经系统”——列控系统技术的研发设计、系统集成、产品制造及工程服务等，是全球规模最大的轨道交通控制系统解决方案供应商。六年前因为一个事故的发生，企业濒临关闭的处境。在生死存亡的关键时刻，中国通号深入学习贯彻习近平总书记系列重要讲话精神，坚决落实党中央、国务院深化国有企业改革的决策部署，加大改革力度，推动转型发展，企业起死回生，一跃成为轨道交通细分领域世界排名第一，核心技术处于世界领先水平，产业规模超过西门子、阿尔斯通、庞巴迪等国际巨头，2016 年的合同额、营业收入、利润总额分别是 2011 年的 5.3 倍、2.9 倍和 3.8 倍。

一、创新发展思路，切实肩负起中央企业的使命与责任

（一）贯彻落实五大发展理念，树立做强做优做大新目标

中国通号在发展历程中，对五大发展理念感受尤深，归纳这六年走过的不平凡之路，就是贯彻“创新、协调、绿色、开放、共享”发展理念的结果。

1. 更新理念，主动适应经济发展新常态

“十二五”初期，中国通号面临“7・23”事故的严峻挑战，认识到必

须解放思想，将五大发展理念深深融入新发展思路中，提出了“**八破八立**”指导思想。**一是**破除小富即安、小进即满思想，树立居安思危、不进则退的忧患意识。**二是**破除“恐安症”、消极畏难思想，树立振奋精神、迎难而上的拼搏意识。**三是**破除不思进取、无所作为思想，树立锐意进取、奋发有为的竞争意识。**四是**破除因循守旧、墨守成规思想，树立打破习惯、求新求变的创新意识。**五是**破除狭隘保守、故步自封思想，树立放开视野、超越自我的开放意识。**六是**破除机关作风、形式主义思想，树立爱岗敬业、求真务实的有为意识。**七是**破除夸夸其谈、只说不干思想，树立脚踏实地、埋头苦干的实干意识。**八是**破除患得患失、畏首畏尾思想，树立励精图治、敢想敢干的创业意识。“八破八立”，有破有立，观点鲜明，是中国通号贯彻五大发展理念的基本运用，是中国通号保障铁路安全的根本要求，是中国通号适应国际国内竞争的必然选择。

2. 修订战略，突出新的历史使命

中国通号树立做强做优做大新目标，修订中长期发展战略和规划，提出“**一个使命、两个加快、三个重点突破**”的总体发展战略，即坚持以质量安全为生命，肩负国家铁路通信信号民族产业走向世界的使命，加快科技创新步伐，加快转型升级进程，发挥产业链一体化优势，重点实现产业产品结构调整的战略性突破、关键核心技术的历史性突破、中国高铁标准与产业输出的国际化突破，不断提升现代企业管理水平，积极融入全球化的竞争格局，发展成为以轨道交通控制技术为特色的世界一流的

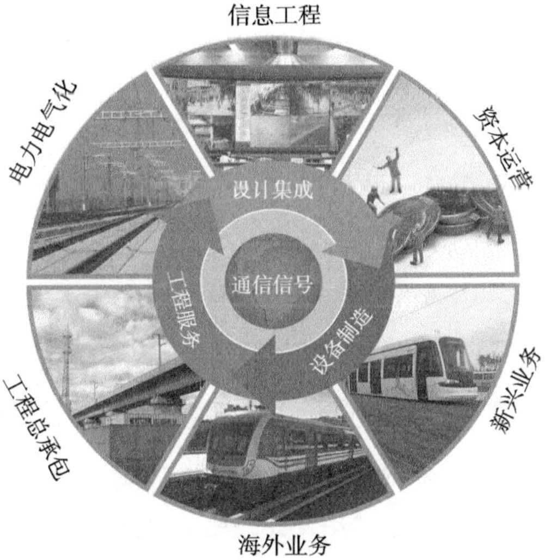

七大业务板块

跨国产业集团。总体发展战略充分体现了新的历史时期中国通号肩负行业发展的使命、肩负民族产业振兴的使命、肩负做强做优做大的使命。

3. 加快“走出去”，服务国家“一带一路”建设

中国通号作为我国铁路及城市轨道交通建设的主力军，积极、广泛参与国家“一带一路”建设，已经签订巴基斯坦拉合尔地铁橙线项目合同，是该项目通信信号系统的总包商；签订印度东部货运铁路改造项目合同，是通信信号改造总包商；参与中国铁路总公司牵头的雅加达—万隆高铁项目；参与马来西亚—新加坡高铁项目前期工作；正在商谈俄罗斯莫喀高铁项目，促使俄方从初期完全采用俄罗斯技术和设备到中俄双方技术合作、采用双方最先进设备与系统的转变。在海外铁路项目中，越来越多采用中国通号自主研发的技术体系，使得中国标准加速走向海外，向世界展示“中国高铁”靓丽的国家名片，为世界铁路未来走互联互通之路提供中国智慧与方案。

（二）优化国有资本布局，争做实体经济排头兵

中国通号立足发展实体经济，以优化国有资本布局为重点，积极推进结构调整与资源整合，建立优胜劣汰的市场退出机制，企业发展质量和效益明显提升。

1. 坚持“三个聚焦”，突出主业发展优势

中国通号始终坚持“**三个聚焦**”战略，聚焦以做精做专为目标发展轨道交通主业，聚焦以高端装备制造业为核心发展战略性新兴产业，聚焦以国际一流为标准打造企业核心竞争力，形成了主业优势突出、高科技特征明显的实体经济结构。其中，高铁业务占据国内90%以上的市场份额，国际上绝大多数新建或商谈中的高铁项目都有中国通号的身影；地铁业务占据国内65%市场份额，完全自主研发的CBTC列控技术与产品应用到多个城市；在海绵城市、综合管廊领域开发的综合监控系统达到国内领先、国际一流水平。通过六年的转型升级工作，中国通号的业务结构由“一业独

大”逐步调整为相关业务多点、多级支撑协同发展，传统铁路业务由2011年占比85%下降到2016年占比50%，市政与相关战略性新兴产业快速发展，与传统铁路业务各占半壁江山。

2. 产业链上下延伸，构建业务协同发展平台

中国通号将传统产业技术优势上延下伸，采取并购重组、强强联合、企校合作、海外联盟等多种形式，将全球领先的轨道交通控制技术推广应用到相关产业和领域，形成“1+4”的业务平台发展结构。“1”是指传统业务平台，已建成的全球轨道交通研发中心是世界上最大的列控系统实验室集群。“4”是指新的业务平台，**一是**电力电气化业务平台，与郑州铁路局合资设立，共同发展轨道交通“四电”业务和智能化运维业务；**二是**信息工程业务平台，以混合所有制方式拓展智慧城市、安防监控和信息安全业务；**三是**资本运营平台，由内部投资公司与社会资本方形成若干个资本型合资公司；**四是**海外业务平台，通过与中国铁路总公司、相关中央企业合作，以联合体方式形成海外高铁“联合舰队”，打造贯彻落实国家“一带一路”倡议和高铁“走出去”战略的主力军和排头兵。

3. 集中优势资源，提升子企业市场竞争力

中国通号以“**三集中**”为导向，向优势企业集中资源，向优势项目集中资金，向优势产业集中人才，大力开展内部专业化重组整合和资源优化配置，实现国有资本的有序进退和合理流动。针对下属企业“资源分散、重叠，企业规模小、竞争力弱”等突出问题，合并21家分子企业，组建7家企业集团，内部管理成本大幅度降低，国有资本配置效率与企业整体竞争力显著提高，如8家工业企业整合为3大工业集团后管理成本同比下降近9个百分点，营业收入增长率达到18.2%，利润总额增长率达到32.6%；如2家分公司重组整合为通号工程局后，2016年营业收入是2011年的490%，利润总额是2011年的670%。

（三）分层推进混合所有制改革，扩大国有资本影响力

中国通号将发展混合所有制经济作为深化国有企业改革的重要突破

口，混合所有制企业占比达到92%，吸纳社会各类资本109.31亿元；另有参股混合所有制企业12家，投入资金7.72亿元。

1. 股份公司层面“大混合”，推进整体上市工作

2015年，中国通号股份公司成功在香港上市，通过整体上市，实现国有资本在资本市场的价值放大，募集资金近90亿元人民币，重点投向建设国际一流的研发中心、高端装备产业基地、战略性新兴产业、PPP投资项目及补充流动资金。通过在香港上市，吸引大量的国际投资者，形成了股权结构多元、股东行为规范、内部约束有效、运行高效灵活的经营机制，国际关注度更加提高，品牌和国际影响力大幅度提升。

2. 子企业层面“小混合”，推进股权多元化改革

中国通号通过重组并购、合资合作等方式，有序吸引外资和民营资本共同发展子企业混合所有制经济。积极引入外商投资，目前共有中外合资控股、参股企业各4家，外方股东包括阿尔斯通、西门子、安萨尔多、德意达、INEKON等全球知名企业。积极引入民营资本投资，以增资扩股方式并购相关领域具有优势地位的民营企业，或者以合资方式设立企业，快速弥补中国通号电力电气化、有轨电车控制系统及高端装备、空中轨道等业务的短板。

3. 以PPP模式参建重点项目，优化企业投资管理模式

中国通号积极参与PPP项目投资，现已承揽贵州、湖南、四川、江西等地多个项目，共设有8家PPP项目公司，注册资本共投入20.56亿元，这些项目公司主要涉及地方新型公共轨道交通、综合管廊及相关市政等项目的投资与建设。通过PPP模式的投资建设，中国通号进一步优化了投资结构，带动系统内相关业务协同发展。

二、创新改革试点，激发企业发展活力

（一）开展综合改革试点，探索系统性改革效果

中国通号坚持以问题为导向，针对传统国有企业普遍存在的一些深层

次矛盾和问题，考虑单项改革措施只能起到局部的改革效果，难以全局性、系统性、根本性解决这些矛盾和问题，在国企改革“1+N”系列文件的启发和指引下，以“多科联合治疗”的方式，开展综合改革试点，努力将“1+N”系列文件的主要改革措施集中试点于一家企业，力争试出综合改革的整体效果。

1. 采取“五步连贯走”方式，形成改革的闭环管理

中国通号选择下属一家处于完全市场竞争环境中的二级企业开展综合改革试点工作，并以“**五步连贯走**”的层层推进方式，狠抓各项改革措施落地。**第一步**，健全组织，解决谁抓的问题，在集团公司层面成立改革办统筹协调改革工作。**第二步**，制订实施方案，解决抓什么的问题，研究制订综合改革试点方案和详细工作计划，将国企改革“1+N”系列文件中重要改革政策转化为具体的改革措施和任务。**第三步**，选择重点改革领域，解决怎么抓的问题，针对子企业发展中存在的问题，选择重点领域、重点内容，明确每一项改革的推进方式及成果体现，做到问题与措施一一对应。**第四步**，建立全程跟踪督导机制，解决抓的进度和效果问题，集团公司改革办全过程参与、指导综合改革试点企业的改革工作。**第五步**，及时总结推广，解决改革深化由点到面的问题，把在综合改革试点中取得的有益经验，对其他企业具有共性特点和借鉴意义的改革措施进行全面推广。

2. 明确重点措施，体现改革的系统性、联动性和配套性

为了贯彻落实国企改革文件中的重要改革措施，结合综合改革试点企业的发展特点及存在的主要问题，选择了9个方面的改革内容，具体包括规范董事会建设、市场化选聘职业经理人、内部结构调整与资源优化、建立“双创”机制、党建工作总体要求纳入公司章程、落实“三项制度”改革、强化内部监督管理、试点混合所有制、加强党建工作等，并且明确了每一项改革的推进方式及成果体现。综合改革试点的9项重点内容具有“**系统性、联动性、配套性**”特点，是一个完整的改革生态系统。试点企业的9项改革重点措施与任务，彼此之间首尾连贯、相互关联、相互配套、

缺一不可。

（二）建立现代企业制度，完善公司治理结构

中国通号作为H股上市公司，一直积极探索优化国有企业的公司治理架构，努力形成适应市场经济规律和企业发展规律的现代企业制度体系。

1. 开展公司制股份制改革，适应市场经济发展要求

中国通号除集团公司及承接非上市公司资产的企业为全民所有制企业外，股份公司所属企业已100%完成了公司制股份制改革。2017年，集团公司和下属3家全民所有制企业已启动公司制改制工作，制订改制实施方案及职工安置方案，按照内部决策程序、职工民主审议程序以及国务院国资委审核程序规范办理，计划于11月底前完成所有全民所有制企业的公司制改制工商登记工作。通过公司制改制，以规范董事会建设、建立现代企业制度、加强党的建设为重点，更加突出国有企业的制度优势。

2. 规范董事会建设，优化决策机制

中国通号股份公司建立了规范的董事会，董事会成员7人，其中外部董事4人，外部董事多于内部董事。董事专业、经历结构多元，企业管理经验丰富，在企业重大投资、年度预算管理、选人用人等决策事项中起到了积极的作用，实现董事会建设“由虚入实”。股份公司在下属企业中积极推广规范的董事会建设，加大外部董事的外派力度，力争在二级企业全部形成外部董事占多数的董事会架构。在外派董事中，选聘一部分企业管理专家、法律事务专家、财务管理专家、行业业务专家到子企业担任外部董事，充分发挥各自专业特长，为子企业董事会带来更加丰富的专业知识和企业外部的专业经验，既做到董事会不被内部人控制，也做到决策权与执行权的分权制衡，确保董事会能够独立于管理层做出科学的判断与选择。

3. 党建工作总体要求进章程，进一步完善公司治理结构

中国通号以党建工作总体要求进章程为契机，进一步完善公司治理结

构。首先，修订股份公司章程，中国通号积极与各方股东沟通，宣贯中央企业加强党建工作的重要意义以及党组织成为公司法人治理结构有机组成部分的作用，获得各方股东大力支持和拥护。其次，在子企业部署章程修订工作，通过加强组织领导、制定统一工作时间表、指定专人专办等措施，顺利完成子企业党建工作总体要求纳入章程工作。中国通号党建工作总体要求进章程实现了“**三个走在前列**”。**一是**2016年股份公司全系统修改章程完成率达到100%，走在中央企业前列；**二是**股份公司是国企改革22号文件颁布后第一家将党建工作总体要求纳入公司章程的香港上市公司，走在H股上市公司修改章程前列；**三是**下属卡斯柯公司将党建工作总体要求顺利纳入公司章程，走在中外合资企业前列。

（三）积极推进“瘦身健体”和“双创”工作，增强市场竞争力

中国通号针对法人户数多、法人链条较长、管理层级过多、机构臃肿、管理效率低下等问题，采取“压减”方式进行“瘦身健体”，进一步优化组织结构体系，提升集团管控能力。同时，加快创业创新工作，激发员工创新潜能和创新活力，使创业创新成为中国通号共同的价值追求和行为习惯。

1. 采取“四项法则”，持续压缩管理层级

中国通号采取有力手段开展“压缩管理层级、减少法人户数”的工作，基本做法归纳为四项法则，即：**“新的控”**，就是严控新设子企业，从源头避免法人层级和法人户数增多；修订投资管理办法，规定无论哪一级新设子公司，都必须由股份公司审批，而且禁止三级企业设立除项目公司以外的子公司。**“旧的并”**，就是存量企业按照业务板块合并，实现扁平化管理，而且三级企业的职能管理由二级集团公司以“共享管理模式”进行委托管理，大幅度降低子企业的管理成本。**“长的压”**，就是管理层级三级以下、法人层级四级以下的一律压减。原来法人层级为四级、五级的，通过股权变更或划转方式，归由二级集团公司直接持股或重组合并。**“弱的**

退”，就是针对长期亏损企业、监管缺乏控制力的参股企业以及不符合战略方向的企业，果断清理退出。通过近三年的改革实践，**一是**实现了“决策层级控制在二级、管理层级压缩到三级、法人层级限制到四级”的目标，有效减少了管理成本、控制了管理风险。**二是**实现了经济效益的快速增长，21 家二级子分公司重组整合为 7 家二级集团后，经济规模增长 3 倍以上，管理费用压缩 30% 左右。**三是**实现了低效无效资产的重新配置，变现的国有资本用于发展更快的其他企业。近三年清理退出 8 家股权投资企业，处置了 13 亿元的低效无效资产，进一步优化了国有资本配置。

2. 着力解决历史遗留问题，实现企业轻装上阵

中国通号加强领导，统一部署，每月组织一次解决历史遗留问题专题推进会，及时协调解决实施过程中的有关问题，集团公司领导亲自带队到下属企业督办，剥离国有企业办社会职能和解决历史遗留问题工作取得积极进展。截至 2017 年 10 月底，集团公司职工家属区“三供一业”完成签订协议的户数占总户数的比例，供水完成率 100%，供电完成率 100%，供热完成率 60%，物业完成率 44%。

3. 开展“双创”工作，打造经济发展新引擎

“双创”项目成果产业化转化

中国通号积极打造“双创”平台，重塑企业创新链、产业链和价值链，鼓励二级企业开展众创、众包、众服、众筹试点。研究设计院集团设立“双创”基金项目，2017 年新备案“双创”项目 5 项，其中“双创”专项基金项

目3项、开放式基金项目2项，主要涉及智能巡检机器人和列车设备检测工具项目等，项目经费总额1030万元。截至目前，该集团在研“双创”项目共21项，部分项目已产生经济效益，“双创”项目产业化转化已累计获得合同额近3000万元，“双创”成果开始逐步显现。工业集团在下设的工业研究院设立产品研发专项扶持资金，鼓励用众包等模式促进生产方式变革。通信信息集团引入“小微”机制，开放人力、财务、采购、研发等企业内部资源，搭建创业平台，鼓励有能力有技术的员工组建“小微”团队开展“众创”活动等。

三、创新管理机制，提升企业运行效率

（一）推进子企业分类管理，形成充满生机的市场主体

中国通号考虑子企业全部处于完全竞争的市场领域，参照国有企业功能分类的思路，按照子企业的业务特性，制订不同改革、管理及考核方案，积极推进子企业按业务板块进行分类管理。

1. 把握行业特点，划分“四大类别”

根据不同子企业所处行业的特点，中国通号将子企业划分为“**设计咨询类、工业制造类、工程承包类、专业化平台类**”四大类。**设计咨询类**主要包含研究设计院集团、卡斯柯公司等研发类子企业；**工业制造类**主要包含四大工业集团，为北京工业集团、西安工业集团、电缆集团、轨道车辆等制造业子企业；**工程承包类**主要包含四大工程集团，为通号工程局、上海工程局、电气化局、建设集团等建造施工类企业；**专业化平台类**主要包含多家专业化公司，为通信集团、投资公司、物资集团、国际公司、检测公司、城轨公司、智慧城市研究院、通号轨道、通号万全等子企业。通过四大分类，子企业所属业务板块的定位更加清晰。

2. 研究行业发展规律，确定各类别企业管理模式

在划分企业类别的基础上，中国通号深入研究各类行业的发展规律，

制定了不同类别企业的发展方向。**一是**设计咨询类企业坚持创新驱动发展，以做精做深为导向，充分发挥设计咨询、系统集成优势，健全完善研发体系，形成具有世界一流水平的系统技术和装备，成为国内研究设计领域行业领导者。**二是**工业制造类企业充分发挥整合后的资源集聚效益以及集团化优势，努力扩大产品服务范围，向分工细化、协作紧密方向发展，瞄准国际同行业标杆推进技术改造，全面提高产品技术、工艺装备水平，提升产品信息化附加值，有力支撑中国通号智能制造、智能交付的发展。**三是**工程承包类企业以市场为导向，从专业承包为主向专业承包与总承包相结合转变。铁路市场重点培育独立的“四电”工程、铁路工程总承包能力；城轨市场以市政工程总承包、机电工程总承包方式增强影响力，带动通信、综合监控、机电设备等业务的发展；市政、建筑等城市基础设施市场重点适应市场形势要求，增强该领域工程总承包对传统产业的拉动能力。**四是**专业化平台类企业根据自身资源与能力，发挥各自的专业优势，形成专业化的发展特点，重点打造一批在铁路、城轨、智慧城市、安防信息、市政建设、国际业务等领域具有独特竞争力的实体性企业。

中国通号承建的广州铁路调度指挥中心

（二）试点市场化选聘经理人，创新国企选人用人机制

针对国有企业用人僵化，尤其高级管理人员选人用人范围狭窄，习惯于内部组织任命，难以集聚行业顶尖人才的弊端，中国通号积极推进市场化选聘职业经理人试点工作。

1. 规范招聘程序，公开选聘职业经理人

中国通号选择一家处于充分竞争行业的二级企业开展试点工作，招聘的所有信息、流程、结果全公开。在招聘过程中，按照“1357”的思路落实招聘实施工作。一是紧扣“**一个目标**”，通过市场化选聘职业经理人这个抓手，打造依法自主经营、自负盈亏、自担风险、自我约束、自我发展的独立市场主体。二是坚持“**三项原则**”，落实党管干部、依法落实董事会职权、市场化操作的要求。三是实行“**五个公开**”，按照公开选聘职位、公开选聘资格条件、公开考核指标、公开薪酬标准、公开录用结果的要求做到客观公正。四是规范“**七道程序**”，建立成立选聘机构、研究制订方案、发布招聘公告、资格审查、面试初试、面试复试、考察录用的程序，使招聘程序流程化、规范化。

2. 创新经理层架构设计，探索“轮值总经理 + 执行总经理”制度

中国通号通过市场化选聘职业经理人，在高端人才用人体制机制上进行了有益探索。**一是**在中央企业中第一个推行“轮值总经理 + 执行总经理”的经理层架构。轮值总经理定位为公司经理层代言人、公司战略与制度组织制定者、业务板块统筹协调人。执行总经理定位为公司某一业务板块的负责人，全面负责该业务板块的生产经营管理工作。轮值总经理从执行总经理中产生，实行定期轮值制。这一新的经理层架构设计，为职业经理人有效发挥作用奠定了制度基础。**二是**探索了一种新的非对称公司治理结构范式，进一步理顺国有企业的委托 – 代理关系，根据四大业务板块设置了四个执行总经理，改变传统意义上一个企业只对应一个总经理的做法。**三是**探索了职业经理人的任期制和契约化管理，改变了传统国有企业经营管理者不犯错误不能下、不到年龄不能退的传统观念。**四是**创新设计刚性激励约束机制，打破传统国有企业的预算软约束。执行总经理实行市场化薪酬机制，个人薪酬与考核指标挂钩，若未完成目标考核最低值，将直接解除劳动关系或轮岗为一般员工，真正实现用人完全市场化。

（三）构建“三能”机制，激发企业人力资源活力

以中国通号下属中外合资企业卡斯柯公司为例，该企业通过“三能”机制建设完全实现了市场化选人用人，确保了团队的活力和战斗力，推动公司竞争力的提升、经营目标的实现及持续发展。

1. 干部契约化，岗位“能上能下”

中国通号给予卡斯柯充分的人事自主权，除极少数董监高人员由股东委派外，公司所有人员的劳动关系均以市场聘用为基础，实现人才资源利用社会化，打破传统的行政化选人思维和方法，明确责任制和竞争机制，以经营业绩为考核导向，建立任职资格体系，实行警告与淘汰指标等手段，推行“有为有位”理念，在整体优化调整过程中，干部队伍逐渐年轻化，专业干部有了成长动力，近三年因不符合岗位要求调岗 7 人、降级处理 6 人，骨干团队新增 207 人、退出 56 人，实现了职位“能上能下”。

2. 用人流动化，员工“能进能出”

卡斯柯作为高科技企业，一直以来坚持“不拘一格降人才”“对待特殊人才要有特殊政策”的用人精神，大胆拓宽专业人才成长路径，打造技术管理双轨化通道，并不断优化相关评定方法及标准，每年针对各专业领域骨干的能力素质和绩效贡献进行严格考核和评审，近三年来因考核不合格解除劳动合同 13 人，做到员工“能进能出”。

3. 激励约束化，收入“能增能减”

卡斯柯建立了与企业选人用人方式相匹配、与企业功能性质相适应的差异化薪酬制度，实现员工收入与岗位价值、个人贡献和企业效益挂钩，重点打造全员绩效文化，实施“薪效联动”机制，整体薪酬与企业预算完成情况直接挂钩，个人薪酬与绩效考核结果直接挂钩，彻底打破“大锅饭”“论资排辈分奖金”的现象，根据绩效评估结果进行差异化薪酬支付，同职级员工之间考核后的薪酬调整幅度最大达到 50%，年终奖励发放与当年绩效紧密关联，根据考核结果领取市场化薪酬，实现收入“能增能减”。

四、创新行业发展技术，增强与国际巨头竞争能力

（一）调整技术发展方向，通过自主创新掌握核心技术

中国通号站在国家高铁发展和“一带一路”建设的全局高度，通过调整技术发展路线，突破国际巨头的技术封锁，以自主创新方式攻克核心技术难关。

1. 调整技术发展路线，由引进消化向再创新转变

中国通号深刻认识到，我国高铁列控技术发展走引进消化吸收的道路只是权宜之谋，不是长久之计，只有自己拥有完全自主的高铁列控技术，才能从根本上保障国家铁路建设和运输安全，才能保障国家“一带一路”倡议和铁路“走出去”战略的顺利实施。因此，中国通号果断将技术路线从引进消化吸收调整到再创新之路上来，研发出一套完全自主的、具有世界领先水平的、高安全可靠性的高铁列控系统。

2. 调整技术管理模式，由松散型向集中型转变

中国通号将松散型的母子公司管理模式调整为强管控的集团管控模式，二级集团按照“六统一”的管理标准，统一企业决策、统一生产布局、统一技术研发、统一工艺流程、统一制造标准等，实现了技术、工艺、制造标准的统一化，实现了技术资源的共享管理，使技术管理水平由粗放型走向精细化。

3. 调整工业制造方向，由传统制造向智能制造转变

中国通号对照《中国制造 2025》的行动纲领，对标德国工业 4.0 标准，组建两大工业研究院，以智能制造为重点升级改造工厂，实现信息化与工业化深度融合，实现传统制造向智能制造转变，实现优势资源向提升生产专业化程度、提升制造环节质量安全、提升新技术的产品转化能力等方面集中，劳动效率显著提高，已建成具有国际先进水平的轨道交通控制设备和城市轨道交通信号装备产业化基地，产品结构由中低端走向高精尖。

（二）自主研发列控全系列技术，占据世界轨道交通控制领域制高点

中国通号以发展世界领先的民族产业技术为奋斗目标，在轨道交通控制领域取得五大历史性突破，用短短几年时间实现了发达国家几十年才能走完的道路，成功实现弯道超车。

1. 成功开发高铁 C3 列控系统，达到世界一流水平

中国通号自主研发、世界领先的高铁 C3 列控系统

中国通号通过引进消化吸收，实现了全套产品元器件的自主采购、生产、整机调试等 100% 的国产化，成功开发完全自主知识产权的高铁 C3 列控系统并完成上道试验，达到世界一流水平。目前核心设备 ATP（列车自动防护）、RBC（无线闭塞中心）和 LEU（地面电子单元）等已顺利通过欧盟 TSI 认证，获得了进入欧洲乃至全球高铁信号市场的“通行证”，为我国高铁核心技术“走出去”奠定良好基础。

2. 成功开发城轨 CBTC 列控系统，打破国外技术垄断

中国通号成功开发完全自主知识产权的城轨 CBTC 列控系统，彻底打破国外公司对城轨高端控制装备的垄断。2015 年 12 月，由中国通号自主开发的 CBTC 地铁列控系统在北京地铁 8 号线开通运行，是目前中国唯一一套装备全部国产化、具有完全自主知识产权的地铁信号控制系统，实现对原采用西门子信号技术和设备的完全更换和替代。

3. 成功开发 C2 + ATO 系统，实现城际铁路自动驾驶

中国通号自主知识产权的 C2 + ATO 系统是在成熟应用的高铁 CTCS－2

级列控系统基础上增加列车自动驾驶功能（ATO）而研发的城际铁路列控系统，有效适应了城际铁路高速度、高密度、站间距短、公交化运营的特点，实现城际铁路的自动驾驶。2017 年 3 月莞惠城际铁路正式开通运营，使得珠三角城际铁路跨入公交化运营时代，标志着我国铁路在自动驾驶方面走在世界前列。

4. 成功开发电务智能运维系统，开创铁路运维新模式

中国通号成功开发完全自主知识产权的电务智能运维系统，能够实现一体化分析、一致性校核、风险告警等功能，彻底改变传统的人工模式，有效保障了高铁和城轨在轨设备的稳定运行，该项技术具有世界领先水平，已经在杭长高铁、哈大高铁、郑徐高铁等铁路及地铁项目上运行。目前，该项先进的轨道交通电务运维技术及研发的系列产品在全球只有极少数企业研发掌握。

5. 成功开发铁路货运 CIPS 综合信息系统，实现编组站管控一体化

中国通号成功开发完全自主知识产权的铁路货运 CIPS 综合信息系统，实现编组站指挥综合自动化和管控一体化，代表着编组站技术的世界领先水平。2007 年开通的成都北站 CIPS 系统是世界上第一个编组站管控一体化的综合自动化系统。通过开发该项具有世界领先水平的铁路货运综合信息系统，融合大数据、物联网等世界前沿技术，使我国铁路更加数字化、智能化，货运运输效率在全球首屈一指，进一步奠定了我国铁路运输大国的国际地位。

（三）加大科研资源投入，保障技术创新顺利实施

技术创新离不开资源投入，中国通号围绕创新链部署资源链，将人力、经费、设施等研发资源进行优化配置，有效保障了“创新驱动发展”战略的顺利实施。

1. 聚集高端研发团队，攻克多项技术难关

中国通号以 1600 多人的设计院作为龙头研发企业、在工业企业组建工

业研究院、在工程企业建立技术中心和博士后工作站，在全系统集聚 3000 多人的高端研发团队，组成高铁 C3 列控系统、城轨 CBTC 列控系统等自主化攻关团队，“5 +2”“白加黑”挑灯夜战，一个又一个攻克软件源代码、核心零部件、施工工艺技术等多种难题，通过三年的顽强拼搏，终于实现了我国高铁、地铁全套列车控制系统技术的完全自主化装备、产品的 100% 国产化。

2. 加大科研资金投入，建成世界一流研发中心

近三年来，中国通号共投入科研费用 34 亿元、与科研相关的固定资产投资 36 亿元，两者累计占营业收入的 9. 7%，在科技成果转化和新兴产业培育方面起到了关键作用。中国通号在国务院国资委的大力支持下，优化整合、重新布局既有研发资源，建设了实验室种类最齐全、实验设备最先进、实验室体量规模最大、高端科研人才聚集的全球轨道交通研发中心，包括具有世界一流水平的 3 个综合实验室和 48 个专项实验室，实现了我国高铁列控技术和产品的研究、设计、实验、仿真、测试完全自主化。

五、创新质量安全保障措施，维护国家高铁安全运行

（一）构建全覆盖的管控体系和责任体系，做好质量安全顶层设计

中国通号高度重视质量安全管控体系建设，将做好顶层设计作为质量安全管理的关键点。从 2013 年到 2016 年，我国高铁运营里程从 1. 1 万公里增长至 2. 2 万公里，而中国通号的设备故障率从 2013 年的十万分之 6. 13 逐年下降至 2016 年的十万分之 3. 16，在运营里程加倍的形势下实现故障率减半，杜绝了铁路交通一般 B 类及以上事故的发生，有力保障了我国高铁的安全运营。

1. 编制质量安全发展规划，明确质量安全长远发展目标

中国通号编制《质量安全发展规划》，充分发挥质量安全的战略性、

基础性和支撑性作用，更加注重质量安全与长远发展相结合，明确了“安全立企、质量兴业”的质量安全战略和“质量是生命、安全大于天”的理念，提出了“四大发展目标”，**一是**优化整合质量安全管理体系；**二是**强化产品全生命周期质量过程控制；**三是**形成内部安全评估能力；**四是**系统设备及服务安全性、可靠性达到国际一流水平。

2. 加强组织保障，建立全覆盖的质量安全管控体系

中国通号致力于建立强有力的质量安全管控体系，集团公司董事会专门设立质量安全委员会，集团公司设立安全总监，设立了质量安全主管部门。集团公司还成立了专家技术委员会，健全科技成果审查机制，严格控制研发源头风险。各二级企业设置独立的安全总监岗位，配齐、配强质量管理人员和安全保障人员，包括注册安全工程师233名，质量工程师201名，形成了“架构完整、分工明确、执行到位”的全覆盖的质量安全管控体系。

3. 层层分解落实，健全质量安全保障责任体系

中国通号注重质量安全责任的具体落实，集团公司明确总工程师、安全总监、职能部门、处室的质量责任，确立了职员、业务处室、职能部门、高管的四级责任体系。二级企业形成了从作业层、班组、车间（项目部）、职能管理部门、安全总监到主要负责人的责任体系。层层签订安全责任书，将质量安全责任从主要负责人到普通员工进行逐级逐层传递，将质量安全责任真正落实到岗，具体到人，形成“纵向到底、横向到边，岗岗有责任、事事有人管”的责任体系。

（二）加强质量安全制度建设，建立长效机制

长期以来，中国通号始终将长效机制建设作为质量安全工作的重点，以制度固化质量安全成果。

1. 完善制度文件体系，夯实质量安全管理基础

中国通号全面进行制度梳理，全面整理工作流程，编制、颁布工作流

程图手册，使管理工作规范化、程序化和制度化。新增制度102个，修订完善制度211个。编制《质量安全标准化管理手册》，发放给每一名员工，使质量安全工作标准覆盖到每一个岗位、每一道工序。完善IRIS、EN5012X、CMMI、QMS、HSE等管理体系文件，对本企业具体业务管控流程、规章制度和要求进行整合，形成与企业业务活动相融合的、有效的一体化质量安全制度体系。

2. 加强风险管理，提升风险防范和应急处置能力

中国通号将质量安全风险作为重大风险进行管理。制订了质量安全风险管控措施并落实到具体工作中。进一步健全重大质量安全事故报告和产品研发、生产监测制度，加强对供方产品质量安全风险监测和评估，及时预警，对重大质量安全隐患及时采取处置措施。编制轨道交通运营设备故障应急预案，建立设备故障三级应急处理机制，实行24小时值班制度，配齐配强各类应急资源，加大应急预案的演练，切实做到对质量安全风险的早预警、早发现、早研判、早处置。

3. 加大质量安全奖惩力度，形成质量安全“硬约束”

中国通号制定了《工资总额与经济效益挂钩办法》《生产安全、质量安全、治安综合治理领导责任追究暂行办法》《所属企业领导人员薪酬管理办法》，对安全管理实行一票否决制，将质量安全奖惩纳入工资总额管理，企业工资总额3%专门用于质量安全的奖惩。加大对发生质量安全事故的企业领导、当事人行政责任追究和经济处罚力度。通过开展培训，进一步把质量安全责任和意识融入员工血液，落实到每一位员工的具体工作中。

（三）提升质量安全管理水平，筑牢质量安全生产防线

中国通号综合运用信息化、第三方认证等方式，提升质量安全管理水平，提高质量安全管理效率，达到加强质量安全管控的目标。

1. 强化质量安全信息化建设，建立产品追溯体系

中国通号大力推行质量安全信息化建设，对研发设计、系统集成、设

备制造、施工运维进行集中的信息化管控，通过信息化手段随时掌握和发现生产过程各种不安全因素，实施有效的实时动态监控和预警。建立了产品追溯体系，采集记录产品原材料、制造、应用等环节信息，实现“来源可查、去向可追、责任可究”。

2. 开展第三方认证，加强质量安全全生命周期管理

中国通号通过引入第三方认证，对标行业最高标准，提升了质量安全保障能力。全面推进国际 IRIS（国际铁路行业管理体系）、CMMI（能力成熟度模型）及第三方安全评估认证，导入欧洲铁路安全标准。加强质量安全全过程管理和全生命周期管理，实施以欧标为基准的产品安全保障体系，13 家企业通过 IRIS 管理体系认证、9 家企业通过安全保障体系评估、4 家企业实施 CMMI 体系评估认证。

3. 完善监督机制，实现质量问题闭环管理

中国通号制定了《质量管理监督办法》《安全保障监督管理办法》，细化质量安全监督措施及实施细则。在研发环节，改变原设计、研发、测试、质量控制一体的研发体系，形成研发与测试、质量、安全独立运行，

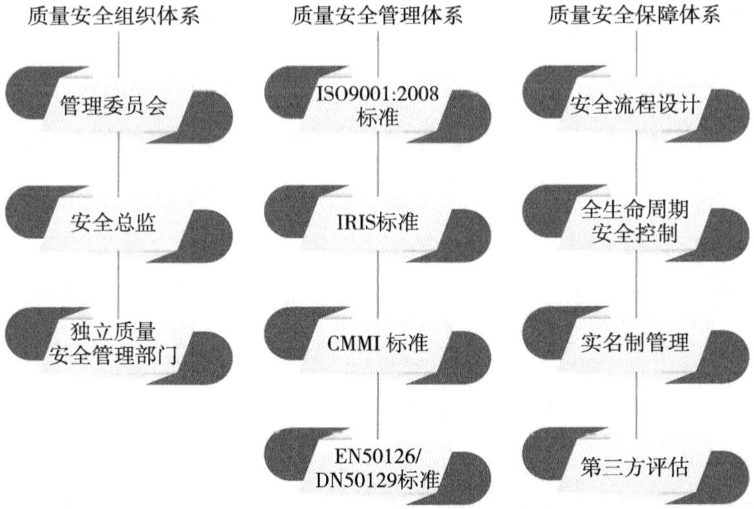

中国通号建立的三大质量安全管控体系

相互制约的研发监督机制。在制造环节，实行产品制造过程可追溯的实名制考核，对采购涉及安全的关键部件，委托第三方检验，或进行驻厂检验监造，确保产品实现全过程质量监督到位。修订质量问题管理办法，对重大质量问题新增“技术归零、管理归零”的关闭标准，明确管理监督部门，做到闭环管理。

六、加强党建工作，全面落实从严治党要求

（一）落实两个“一以贯之”，实现党的领导与公司治理有机统一

中国通号以建立中国特色现代国有企业制度为目标，明确党组织在公司法人治理结构中的定位，实现党的领导与公司治理有机统一。

1. 正确把握党组织功能定位，明确党组织在公司治理中的法定地位

中国通号准确把握党组织在公司治理中的功能定位，理顺党组织和其他治理主体的权责边界，充分发挥好党组织的领导作用、董事会的决策作用、经理层的执行作用、监事会的监督作用，形成各司其职、各负其责、协调运转、有效制衡的公司治理机制。完成了全系统公司章程修订工作，将党建工作总体要求进章程全部落实到位。加快推进“双向进入、交叉任职”的领导体制，18 家二级企业实现了党组织书记、董事长“一肩挑”。

2. 落实前置程序要求，充分发挥党组织“把方向、管大局、保落实”作用

中国通号将落实党委会前置程序要求纳入制度化轨道，修订完成《中国通号贯彻落实“三重一大”决策制度实施办法（试行）》《中国通号党委（常委）会议事规则》，明确了 15 个方面 31 项重大经营管理事项须经党委会前置讨论研究，并将执行情况作为党建工作考核的重要内容。推动设立党委书记办公会议制度，为企业重大工作事项沟通与酝酿协调搭建平台，使其成为党委议事决策机制的有益补充。

3. 完善党建基础制度和考核机制，使党建工作有依据有抓手

中国通号制定印发《中国通号加强党的建设实施意见》，结合推进“两学一做”学习教育常态化制度化，分层次梳理编制 24 项党支部基本工作制度、18 个工作流程图和 30 多个工作标准化表单，组织编写《中国通号党支部标准化工作手册》，为党组织发挥作用制度化、规范化、具体化奠定坚实基础。对于中组部、国务院国资委党委确定的 30 项重点任务和国资委党委明确的 23 项重点工作，研究制定 88 项具体贯彻举措并积极推进。充分发挥考核指挥棒作用，安排首批 6 家二级企业党组织书记进行抓党建工作现场述职评议，并将考核结果与“四好”领导班子考评、薪酬奖惩、干部任用等挂钩。

（二）推动传统党建优势与现代信息技术融合，打造三大“互联网 + 党建”工作平台

1. 构建智慧党建管理体系，打造“互联网 + 管理服务”平台

中国通号党建工作平台依托所属智慧城市研究设计院开发建设，具有完全自主知识产权。平台在传统党建体系的基础上，通过运用移动互联网、云计算等新兴技术，构建智慧党建信息交互平台，各级党组织和党员可以通过移动设备、自主终端、PC 网页实时感知党建动态、参与党建活动。截至 10 月底，中国通号已在该平台录入 386 个党组织和 8212 名党员信息，实现了党组织和党员信息的全覆盖。

通号智慧党建平台

2. 发挥新媒体立体交叉效应，打造“互联网 + 讯息”平台

中国通号高度重视网络、微信等新兴媒体的运用，充分发挥互联网资讯传播速度快、信息量大、方便快捷的优势，积极构建多渠道、立体交叉的党建宣传平台。**一是**统一全系统宣传网站建设，规范公司内外网新闻宣传管理。**二是**抓 LED 屏和宣传墙建设，提升新闻传播的立体交叉效应。**三是**依托“中国通号”微信公众号，及时发布党建工作动态和讯息。

3. 建设“指尖上的课堂”，打造“互联网 + 学习”平台

中国通号充分运用信息化、网络化方式加强党员教育，更好地服务党员，努力推动党员学习教育进入“指尖时代”。**一是**在公司网站上开辟学习专栏，定期推送学习材料。**二是**建立党建学习微信群、QQ 群，以视频和图文的形式发送学习文件，努力营造轻松、互动的良好学习氛围。**三是**积极运用信息技术优势检验学习成效。2016 年，中国通号开发“党风廉政基础知识在线测试系统”，先后组织公司党员干部进行五次党的知识在线答题活动，测试合格率达到 100%。

（三）创新党建组织方式和活动形式，与生产经营有机融合

中国通号以加强党的基层组织建设为重点，以丰富党员活动形式为主线，以深化反腐倡廉为任务，注重方式创新，破解党建工作和生产经营“两张皮”、实现“一盘棋”。

1. 打破党建传统工作范围，拓展党建工作领域

中国通号打破党建工作局限在企业本部机关的传统范围，将党建工作拓展到工程现场，强化重点工程、海外项目党建基础工作，在项目部设立党组织，结合企业特点和工程项目实际，积极鼓励和引导各级党组织围绕解决企业改革发展难点热点问题，创造性地开展工作，注重特色，不断提升党建工作的针对性和有效性。加强科技、生产、工程一线基层党组织建设，扎实做好基层党建标准化管理工作，不断提高基层党组织的凝聚力、战斗力。

2. 坚持“需求导向”，丰富党组织活动形式

中国通号适应现代企业高效运转要求，坚持“少而精”的原则，把握需求，创新思路，使党组织活动开展坚持“需求导向”，切实增强党组织活动的吸引力和感召力。2017 年中国通号为强化反腐倡廉，举办党风廉政知识竞赛活动，全系统 19 家二级企业 27 个党委、321 个党支部精心组织、踊跃参与，8000 余名党员和参赛选手精心备战、激烈比拼，在企业营造了遵规守纪、崇廉拒腐的良好氛围，受到广大党员的欢迎和好评。

3. 开展立体化反腐倡廉，营造风清气正发展环境

中国通号高度重视党风廉政建设，践行“四种形态”，2016 年共开展函询谈话 13 次、诫勉谈话 28 次，各级纪委书记同下级党政主要负责人提醒谈话 420 次，让咬耳扯袖、红脸出汗成为常态。整合监督资源，统一协调纪检、巡视、监事会、审计、财务、职代会等监督资源，建立部门联动工作机制。充分发挥巡视“利剑”作用，加大对领导干部、重点领域和关键环节的监管，2016 年向各级企业反映移交问题 37 个，为企业健康快速发展保驾护航。

近年来，中国通号坚持走深化改革之路、坚持走创新驱动发展之路，积极推进产业结构调整和转型升级，紧紧抓住市场机遇，不断提升企业经营效益和发展质量。中国通号将紧紧围绕“一业为主，相关多元”的总体发展战略，持续深化国企改革，瞄准新一轮世界科技革命和产业变革，进一步提升中国高铁列车运行控制系统在全球市场的竞争力和影响力，争取为国家轨道交通民族产业的发展、为国家“一带一路”倡议的实施做出更大贡献。

12

改革积聚发展新动能
开创“一带一路”合作新局面

中国交通建设集团有限公司

中国交通建设集团有限公司（以下简称“中交集团”）于2005年由中国港湾和中国路桥以强强联合、新设合并方式组建而成，在不到9个月时间实现H股整体上市，成为特大型中央基建企业重组改制、整体上市的第一家。中交集团组建后，始终坚决贯彻落实党中央、国务院决策部署，紧紧围绕供给侧结构性改革主线，坚持以改革引领发展，以创新激发活力，实施“五商中交”战略升级、“适应性”组织体系建设，从战略理念、组织结构、产业结构、市场结构等方面进行了一系列重大调整。兼并收购了房地产大型中央企业中房集团、大型房地产上市公司绿城中国，以及澳大利亚第三大建筑工程公司John Holland、巴西最大设计公司康克马特，产业和市场结构得到了优化。紧跟“海洋强国”等国家重大战略，强化核心主业优势，打造了全球最大疏浚公司，为保障国家核心海洋权益做出重大贡献。承担了港珠澳大桥、东非铁路网、马来西亚东海岸铁路等一大批举世瞩目的重大工程，为国家重大战略性基础设施建设提供了坚实支撑；实施海外优先发展战略，构筑了完善的国际化经营体系，在109个国家和地区设立210个驻外机构，在145个国家和地区开展实质业务，完成了肯尼亚蒙内铁路、斯里兰卡科伦坡港口城、马尔代夫中马友谊大桥、巴基斯坦瓜达尔深水港及中巴经济走廊系列项目等一批起点高、影响深、规模大的

"一带一路"沿线基础设施互联互通项目，成为"一带一路"倡议实施的重要力量。

改革带来新跨越，2013—2016 年，中交集团新签合同额、营业收入、利润总额由 5711 亿元、3428 亿元、162 亿元增长到 9509 亿元、4553 亿元、240.5 亿元，年均增长 2%、11% 和 16%，质量效益型发展迈上新台阶。2017 年上半年，主要经营指标继续保持较快增长，新签合同额 5578 亿元，同比增长 47.6%；利润总额 120.67 亿元，同比增长 21.57%。中交集团连续 12 年在国务院国资委中央企业业绩考核中被评为 A 级。2017 年，在世界"500 强"跃升至 103 位，全球最大国际工程承包商排名位列世界第三位、连续 11 年亚洲第一。目前，中交集团已经成为世界最大的港口设计建设企业，世界领先的公路、桥梁设计建设企业，世界第一的疏浚企业，全球最大的集装箱起重机制造商，亚洲最大的国际工程承包商。

一、紧扣供给侧结构性改革，优化集团"一带一路"业务结构

中交集团站在发展全局高度，统一谋划、统一布局，着力从组织结构、产业结构、资产结构、市场结构等四个方面推进供给侧结构性改革，推进境外区域化、属地化、专业化发展，实现以集团优势、集团能力来增进全球业务的统筹发展，打造集团整体发展核心竞争力，更好地服务"一带一路"建设。

（一）建设适应性组织，协调有序"走出去"

为适应国际化及海外业务发展需要，充分发挥海外业务的协同性、关联性和耦合性，构建大海外发展格局，中交集团对海外业务组织结构进行了适应性调整，建立了"一体两翼""四位一体"海外运行机制，组织实施国际化经营战略。

在中国交通建设股份有限公司（以下简称"中国交建"）总部成立海

外事业部，打造**“一体”**；以中国港湾与中国路桥两个平台公司为**“两翼”**，通过构建“一体两翼”的海外发展平台，加强对海外业务的集团管控和统领统筹。

“四位一体”是指以中国交建总部、平台公司、专业公司、驻外机构之间价值共享、融合发展的生态系统网络，在“一体”中，总部的海外事业部负责统领统筹，协同集团总部各部门一起营造有利于国际化经营的战略管控和运营支撑系统。

中交集团遵循“强统筹，协调有序走出去”的原则，在“一体两翼”和“四位一体”架构下，坚持以“一体两翼”为核心，清晰界定各海外业务主体和管理主体的战略角色和职能定位，协同推进海外经营战略，协调全集团所属企业有序“走出去”，加强产业链上下游子企业的协同配合，以组合优势、整体优势参与国际市场竞争，全面培育出海外发展增量，实现中交集团整体利益最大化。

以适应性组织建设调整海外业务组织结构后，中国港湾、中国路桥及各专业公司积极响应并融入海外体制机制改革，整体协同性明显改善，各层级管控能力得到提升和加强，进一步巩固和扩张海外营销网络后，高端营销能力、争取政策支持能力得以有效提升。通过拓展增量空间，巩固提升了亚太和非洲传统市场份额，获得了拉美、中东欧等市场及一批海外重点项目、高端项目。

（二）调整产业结构，提升国际化发展能力

中交集团按照党中央、国务院关于国有资本投资公司试点改革的工作部署，利用国有资本投资公司试点的契机，以问题导向和目标导向，以支持服务国家“新型城镇化”“中国制造2025”“海洋强国”战略及“一带一路”倡议为目标，以原有优势产业为基础，通过资本、股权运作、产业培育孵化，打造世界领先的交通基础设施、城市综合开发、装备制造及海洋重工、疏浚及海洋环保、园区投资建设运营服务、产业金融服务六大产

业集团，制定了“一台六柱”改革总框架，规划了改革的发展蓝图，优化产业结构，提升服务“一带一路”能力。

“一台”是指以管资本为主，努力将中交集团打造成中国基础设施投资控股集团。打造“一台”，**一是**可以进一步提升中交集团服务国家战略的能力，在推进“一带一路”基础设施互联互通中发挥更重要的作用。**二是**可以突破集团目前产业结构和股权结构相对单一的发展制约，借鉴国际上基础设施投资建设优秀企业的经验，努力为建筑板块特大型中央企业转型升级探索出一条成功道路，也为搭建重组整合平台提供更大的空间。**三是**有利于通过管控和运营模式的调整，真正实现由传统的产业集团向投资控股集团的转变。

“六柱”是指公司根据现有产业基础和优势，结合服务国家重大战略的需要，通过多种资本运作方式，进行六大支柱产业方向布局：以中国交建为核心，发挥在产业版图中“压舱石”的作用，打造世界领先的交通基础设施投资建设运营产业集团，深耕传统主业市场，稳住集团改革发展的基础；以中国城乡建设发展有限公司为平台，发挥城市综合建设、房地产业务平台和建筑全产业链优势，重组打造世界领先的城市综合开发投资建设和运营服务产业集团；以振华重工为核心，发挥品牌优势和创新优势，重组打造世界领先的装备制造及海洋重工投资制造服务产业集团；以疏浚集团为核心，发挥规模优势，紧抓海洋开发业务市场机遇，重组打造世界领先的疏浚、环保及海洋产业集团；以中交产投为核心，发挥全球资源配置和产能嫁接优势，打造世界领先的国际产能合作平台及园区投资建设运营产业集团；以金融板块为基础，发挥产融一体化优势，培育打造具有鲜明特色的产业金融服务集团。

中交集团围绕“一台六柱”的产业布局，加快进行资源整合和产业价值链的延伸，加快调整产业结构，优化国有资本布局。通过巩固交通基建领域优势，培育养护、机场、铁路等新兴业务；发挥重大装备设计制造、服务集成能力，整合海上风电等新能源装备、城市智能装备系统业务；布局城市公用基础设施资源，向城市运营领域不断延伸；发展海洋经济，进军岛礁综合开发，积极拓展绿色环保市场。

在“一台六柱”产业布局下，中交集团海外产业结构调整以增强产业链的国际竞争力，持续提升在全球价值链分工中的市场引领力为方向，促进工商交融、产融结合，逐步建立全周期、多业态、多方式的价值链组合。

——交通基础设施投资建设运营产业方面，在海外基础设施建设领域提升规模优势，深化对传统路径、传统方式的突破转型，着力形成一揽子服务和提供整体解决方案的全产业链优势。以肯尼亚蒙内铁路为先例，全部采用中国标准施工、建设和运营，实现了中交集团在海外交通基础设施投资建设运营一体化的范例。

——城市综合开发投资建设和运营服务产业方面，广泛整合资源，商产城、港产城等多模式组合，把项目的策划选择与区域规划、交通导向的空间布局、物流贸易中心与国际运输大通道建设、“一带一路”建设节点、城市化进程等紧密结合，打造“工程承包+园区与城市综合开发+运营整体规划开发”的创新产业链。以斯里兰卡科伦坡港口城项目为例，推进产业链延伸，打造城市综合开发全产业链。

——装备制造及海洋重工投资制造服务产业方面，重点发展工业制造，深度融入发展中国家的工业化和发达国家的“再工业化”进程，带动中国装备制造“走出去”，谋建长远优势。

——国际产能合作平台及园区投资建设运营产业方面，重点以城市与园区投资发展为主，依托产融建优势，基于价值与绿色，加快形成提供承载功能、产业功能、辐射功能、服务功能的城市与园区投资发展的产业价值链。中交集团下属中交产投精准对接“一带一路”沿线国家在园区建设上的需求，跟踪和开发的境外产业园区近20个，重点推动的有埃塞俄比亚中交ARERTⅠ建材家居产业园、埃塞塔纳姆化工产业园、吉布提化工产业园、巴基斯坦瓜达尔自贸区项目、毛里塔尼亚海洋综合产业园、孟加拉吉大港（中国）经济工业园、科特迪瓦阿比让 PK24 工业园等项目。

——疏浚、环保及海洋产业方面，在海外重点发展战略性新兴产业，紧密结合传统产业的转型升级，选择节能环保、高端装备制造、清洁能源和可替代能源利用、水土治理、可回收资源利用、海洋经济、新技术新工艺新材料应用推广、社会消费升级等产业为重点方向，在涉及国计民生、循环经济等领域加大发展力度，加快推进战略性新兴产业国际化发展，其中在环保、水务领域要按照“中国第一、亚洲第一、全球领先”的目标形成有影响力的产业板块。

——产业金融服务实体产业方面，以“海外优先”为特色，积极发展金融租赁，努力构建金融产业版图对海外发展的强劲支撑，使金融板块效益更多地通过支持境外战略资产的优化布局和重点业务的创新拓展来实现，使金融产业发展真正依靠、服务、促进实体经济发展，促进形成基础设施建设“走出去”、产业产能“走出去”和金融支撑服务“走出去”协同发力的局面，促进整体利益最大化。

（三）优化资产结构，提高发展质量

中交集团积极优化资产结构，着力转方式、调结构，增加能够产生更大效益的优质资产，化解过剩产能。在依法依规的前提下，果断快速处置低效、无效资产，增强资产流动性，提升资产周转率，优化资产结构。

中交集团优化资产结构的重要举措，一是通过调整资产结构，形成可经营性资产，提升企业可持续发展能力。采取 PPP 等多种投融资形式在码头航道、轨道交通、海底隧道、生态城市等方面，形成了一批可持续的经营性资产，工业园区、产业开发区、路港、城市综合开发运营等经营性资产近 2500 亿元，占总资产的 25% 左右。资产结构调整有效地支持了公司发展，提升了公司运营质量和效益。二是推进国际产能合作，化解过剩产能。通过推动基础设施互联互通与产业贯通紧密结合，全方位、多层次、宽领域参与推进国际产能合作，化解产能过剩的矛盾。实施“双产能转

移”（自身与拉动、国内与国际双结合），不仅通过国际工程承包、直接对外投资、国际园区建设、标准研发合作等方式积极参与国际产能合作，还通过布局海外生产基地建设，打造拥有自主知识产权的装备制造能力，通过加快“走出去”转移国内过剩产能，以国际化促进公司转型升级。目前已签约以及重点运作的国际产能合作类项目约900多亿美元，带动中国设备、材料出口超过200亿美元。

（四）优化市场布局，拓展发展增量

中交集团坚持“优布局，结构调整促转型”，根据产业发展趋势，着力巩固“一带一路”沿线亚非传统市场。重点布局在境外铁路、投资、海洋重工、疏浚领域，特别是加大大型、特大型综合类、投资类项目开拓开发力度；加大向产业链上游的设计、咨询拓展力度，引领设计、疏浚板块全面“走出去”，扩大国际市场份额。

中交集团积极开拓新兴市场，把加快培育和发展战略性新兴产业作为提高国际核心竞争力的战略突破口，将战略性新兴产业与原有产业优势相结合，抢占未来全球产业发展制高点。提高资源能源投资业务对当地区域整体规划型、项目集群开发型、一揽子合作型、工业体系进步带动型项目进行配套开发的基础设施综合项目的贡献度。

中交集团所属振华重工基本实现了“世界上凡是有集装箱港口的地方，就有振华重工生产的集装箱起重机在作业”这一目标，产品遍布全球98个国家和地区的200多座港口码头，拥有自主知识产权的全球第四代全自动化码头装备。

2016年，中交集团在铁路市场抢滩布点迸发蓄能，新签项目16个，合同额210亿美元，占海外新签合同额50%以上，占中国企业海外铁路新签合同额60%。**金额巨大**：签署中国企业境外在实施的单体工程规模最大项目——马来西亚东海岸铁路项目；继蒙内铁路之后续签合同额53亿美元的肯尼亚内马铁路项目，累计在肯尼亚签约107亿美元铁路项目。**进军高**

端：签署首个欧盟项目——匈塞铁路项目商务合同；中标吉隆坡大众捷运2号线项目轨道标，成为唯一中标该项目的中资企业；在澳大利亚中标6个总计33亿美元的轨道交通项目；马来西亚安邦轻轨如期通车；全部采用中国设备和中国设计标准建设的肯尼亚蒙内铁路于2014年9月开工，2017年5月31日建成通车，目前已投入正式运营，获得广泛赞誉。诸多实例表明，中交集团通过产业布局及结构调整，在打造铁路全价值链业务方面集聚了竞争优势。

二、加快推动“五商”境外落地，提升“一带一路”服务能力

中交集团积极响应国家“一带一路”倡议，围绕“率先建成具有国际竞争力的世界一流企业”的总体要求，实施海外优先发展，全力推进“五商中交”境外落地，在践行国家重大战略和促进国民经济发展中发挥突出作用，更好地体现中央企业的责任担当。

（一）加快“五商”战略境外落地，加快转型升级步伐

一是全球知名工程承包商优势巩固。中交集团海外新签合同额占中资企业海外合同总额的14%，市场份额多年保持中资建筑企业第1位；连续两年名列最大250家国际承包商第3位，连续11年位居中国上榜企业第1名，继续保持全球知名的工程承包商领先地位，公司国际化经营能力水平和品牌形象不断提升。一批代表世界水平的重大工程顺利推进，港珠澳大桥主体工程已全线贯通；海外一批区域性地标项目惠及更多国家人民，塞尔维亚泽蒙—博尔察大桥顺利通车，毛里塔尼亚友谊港扩建工程正式投入运营，卡塔尔多哈新港顺利竣工，采用中国技术标准建成的埃塞高速公路剪彩通车。

二是打造城市综合开发运营商成效显现。斯里兰卡科伦坡港口城项目顺利启动，依靠科伦坡金融城等项目，不断打造“工程承包+园区与城市

港珠澳大桥

综合开发 + 运营整体规划开发”等全周期、多业态的价值链组合优势，形成多轮驱动公司主业发展新格局，推动南亚、东南亚、非洲及拉丁美洲等国家和地区的多个核心经济地带自贸区、产业园区的规划和建设。

三是打造基础设施综合投资商稳步推进。建立健全境外投资项目管理、后评价、监督等制度；中国企业境外第一个收费高速公路牙买加南北高速公路已通车运营，着手策划后续地产项目开发；拉美基础设施开发建设投资平台（MDC 投资平台）运作的哥伦比亚水电站项目进入出售期。截至目前，在执行的境外投资项目有 31 个，项目总规模 130 多亿美元。

四是海外特色房地产商崭露头角。优化完善开发管理体系，探索总结多方协同、优势互补、利益共享、运行良好的管理机制；初步形成“成熟市场合作开发、发展中市场自主开发、初级市场协同发展”的差异化市场开发策略。在非洲、东南亚、南亚、拉美等地区积极培育各类房地产项目 15 个并逐步成熟，预计总开发规模近 40 亿美元，海外优质土地储备量进一步提升。

五是海洋重工与港口机械制造集成商实力增强。2016 年，港机全球市场份额升至 82% 以上，遍布全球 99 个国家和地区的近 300 座港口码头，连续18年保持全球第一；北美首个全自动化集装箱码头——美国长滩自动化码头投入运营；自主研发的首座钻井平台交付使用，打破欧美海工技术垄断；中标的新加坡国际港务集团22亿元大单，刷新单体港机设备订单纪录。

（二）搭建“五商”发展新平台，促进海外业务发展

中交集团构建海外优先的全球发展体系，建设了具有国际竞争力的商务营销体系、全球领先的工程建设体系，搭建了专业化的国际收购并购平台、工业投资和产业培育平台、海外房地产与城市开发平台，极大地提升了服务“一带一路”倡议的能力。

以搭建海外专业化平台为载体，不断推进产业链向价值链转化，实现由“工”到“商”转变。**一是**成立境外投资咨询服务中心，建立了“丝路驿站”网站，为尽快形成信息网络集成与实体园区建设有机结合的国际产业转移平台奠定了基础；**二是**初步搭建非洲水泥投资平台，深入推进赞比亚、尼日尔、刚果（金）、莫桑比克、蒙古等国多个水泥厂项目，在此基础上，与基础设施投资建设紧密结合，广泛深入推进中非“三网一化”合作；**三是**规划设立海外房地产开发平台，依托培育的刚果（金）现代城等15个房地产项目，统筹规划建设海外地产开发平台；**四是**成立拉美基础设施开发建设投资平台（MDC公司），与全球知名的基础设施投资商及拉美区域内知名投行共同投资设立了拉美基础设施投资开发公司，不断积累基础设施投资商经验；**五是**构建海外基础数据库平台，以落实完善海外生产经营数据采集平台为基础，推进海外信息化建设，全面支撑海外业务转型升级。

二、实现共商共建共享共赢，升华“一带一路”合作内涵

（一）以“三者”新定位，构建“三个”共同体

习近平总书记提出要以“政策沟通、设施联通、贸易畅通、资金融

通、民心相通”为主要内容，打造“一带一路”沿线国家政治互信、经济融合、文化包容的利益共同体、命运共同体和责任共同体。中交集团提出成为“政府与经济社会发展的责任承担者、区域经济发展的深度参与者、政府购买公共服务的优质提供者”，简称“三者”新定位，是积极响应习近平总书记提出的“命运共同体”“责任共同体”“利益共同体”理念，坚持与相关国别的政府、经济体和相关机构共同成长、合作共赢，实现与所在国共营、共商、共建、共赢的重要举措。

构建“三个”共同体理念不仅是指引“走出去”、共建“一带一路”的大原则，也是“三者”定位的思想之本和动力之源。“三者”是中交集团的战略定位，体现了中交的价值取向、道义担当和社会责任感。中交集团在建设“一带一路”过程中，做有追求、有担当的中国企业，使自身成为在全球受欢迎的企业，赢得更多的机遇。四年来，中交集团在“一带一路”相关的58个国别（地区）累计签订对外承包工程合同额500多亿美元，对外直接投资总规模46.3亿美元，重点推进境外园区10个。

（二）争先行勇担当，成为中国企业“走出去”的典范

中交集团在“一带一路”市场布局日趋完善，推进沿线项目200多个，投资和承建的中巴经济走廊系列项目、科伦坡港口城、东非铁路、中马友谊大桥等项目成为深化“一带一路”国际合作的早期收获项目和弘扬丝路精神的引领项目。2016年沿线新签项目108个，合同额164亿美元，占“一带一路”总合同额的13%，较上年增长30%，居中资企业首位。2017年8月9日，马来西亚东海岸铁路项目正式开工建设，该工程全长688公里，合同总额约550亿马币（折合约128亿美元），是迄今中马两国最大的经贸项目，被媒体誉为“一带一路”的新旗舰项目。

2016年，中外国家领导人多次到中交集团的海外项目考察，党和国家领导人见证签署合同、协议21次，涉及金额190多亿美元。上级机构、国内外媒体多次调研采访中交集团国际化发展经验，宣传海外发展模式。中

交集团在国家领导人高访和重大国际会议场合，持续向世界传递中交声音，成为“走出去”企业在国际市场的一张亮丽名片。

中交集团作为国有企业唯一代表参加国家推进“一带一路”建设工作座谈会并发言，获得党和国家领导人的充分肯定，彰显了公司在践行国家“走出去”战略中的大国重器地位。

（三）真诚合作互利共赢，携手实现共同繁荣

中交集团正式确立实施海外优先发展战略后，在实践中不断完善和改进，加快实施步伐，通过响应“一带一路”倡议，以“行大道，构建命运共同体”的理念，依托沿线一个个项目建设连心桥、致富路、发展港、幸福城，开创共同发展共同繁荣的新局面。

1. 连心桥

中交集团通过桥梁建设跨越隔阂和天堑，让当地和中外手牵手心连心。在“一带一路”沿线建设的152座桥梁中，马来西亚槟城第二跨海大桥（槟城二桥）就是这样一座连心桥。槟城二桥位于槟岛海峡南部水域，连接槟岛东南部的巴都茅和威省的巴都加湾，全长24.5公里，其中跨海桥长16.5公里。槟城二桥于2015年10月9日在伦敦获颁布鲁内尔（Brunel Medal）大奖，该奖自1995年以来仅颁发过3次，马来西亚是全球第三个获得有关大奖的国家，该桥则是东南亚首个获得此殊荣的建筑。

槟城二桥

槟城二桥是东南亚第一长桥，大桥建成彻底改变仅用渡轮作为槟岛和威省之间来往交通工具的状况。习近平总书记指出，中国和马来西亚是隔海相望的邻居、真心相待的朋友、互利合作的伙伴。“连心桥”建设是中马两国之间合作亮点的有力见证，也为两国关系发展和两国人民友谊打开了更加广阔的前景。

2. 致富路

中交集团通过投资建设公路铁路，打造一条条“致富路”，促进经济增长，造福当地人民。牙买加南北高速公路项目建设高效、优质、安全，连续荣获 2014 年度、2016 年度“牙买加最佳工程奖”。牙买加总理表示：“这条沟通南北的交通动脉凝聚了牙买加政府和民众半个世纪的梦想”，是“通向发展之路，通向富强之路，通向未来之路”。牙买加南北高速公路的建设不仅搭建起了中牙两国之间友谊的桥梁，对牙买加国家政府和人民来说也具有里程碑式的重大意义。

牙买加高速通车仪式

南北高速公路对牙买加经济社会发展产生积极而深远影响，成为当地民众的幸福之路、发展之路和中牙友谊之路。

3. 发展港

中交集团加快推进 21 世纪海上丝绸之路港口建设，联通世界促进发展，公司承建的港口遍布海上丝绸之路。

中巴经济走廊建设是“一带一路”合作的重要组成部分，瓜达尔港是当前应该重点落实好的项目之一。从2002年中国开始援建巴基斯坦瓜达尔港，至今，一个现代化的大型港口，从无到有、拔地而起，这期间中交集团克服了很多难以想象的困难。该项目也是中国第一个获得“鲁班奖”的境外工程。2014年2月，巴基斯坦瓜达尔港被列为促进中巴“一带一路”合作的旗舰项目，迎来了前所未有的发展机遇期。

瓜达尔港——中巴经济走廊核心工程，不仅在经济上具有重要价值，还具有十分重要的国际影响。瓜达尔港的建成不仅带动了巴基斯坦的经济发展，而且成为阿富汗、哈萨克斯坦和乌兹别克斯坦等中亚内陆国家最近的出海口，正在逐步成为这一地区物流与港口运输中心。

斯里兰卡汉班托塔港，是境外工程最先获得“詹天佑奖”的港口。卡塔尔多哈新港码头及内防波堤，建设标准要求高。建设过程中三次荣获业主颁发的“最佳质量管理奖”，当地媒体高度评价中国公司的优质高效施工。科特迪瓦的阿比让港，建设中的西非第一大港。喀麦隆克里比深水港，是中西非地区的综合枢纽港。2008年中国交建开始参与合作，在2014年以后不到3年的时间，克里比深水港一期工程完成。喀方称赞，只有中国可以帮助喀麦隆完成这样“伟大成就”的目标。在中交集团里，从港机设备、航道疏浚治理再到海外港口建设，这样的案例还有许多。

中交集团紧跟时代步伐，围绕“一带一路”伟大倡议，积极开展海外港口建设，继续弘扬实干精神，勇于不断创新，为中国、为世界的港口综合建设事业作出新的更大贡献。

4. 幸福城

中交集团在“一带一路”沿线打造“幸福城”，主要是通过投资建设一批新城、新区、产业园、工业区，带动投资就业置业，实现生活发展水平整体提升。中交集团依托交通基础设施领域全产业链优势和广泛的全球网络优势，精准对接“一带一路”沿线国家在园区建设上的需求，以海外工业园区、产业园区、城市综合开发运营等为切入点，规划运作了 20 多个境外园区，构建了“中央企业 + 地方政府 + 境外园区 + 境外企业”的价值网络发展模式。在吉布提和埃塞俄比亚，依托当地盐湖资源，投资建设化工产业园，打造上下游通畅的化工产业链；在埃塞俄比亚和莫桑比克，投资建设建材家居产业园，吸引国内企业入驻园区，打造东非建材产业基地，为东道国工业化注入新的活力；在巴基斯坦瓜达尔地区投资建设 30 万千瓦燃煤电站，为瓜达尔自贸区及本地居民提供可靠的电力供应，该项目成为中国交建在海外投资的第一个能源项目，成为继瓜达尔港建设之后，中交集团在中巴经济走廊建设“1 + 4”格局的又一典型项目；在马来西亚，积极对接广东省的牵头合作，与马来西亚当地企业共同开发马六甲皇京港临海产业园，计划在划定海域吹填约 3 平方公里岛屿，连同后方陆域约 20 平方公里土地，打造修造船、海工装备制造及物流综合园区，最终打造马来西亚国家级海洋产业经济特区。

中交集团在“一带一路”沿线致力于连心桥、致富路、发展港、幸福城建设，取得显著成效。截至目前，中交集团设计承建了全球 10 大集装箱码头中的 5 个、世界 10 大斜拉桥中的 5 座、世界 10 大悬索桥中的 4 座和世界 10 大跨海大桥中的 5 座；在“一带一路”沿线相关国家建设了10320 公里公路、152 座桥梁、2080 公里铁路、10 座机场、95 个深水泊位，提供集装箱桥吊 754 台，带动当地就业十万多人次，培养了数以万计的产业技能人才，资助来华留学生 300 多人，捐建和资助 30 多所中小学，主办和承办上百次国际技术交流活动，在参与减贫事业和生态保护中助推可持续发展理念落地，荣获“人民企业社会责任奖”年度海外贡献奖。

四、促进海外文化融合发展，强化“一带一路”保障机制

中交集团以创建和谐企业为目标，以倡导团结为主要任务，以继承、融合、创新为企业文化方针，将企业文化与中心工作纵深融入，建立文化

自信、内涵自信和活力自信，充分弘扬丝路精神，秉持“交融天下、建者无疆”企业精神，促进传统文化、企业文化和当地文化在境外相融相交、开花结果，形成“魂在中华，根在中交，特在海外”的中国交建海外文化。

（一）树立使命意识，夯实企业文化根基

中交集团坚持从实际出发，建立企业文化理念体系，确立了“固基修道，履方致远”的企业使命、“让世界更畅通、让城市更宜居、让生活更美好”的企业愿景、“交融天下，建者无疆”的企业精神、“公平、包容、务实、创新”的企业核心价值观，形成了反映民族精神和时代精神、体现企业特色、具有丰富管理内涵的企业价值理念体系。

中交集团的企业文化体现了和谐发展、互利共赢的主旋律和价值观，以使命意识、责任意识和大局意识建设境外企业文化。中交人相信，越是传统，越有生命力。中交集团的文化建设不是停留在倡导层面上，而是融入每名员工实实在在的行为中。一方面，中交集团把中国文化精髓带到海外，公司把《弟子规》翻译成英文，让外籍员工了解中国文化。公司也提倡“利他为先，舍得为善”，多为他人着想，先舍后得。另一方面，充分尊重当地的文化，并尽可能为他们提供便利。中交人在弘扬中华民族优秀文化、增强文化软实力，尽力做到“重责任、明思路、有激情”。

中交集团坚持把企业文化建设纳入企业发展战略，把企业发展战略作为伟大的责任战略和文化战略。同时，着力文化凝魂、文化融合、文化升级和文化塑行四方面，将企业文化建设贯穿企业生产经营管理各领域，将企业文化融入设计、生产和管理的全过程，融入员工教育全过程，不断健全机制、完善体系、创新载体，基本构建了文化体系、网站、统一价值理念、品牌、规章制度，既突出企业特质，又显示行业特点。最终实现企业文化为集团的快速健康发展提供了强大文化支撑。

（二）履行社会责任，实现中外民心软联通

中交集团在推进“五商中交”境外落地、引领国内全产业链产品“走

出去”的同时，进入港口、铁路运营等新领域，转型升级实现跨越发展的同时，构建融入社会责任的企业文化，着力加强社会责任管理，注重加强与利益相关方的沟通，公司紧密围绕企业愿景，将社会责任融入战略、融入管理。通过健全社会责任组织机构，修订完善社会责任管理制度，开展多层级培训提升员工责任意识，不断提升履责能力和绩效。

中交集团已连续发布9份社会责任报告。2017年5月29日，在肯尼亚百年来首条新建铁路——蒙巴萨内罗毕标准轨铁路（蒙内铁路）即将通车之际，中交集团在肯尼亚首都内罗毕举办“《中国交建2016年度社会责任报告》及《蒙内铁路项目2016年度社会责任报告》发布研讨会”，集中发布上述两份报告，这是中国企业在海外举办的首次企业社会责任报告发布会，获得包括联合国环境规划署在内的多方好评。积极向利益相关方传播中国企业社会责任理念和实践，回应社会关切，提高了当地人们对中国发展的参与度和认同感，实现了各方的和谐发展。

中交集团所属企业结合公司业务特点和项目实际，积极开展社会责任实践，加大外籍员工的聘用比例，聘请当地高级管理人才，为市场开拓、项目建设、财务管理发挥了重要作用。

让世界更畅通

中交集团积极开展扶贫济困和志愿服务，积极培育所在国当地员工，目前已资助200多名非洲学生来华留学。坚持创新企业管理方式，履行节能减排责任，推进绿色可持续发展，促进企业经济效益、环境效益和社会效益相统一，被中国儿童少年基金会授予“中国儿童慈善突出贡献奖”；获评“2012 人民社会责任企业奖”“中国上市公司环境责任百佳企业”等荣誉。

在创造辉煌业绩的同时，中交集团及其所属企业认真贯彻党和国家对外经济合作方针政策，继承发扬中国国有企业的优良传统，真诚为所在国人民提供优质产品、服务。尊重所在国人民宗教信仰、风俗习惯，遵守出国人员外事纪律，与所在国人民和谐相处，赢得了良好的社会声誉，创建了良好的品牌形象，积累了较为丰富的企业文化建设经验。在海外业务持续发展的同时，发扬重道义、求公平、谋共赢的传统，做好中国与世界的经济、文化外交使者，实现中外民心软联通。

（三）发挥模范作用，勇做企业中流砥柱

中交集团按照习近平总书记提出的“二十字”好干部标准，坚决做到“五用五不用”，坚持德才兼备、以德为先的用人标准，切实把“靠得住、能干事、在状态、善合作”的干部选拔配备到企业各级领导岗位，这是中交的独特优势。通过典型的示范作用，强化员工立足本职，创造一流业绩，在自己的工作岗位上切实发挥先锋模范作用，始终“发扬大公无私、服从大局、艰苦奋斗、廉洁奉公的精神”。

通过不断完善价值理念体系，不断增强企业文化建设的自觉性，中交集团在改革发展实践中对企业文化的概念、功能、作用和定位有了更加清晰的认识，深刻体会到企业文化建设的重要性和紧迫性，集团公司各级领导高度重视企业文化建设工作，把企业文化建设摆上重要位置，积极培育核心价值观，创新经营理念，不断总结挖掘本企业文化资源，形成了升级版的企业文化建设纲领，广大干部职工自觉地把企业价值理念与自身工作结合起来，思想观念进一步转变，学习创新意识进一步增强，职业道德和行为规范进一步改进，干部职工精神面貌良好，凝聚力、战斗力大大

增强。

中交集团先后承担了京新高速、海岸铁路等国内外重特大工程建设任务。一个个模范在建设一线浇铸一个个打得赢、攻不破的坚强堡垒，树起一座座经得起历史和人民检验的工程丰碑，成为国内外重大工程建设的中流砥柱。

中交集团夯实文化基础，发挥优秀员工示范表率作用和先锋模范作用，为实现战略转型、率先建成世界一流企业提供坚强保证。公司承建的肯尼亚蒙内铁路比预定合同工期提前两年半竣工，这不仅展示了中国速度、中国质量、中国贡献，也凝聚着中交集团文化引领、发挥优秀员工模范带头作用的实践认知。针对参建单位多、文化差异大、利益诉求多元等问题，从集团层面统筹资源，统一行动，保证项目一体化管理和高效率实施，使蒙内铁路成为中国建设的一张亮丽名片。

中交集团深入贯彻落实国家"走出去"发展战略，在实施海外优先发展、建设"一带一路"过程中，持续不断进行改革探索，积累了如"行大道，构建命运共同体；强统筹，协调有序走出去；优布局，结构调整促转型"等一系列宝贵发展经验，为海外业务持续健康、稳定发展打下了坚实基础。

回首过去，中交集团始终坚决贯彻落实党中央、国务院及国资委的决策部署，通过不断深化企业改革，加快结构调整，推动企业转型升级，在做强做优做大国有企业的征途上，砥砺前行。下一步，中交集团将坚持战略引领、持续推进结构调整和创新驱动，继续按照中央深化国有企业改革和国有资本投资公司试点工作整体部署，围绕试点方案确定的"一台六柱"改革框架，继续积极探索国有企业释放活力、转型升级新路径，力争早日实现"建设世界一流企业"的发展目标。

13

以混合所有制改革为突破口 聚焦做强做优做大 实现企业跨越式发展

中国医药集团总公司

中国医药集团总公司（以下简称“国药集团”）作为一家处于完全竞争领域的中央企业，多年来坚持以市场化为核心，在医药行业里率先、自发探索混合所有制经济，实现从一家资金短缺、历史包袱沉重、曾经陷入经营困境的传统国企快速成长为理念先进、治理规范、引领行业的新型国企，走出了一条符合自身特点的市场化发展道路，成为中央企业探索混合所有制发展道路的先行者和推动行业健康持续发展的引领者，特别是被确定为发展混合所有制经济试点企业以来，采取有效措施，稳妥有序推进相关工作，有力促进了企业经营效益的提升。2012—2016 年，国药集团营业收入年复合增长率 20. 50%，利润总额年复合增长率 21. 08%，资产总额年复合增长率 19. 97%，位列 2017 世界 500 强榜单第 199 位。

一、把握市场化改革方向，转变发展方式，整合资源做强核心主业

国药集团成立之初，自营业务十分弱小，没有稳定的客户群，历史包袱重，资金匮乏，经营举步维艰。而国内医药市场已完全放开几年，跨国公司的资金实力雄厚、研发能力强，企业管理优于本土企业；本土民营企业机制灵活、经营手段多样、市场拓展能力强，成为医药市场上发展最快

的一股力量。当时，国药集团总资产34.59亿元，年销售总额仅为52亿元，利润总额仅有9200万元，在国内仅占有不到1%的市场。在这种内忧外患的环境下，国药集团开启了发展混合所有制经济的探索之路。

（一）转换经营机制，走出经营困境，盘活国有资产

成立之初的严峻生存环境使当时的国药集团感到了相当大的压力，也促使国药集团认识到要想在完全竞争的中国医药市场中生存并有所发展，必须彻底转变传统的国有企业观念，通过股权改革，打破老国企传统体制，为企业注入新的活力，充分贴近市场，像跨国公司和民营企业一样躬身投入市场竞争。为充分适应市场竞争和解决发展资金问题，国药集团作为主发起人，以优质核心业务特殊药品经营成立了“国药股份”公司，将原所属14家子公司及其附属企业、本部非药品经营的资产均予以剥离。2002年11月，国药股份在上证所成功发行人民币普通股5300万股，募集资金25263万元，为进一步的市场拓展及时提供了资金支持，为国药集团医药商业板块的终端突破及日后一系列重组改制打下了良好的基础。国药集团自此从单纯内生式增长走向资本市场，开始利用资本手段扩张发展。

在推动国药股份上市的同时，国药集团也在积极寻找战略投资者盘活存量资产，将原来剥离出的部分存续资产于2003年1月与复星医药集团共同投资成立了“国药控股”公司，国药集团以评估后的存续资产出资，引进民营资本5亿元，使集团的医药流通业务及时获得了资金支持，新公司按照规范的公司治理模式运作，经营机制显著优化。传统国有企业的诚实守信、规范经营精神和民营企业追求效率、追求股东回报的要求相互结合，企业实现了超常的发展，短短6年间实现了销售收入582%、净利润5986%的增长，成为国内医药流通第一品牌，为日后实现药品流通业务和物流网络全国覆盖及海外上市奠定了坚实的基础。

（二）完善产业布局，大力促进各业务板块的快速发展

在医药商业流通领域，2009年9月国药集团成功推动国药控股在香港

上市，成功融资100亿元港币，为国药集团医药商业流通板块持续快速发展提供了动力，为网络快速扩张、抢占终端市场、形成覆盖全国的医药流通网络奠定了基础。国药控股上市后，在原有重点地区市场做强的基础上，不断出手对全国范围内的医药流通资源进行兼并重组，实现了全国医药分销市场全覆盖。目前，国药集团已建成全国最大的药品分销网络，拥有51个医药分销中心，覆盖全国31个省（区、市）近12000家医院，在地市级城市累积布点214个，有效覆盖率88.43%，市场占有率全国第一；拥有超过4100家的零售门店，覆盖全国18省（区、市），销售规模位居全国首位。

现代化医药物流仓库

在医疗器械流通领域，国药集团决定进一步复制国药控股成功经验，2014年，引进了战略投资者纳通医疗集团，对所属“国药器材”公司进行整体改制，实现了公司产权主体多元化。改制后，国药器材加快了全国范围内医疗器械商业企业的投资并购，积极建设覆盖全国的医疗器械与耗材物流分销网络，目前，网络企业数量从11家发展到了81家，覆盖全国28个省（区、市）90%以上的地区。2016年，国药器材销售收入突破200亿元，较改制前增长了一倍多，市场占有率从 2.19% 增长到 5.2%，成为国内最大的医疗器械商业企业。

在医药工业领域，国药集团有计划、有步骤、有选择地引入非公资本，构建了化学制药、生物制药、现代中药三大工业体系，实现了产品线对重点治疗领域的全覆盖，成功地推动了国药集团从医药商贸“一业独大”的发展模式转向贸科工一体化、研产销互动的完整产业体系。2013 年 3 月，国药集团为改变中药板块工业基础薄弱、被动落后的局面，成功收购了香港主板上市的红筹公司盈天医药（现已更名“中国中药”）56.97% 股份，之后以盈天医药为资本运作平台，通过向原股东定向发行、向机构投资者配售融资等组合资本运作方式，陆续收购了贵州同济堂 100% 股权和天江药业 87.3% 股权。国药集团通过一系列资本运作，既解决了并购资金压力，又迅速搭建了现代中药制药平台。2016 年，国药集团中药板块的制造业收入占比由 25% 提高到 84%，实现了中药板块从商贸型向工业化企业的转变。

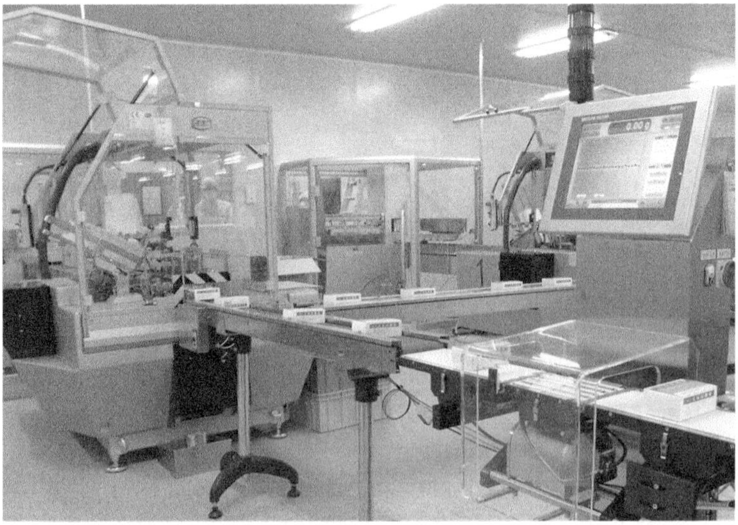

现代中药生产线

（三）推进行业整合，重塑健康持续、共赢发展的行业生态

国药集团通过发挥技术、规模、资本、品牌等优势，依靠资本运营，持续优化市场存量，带动了整个医药行业逐步走出“多、小、散、低”的状况，大幅提高了行业集中度，促使我国医药行业集中度从20世纪90年代末期的不足5%提高到2016年底的35%左右。同时，国药集团抓住国家产业结构调整的有利时机，助力医药行业的供给侧结构性改革，充分发挥行业引领作用，带头实施新版GMP改造认证，淘汰落后和过剩产能，加强医药研发技术创新，深入开展仿制药一致性评价工作，提升国家重大药物创新能力和质量疗效。国药集团还积极参与国家关于医药流通、医药零售、生物制品、医药工程设计、中药材加工等领域的行业标准制定，共享技术和资源，推动了行业实现从速度到质量、从规模到效益、从快速粗放式增长到集约精益化增长的转变。

在混合所有制的带动下，国药集团实现了跨越式发展。与成立之初相比，2016年，国药集团营业收入增长了60倍，利润增长了146倍，市场份额由不足1%提高到18%，在药品分销、医药零售、生物制品、医疗器械配送、化学试剂、医药工程设计、医药会展、麻精药品等八个领域实现行业第一。2016年底，国药集团共有704户混合所有制企业，占企业总户数的86%，混合所有制企业的营业收入、利润、资产总额对集团的贡献率分别达到92%、89%、87%。国药集团用国家累计投入的64亿国有资本金，带动了1000亿所有者权益，撬动了2800亿的总资产，国有资产增值了6.7倍，显著放大了国有资本功能。同时，国药集团借助于混合所有制，成功打造了“国家药网”，承担了国家抢险救灾药品、生物技术产品、中药材、医疗器械的中央储备、调拨和供应任务，在国家防病治病、保障国家公共卫生安全和人民健康方面发挥了重要作用，为我国医药卫生体制改革、药品监管政策实施做出了积极贡献。

二、着眼补短板调结构，推进供给侧结构性改革，形成全价值链竞争优势

“十二五”期末，国药集团面对行业爆发式增长成为过去，需求放缓成为主要趋势，市场竞争不断加剧、内外部挑战持续加大的行业现状，在继续发展混合所有制巩固优势领域的同时，也着力推进供给侧结构性改革，加快内部产业结构调整，合理配置资源，通过挖掘新业务弥补业务短板，实现了转型升级和持续发展。

（一）开展内部板块业务资源重组整合，打造规模经济优势

1. 实施化学制药工业资源整合

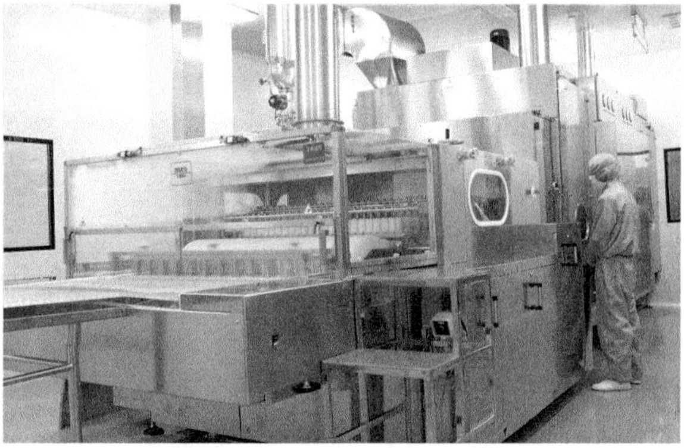

粉针生产线（通过欧盟 GMP 认证）

由于历史原因，国药集团化药工业业务分散于不同二级企业主体、多个上市公司。分散的化药制药工业布局，使国药集团的资源投入难以集中，战略规划难以统一，制约了化药板块后续发展。为此，国药集团选择了所属上市公司“现代制药”作为化药工业产业发展和资本运作的统一平台，将分散的化药工业资产整合进入上市公司，使化药板块发展定位更为清晰，品种组合更为完善，生产、营销和科研资源得到进一步整合，获得了真正的规模优势和产业链一体化优势。国药集团化药板块整合工作在资本市场上引起较大的反响，其积极的整合效应、稳定向上的业绩以及良好的投资者关系得到资本市场的充分认可，2017 年上半年，上市公司市值由 95 亿增加至 181 亿，增幅近一倍。

2. 推进医药零售和分销资源整合

国药集团医药商业板块有三家上市公司：国药控股、国药股份、国药一致。多年来，三家上市公司的医药分销业务和经营区域存在部分重叠，构成了同业竞争，融资渠道也被堵塞。为解决上述问题，国药集团对三家上市公司的业务进行了重组整合，使三家公司在商业模式、产品类型、客户群体、市场区域等方面各有侧重，形成了差异化的竞争优势和经营特色，实现了国有医药零售龙头企业登陆资本市场，同时，也积极履行了对资本市场的承诺，解决了原有上市公司间存在的同业竞争这一历史“顽症”，打破上市公司的融资桎梏，为商业板块借助资本力量进一步发展夯实了基础。

3. 加快生物制品板块资源重组

国药集团所属“国药中生”公司是国内最大的生物制品生产企业，但旗下的上市公司天坛生物与国药中生内部其他公司之间仍存在业务上的交叉重叠，构成了同业竞争。为此，国药集团对生物制品板块进行了资产重组，将分散在其他生产企业的血液制品相关资产剥离，置换出上市公司原有疫苗业务资产，实现了血制业务的专业化经营和一体化管理，初步培育了 A 股市场唯一具有央企背景的特大血制品公司，也消除了上市公司与其他企业之间的同业竞争问题。同时，国药集团主动应对市场和政策调整，

疫苗生产线

着力解决生物制品板块产品重复和产能过剩的问题，大力优化产业布局和调整产品结构，集中优势优先发展生产市场短缺且利润较高的轮状疫苗、EV71疫苗、IPV疫苗、肉毒素等产品，为企业的发展带来新的“造血”功能。

（二）布局行业战略制高点，提升专业化竞争实力

在医药商业领域，国药集团不断夯实全国医药分销物流配送网络建设，进一步巩固全国城镇覆盖率及一、二、三级医院终端覆盖率。同时，为积极适应新医改和严格的行业调控政策，国药集团及时调整业务发展结构，大力发展医药零售诊疗业务，专注“大健康”专业化增值服务，积极拓展“5+X”新型连锁药店业态（即在传统零售药店的基础上引入西医、中医、康复诊疗以及各具特色的专科、器械、健康品等产品和服务），不断创新DTP、慢病管理、中医馆、康复护理等零售连锁服务模式；顺应“互联网+”，成立电子商务平台，积极促进线上线下业务结合，实现由传统商贸业务向现代化综合服务模式的转型升级。

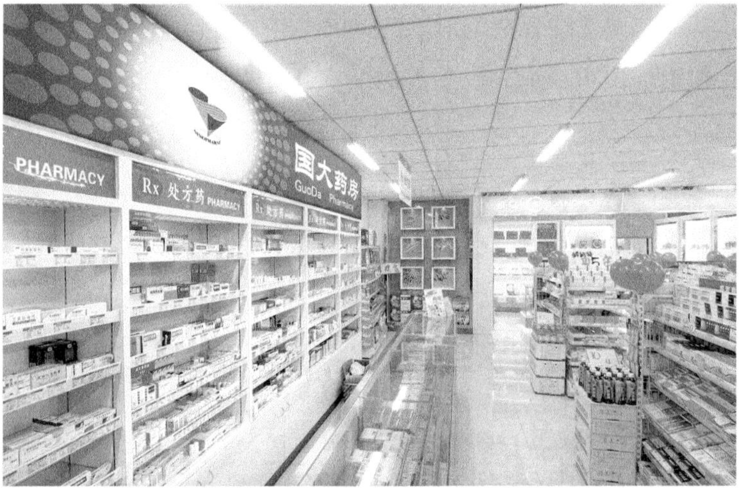

零售连锁药房

在现代中药领域，国药集团不断向产业链上下游延伸，形成了种子种

苗、药材种植养殖、药材经营、饮片加工、中成药生产和销售以及大健康产品与服务的现代中药全产业链。十八届五中全会以后，国家将中医药的发展上升至国家战略。国药集团积极落实中央精神，围绕“百亿中药”战略目标，充分借助“中国中药”上市公司资金平台，加速对中药饮片、配方颗粒、中医药健康服务联合体等国家重点鼓励支持的新业务布局，促进中药板块转型升级和产业链延伸。

在医疗健康领域，国药集团充分发挥中央企业医药健康产业平台优势，把握国家加快促进“社会办医”和剥离国有企业办社会职能的机遇，积极稳妥向医疗、卫生、健康产品等大健康领域拓展，先后重组整合多个地方三甲医院和央企医院，使集团的产业链条进一步延伸至医疗健康产业的终端。同时，在医院运营管理中，国药集团积极探索新形势下医院管理的盈利模式和管控模式，取得一定成效，为进一步整合医院供应链，提升医疗健康服务质量，构建医疗健康服务新产业打下了坚实基础。

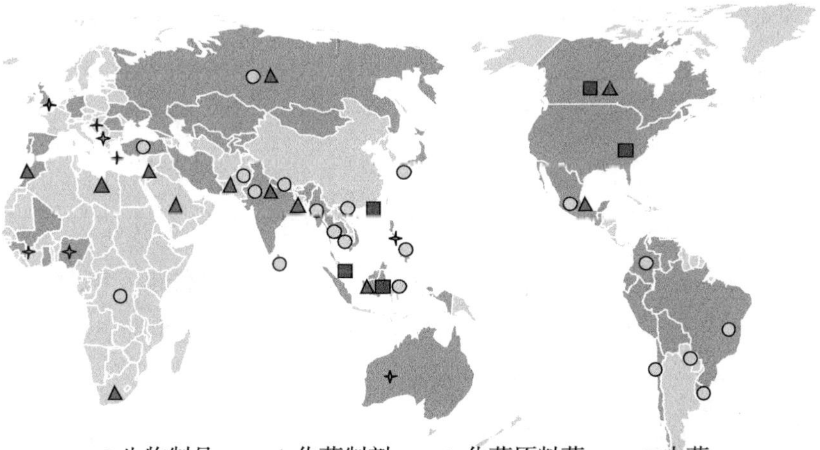

国药集团自有工业产品出口国家和地区

在国际化经营领域，国药集团在国家“一带一路”倡议下，秉承产品国际化、产业国际化、资本国际化“三步走”的发展方针，积极推动集团自有工业产品拓展海外市场。2016 年底，国药集团自有工业产品海外注册

135 个品种，覆盖 150 多个国家和地区。同时，通过实施产品、产业、服务等方面的“走出去”，积极助力丝路经济和相关国家的医疗健康产业发展。目前，国药集团已与“一带一路”沿线 60 多个国家建立了贸易往来，内容涵盖医药产品、器械、健康食品原料、医疗工程等领域。

（三）加强科研创新体系建设，发挥科技的支撑和引领作用

国药集团基于行业发展趋势和自身科研发展特点，不断审视科研工作存在的问题，加快实施创新驱动战略，推进科研创新体系建设。**一是持续完善了医药研发体系。**不断强化科技创新顶层设计，构建了“科委会－国药医工总院－产学研联盟”三位一体的科技创新管理体系，初步建成了化学制药、生物制品和现代中药三大研发中心，形成开放式的“产学研”联盟，使科技创新体系更好地为工业板块快速发展提供了科技支撑。**二是不断加大科研投入，突出创新引领作用。**国药集团科技投入逐年递增，“十二五”期间科技投入累计 55 亿元，2016 年科技投入占当年工业销售收入比重 8.03%，居于国内医药行业前列，有力地支撑了科研项目的顺利运行。目前，国药集团共开展 500 余项课题研究，其中涉及国家重大新药创制项目、国家重大传染病预防项目、国家 863 项目及国家科技支撑计划项目合计 31 项；共获得省部级以上奖励 55 项（其中国家科技进步一等奖 1 项、中国专利金奖 1 项）；累计申报专利 1300 多项件，获授权专利 1053 件；获得新药证书 7 件、生产批件 47 本、新药临床批件 138 项。**三是积极探索科技创新体制机制，为科研创新注入新活力。**国药集团按照“制度创新、需求导向、人才为先、遵循规律”的基本思路，重点从完善科研奖励和激励政策、加快课题组管理制度改革，推动小型科研类创新企业的骨干员工持股改革三个方面入手，探索科研体制机制改革，激发创新活力和创造潜能。

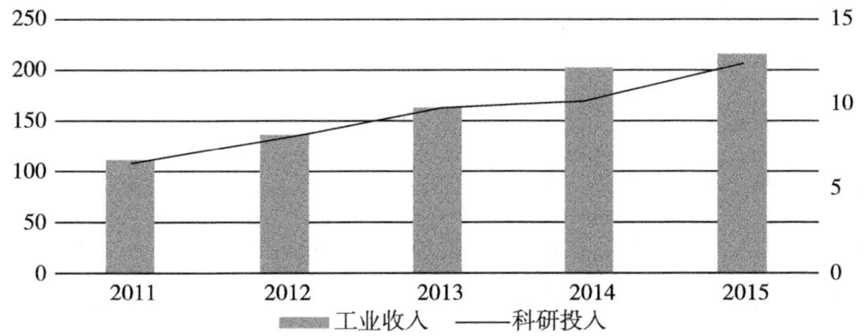

国药集团“十二五”期间工业收入和科研投入（单位：亿元）

三、完善法人治理结构，提升公司治理水平，确立企业市场主体地位

国药集团始终将完善公司治理作为现代企业制度建设的核心工作，以产权关系为基础、代理关系为纽带，逐步理顺公司治理主体的关系和权责，建立健全相互制衡又相互协调的权力运行机制，实现了公司治理由“橡皮图章”向“交通信号灯”转变。国药集团连续 6 年被评价为董事会“运行良好”的企业。

（一）明确定位，建立科学的法人治理结构

1. 公司治理主体之间权责分明、协调运转

国药集团不断完善以党委、董事会、监事会和经理层为主体的治理架构，建立了决策科学、监督有效、运行稳健的公司治理运作机制。党委发挥领导作用，把方向、管大局、保落实，依照规定讨论和决定企业重大事项；董事会专注集团发展战略、重大投资、风险管控等重大事项的决策把关，不干预日常经营管理工作；国务院派驻国药集团的监事会充分发挥监督作用，加大实质性风险监督，强化内部控制体系健全性和有效性的监督；经理层坚决执行各项决策，抓好日常经营管理工作。

2. 合理的董事会结构充分体现有效制衡原则

国药集团是国务院国资委第一批 6 家董事会试点企业之一，国药集团

建设规范董事会以来，董事会作为公司最高决策机构，在公司治理中的核心地位不断得到加强。董事会从成立之初，外部董事就占董事会多数席位，实现了决策权与执行权的分权制衡。集团董事会9名成员中，6名外部董事由国资委直接委派，董事会专门委员会中薪酬与考核委员会、审计委员会全部由外部董事组成，战略委员会、提名委员会、预算委员会均为外部董事占多数。外部董事占多数的董事会格局，实现了董事会不同的专业结构和全面的战略谋划，保证董事会做出客观独立的判断，为董事会科学决策起到了关键性作用。

3. 加强党的领导与公司治理结构有机结合

国药集团全面贯彻落实中央要求，积极推进党建工作要求进章程工作，不断稳固党组织在公司法人治理结构中的法定地位；规范和健全党组织参与企业"三重一大"事项决策机制，完善党委议事规则，明确党委会审议事项清单和权责边界，落实了党委会研究讨论是董事会、经理层决策重大问题的前置程序；完善"双向进入、交叉任职"的领导体制，选派党性强、懂经营、善管理的党组织领导班子成员通过法定程序进入董事会、监事会、经理层；坚持党管干部原则，各级党组织在干部选拔任用考核方面充分发挥了管标准、管程序、管纪律、管考察的作用。

（二）依法依规，建立规范的董事会运作机制

1. 建立了完善的董事会制度体系

国药集团准确把握国资委建设规范董事会精神，加强顶层设计，通过不断加强董事会运作制度建设，保障董事会各项权责到位。**一是**建立健全董事会议事规则，明确了董事职责和履职程序，健全了董事会运行机制。**二是**不断完善和细化董事会专门委员会职能职责和工作协调保障机制，发挥专门委员会对重大战略和决策事项在专业领域的深入研究和科学把关作用。**三是**加强董事会提案管理，规范董事会提案程序，提高董事会决策质量和效率。**四是**加强对董事会决议事项的执行监督，确保董事会各项决策

得到有效落实。**五是**不断调整和优化授权体系，提高决策效率，形成对市场的快速响应机制。

2. 建立了严格的督办反馈工作机制

为保证董事会决议事项得到有效落实，提高工作的时效性，国药集团董事会以日常跟踪和专项督查的形式进行督办，重点关注重大决策事项的执行效果。经营班子定期向董事会报告董事会决议及授权经营班子审议事项的执行情况，使董事会及时了解集团生产经营及改革发展情况；董事会通过亲临现场，能够掌握投资及基建、技改项目的进展情况，特别是通过现场督查，及时发现并解决问题；对于董事会审议时有一定争议或有条件通过的项目，董事会以督办函的形式，要求指定部门或企业跟踪并反馈办理情况。通过及时的督办，促进了董事会决策事项做到项项有反馈、件件有跟踪、事事有落实。

3. 建立了高效的调研考察机制

为使外部董事及时了解和关注集团生产经营情况，加强对各业务板块发展和决策事项的认识，国药集团董事会根据年度重点工作任务制订调研计划，认真开展调研活动。**一是**为了解企业发展情况，董事会到重点单位对其生产经营、产品业务、发展规划等情况进行一般性调研。**二是**在重大投融资项目决策前，围绕项目可行性、产品性能、市场占有情况、投资回报等情况开展针对性调研。**三是**在重大投资项目实施过程中，对项目的进展情况及预期效果开展跟踪性调研。**四是**董事会根据专业背景情况委托外部董事，对董事会重点关注的问题和监事会提出需要整改的重大事项落实情况开展督查性调研。通过多种形式的调研活动，提高了董事会决策的水平和效率，确保重大项目战略可行、程序合规、风险可控。

（三）纵向延伸，建立完善的母子公司治理体系

1. 完善子公司治理结构

国药集团把加强子公司董事会建设、提升子公司治理水平作为董事会

建设的重要组成部分和关键一环，把董事会试点的内涵向子公司进一步延伸。国药集团较早在二级子公司开展混合所有制改革，二级子公司层面均已经建立了董事会。国药集团依法向子公司董事会派出具有较为丰富的管理经验以及较强的战略视野和判断决策能力的董事，确保国有股东的战略意图通过派出董事在子公司董事会决策过程中体现，国药集团与子公司之间建立了以股权为纽带的管理体制。

2. 优化母子公司决策流程

国药集团着力改变传统的国有企业上下级行政管理方式，按照公司法和现代企业制度建设要求，将对子公司的管控特别是对混合所有制企业的管理，聚焦在合理合法地行使股东权力。例如对于上市公司的重大投资事项，国药集团改变了过去由下至上层层上报和层层审批的流程，而是在项目进行了充分的可行性研究和论证后，先履行集团总部内部决策程序，形成股东意见函，再由国药集团派出董事按照股东意见函在上市公司董事会上进行表决，既尊重了上市公司决策的有效性，又确保了集团大股东权益在上市公司重大决策中得到充分的保护。

3. 强化子公司董事会职能

国药集团在严格执行国有资产监管有关规定和操作程序的前提下，逐步将发展稳健、成熟度高、一定范围内的日常经营业务授权子公司董事会决策，推动决策责任归位和管理责任到位，实现资本权利上移、经营责任下沉。同时，国药集团开展了子公司高管人员绩效与薪酬分类管理改革工作，明确了二级子公司董事会管理本级经营班子成员绩效与薪酬，进一步激发了子公司董事会对本公司高管人员管理的自主性和积极性，增强了子公司董事会的权威性和有效性。

四、推进“三项制度”改革，强化激励创新，提升人才价值创造效力

国药集团主动对标市场，结合混合所有制改革与管理创新工作，采取

多种举措，通过积极推进“三项制度”改革，把干部员工的责、权、利和企业的发展紧密联系在一起，实现了员工与企业同舟共济、共谋发展，有效提升了企业发展活力和市场竞争力。

（一）抓住规范选聘任用推进人事制度改革，健全干部能上能下机制

国药集团在选聘任用中注重打破传统的选聘来源和职级限制，坚持正确的选人用人导向，拓宽人才选聘渠道，汇聚八方人才，创造了人才脱颖而出的良好氛围。国药集团在混合所有制企业中，坚持按照现代企业制度和规范法人治理结构管理，不断增加企业管理者市场化选聘比例，在经理人的来源上，国药集团坚持“英雄不问出处”，管理者可以来自国有企业，也可以来自合作股东方推荐，还可以来自人才市场。国药集团将选择人才的重心放在管理者的品德、背景、经历和能力上，选聘范围面向行业、社会；实现了组织配置、竞争择优和市场招聘多措并举。国药集团还着力打破职级观念，“不拘职级用人才”，在严格履行选聘程序的基础上，开展了跨层级的经营管理者选聘。同时，大力推行聘任制，公司高管由董事会聘任，中层和核心员工以内部选拔与外部招聘相结合的方式进行选拔聘任。公开、透明的用人机制，打破了以往人事管理中的诸多弊端，调动了积极性，培养了竞争意识，冲破了人事任用中论资排辈、能上不能下等陈规旧习，管理观念得到更新。

国药集团通过树立“能者上、平者让、劣者汰”的用人导向，着力打造了一支引领国药发展的好干部队伍。近年来，国药集团内部开展了多次公司间的整合，在干部选聘任用中，突破了职级限制，干部既能向上选聘也能向下任职，实现了更大范围的交流选聘，为管理者施展才华创造了更大的舞台。目前，国药集团各级公司结合混合所有制改革，逐步建立起260余人的经理人队伍，选聘过程坚持竞争择优，其选拔、任用、考核、激励方式都已参照市场化的方式进行管理。国药集团自实施四家中央企业重组以来，对两名不能胜任工作的子公司主要负责人解除了聘任；三家二级子公司因资产重组而降为三级子公司，所有高管均不再由国药集团总部管理。2014年以来，国药集团各级公司共有159人被降职聘用，其中选聘的经理人中已有48人因未达到约定的业绩水平被解聘，实现了干部能上能下。

（二）抓住落实劳动合同推进用工制度改革，健全员工能进能出机制

国药集团为落实劳动合同管理，维护企业和员工合法权益，建立和谐稳定的劳动关系，不断建立健全依法合规的劳动用工机制，充分发挥劳动合同制度在人力资源管理和劳动关系调整中的重要作用。国药集团打破了用工身份限制，全体员工均签订劳动合同，没有体制内外的用人区别，严格按照国家法律法规和企业内部规章制度进行管理，变身份管理为职位管理，打通专业、技术、管理职业发展通道。在制度改革的引导下，员工能接受新观念、吸收新知识、学习新技能，保持了国药集团在人力资源市场的竞争力，员工有能力有机会自主选择企业和工作，努力打造规模适当、结构合理、素质优良的员工队伍。

国药集团持续加强员工总量调控和结构优化，不断提高人岗匹配度，形成了以岗位需求和业绩水平为基础的动态调整机制。这种机制盘活了系统内的人才资源，在员工轮岗交流方面起到了较大的引领作用。近年来，国药集团员工结构不断优化，在岗员工总数超过10万人，各年龄段分布相对合理，员工平均年龄38岁，40岁以下员工占65%，大学本科以上学历人员占26%，中高级专业技术人员9100多人。在新员工引入方面，社会化招聘形式占75%，校园招聘形式占11%，引入中高端人才近1000人，实现了近5000人在集团系统内轮岗交流。同时，国药集团严格员工管理，有近3000人因业绩不佳等原因由公司提出解除和终止劳动合同，有效实现了员工的能进能出。

（三）抓住突出能力业绩推进分配制度改革，实现收入能增能减

国药集团本着“效率优先、兼顾公平”的原则，以建立反映劳动力市场供求关系和企业经济效益的工资决定与增长机制为标志，调整企业不合理的收入分配差距，切实解决该高不高、该低不低的问题，实现收入动态管理。公司高管以贡献、业绩、价值确定薪酬，并以经营业绩责任书考核；中层结合岗位、能力和素质等水平确定薪酬，并按量化指标实施考核；员工以岗位和能力为标准确定薪酬，并按业绩表现量化考核，提升收入分配的激励作用。国药集团还积极探索职业经理人管理办法，尝试建立与选任方式相匹配的差异化绩效管理和薪酬分配体系，根据选任方式对高管人员进行分类管理：组织任命的高管人员的薪酬分配合理确定并严格规范管理，绩效管理在原管理办法的基础上按照国务院国资委管理要求执行；市场化选聘的职业经理人实行市场化薪酬分配机制，在绩效管理方面严格执行契约化要求，提出更加具体细化、更有挑战性的任务目标，充分发挥收入分配的激励约束作用。

2015 年，国药集团实现了收入和利润的大幅度增长，员工平均收入保持了持续健康增长的态势。在可比口径的存量员工中，大多数人通过努力工作实现了收入增长，同时也有 28% 的员工收入较上年度有所降低，能力业绩与收入挂钩作用显现，真正实现了员工收入的能增能减。

五、坚持互利共赢，保障所有者到位，激发企业发展内在活力

国药集团的混合所有制，充分把内部机制和外部监管有效结合起来，让所有者、经营者的利益和公司的效益紧紧捆绑在一起，实现了各种所有制资本取长补短、相互促进、共同发展。

（一）坚持相互认同，实现不同所有制的水乳交融

国药集团发展混合所有制不是搞“拉郎配”，而是双方你情我愿，自

愿开展合作，而合作的前提是双方的相互尊重、相互认同。这种认同既包括双方在发展战略、发展前景上的一致认同，也包括国企对民企的市场策略、运营能力、管理团队的认同，以及民企对国企综合实力、规范管理、国企文化、党建工作的认同。国药集团秉承了“发展战略认同、资本层面协同、经营理念一致、管理团队精干”的原则，高度重视与非公资本合作方在企业发展战略和管理文化上的协同性，在并购地方民营企业时，一般在当地市场中排名前几位的民营企业中进行筛选，首先考量合作方的经营实力、经营策略、市场定位是否符合国药集团的发展战略以及能否对已有的业务产生协同或互补，在此基础上，更重要的是与合作方就企业战略目标、发展方向，以及双方股权比例、权限划分、人员安置等方面进行充分沟通，特别是针对国企和民企在体制、管理、文化上的差异，双方坐下来进行坦诚的沟通与交流。当双方取得相互认可，达成了共识，才会开展实质性的工作，才能为并购后的企业顺利进行管理整合和文化融合扫清思想障碍，有效避免了由于股东间的“同床异梦”给企业带来制约和束缚，防止“混合”变成“混乱”。

（二）公平保护各方权益，形成推动企业发展的合力

国药集团在发展混合所有制经济中，坚持了“相互尊重、坦诚相待、平等合作、互利共赢”价值观念，充分保障各种股权资本的决策话语权，在涉及企业发展战略、业务扩展、重组改制、机制创新方面坚持与各方股东充分沟通，取得理解和支持，绝不因为控股的地位而忽视或侵占其他股东权益，与各股东方建立了良好合作信任关系，使国有企业的政治定力、管控能力、品牌效力，与民营企业的市场潜力、逐利动力、机制活力有机结合起来，实现了业务健康快速的发展。近年来，国药集团在内部实施了一系列大规模重组整合工作，涉及了不同业务板块、多家上市公司、数十个股东，复杂程度在行业内前所未有。在整合过程中，国药集团与各方股东开展了大量沟通协调工作，充分顾及到了各方股东权益和诉求，不以牺

牲其他股东利益为代价换取企业一时的发展。各方股东基于长期对国药集团的合作信任关系，给予了充分的配合和支持，保障了重组工作的顺利完成。

（三）充分发挥民营股东作用，保持企业发展的内生动力

国药集团在投资并购地方民营企业时，为了保留和发挥民营企业家的作用，采取了一种“我中有你、你中有我”的弹性持股机制，即在保持控股地位的前提下，往往留给原民营股东一定比例的股权，或是通过交叉持股的方式，将一部分国有股权置换民营股东股权，同时，继续留用那些有能力、有业绩、有干劲的民营股东和原经营团队，吸引其成为职业经理人，既稳定了重组企业，又将民营股东的利益和企业利益紧密结合在一起，使企业发展充满了内在动力。目前，国药集团混合所有制企业中担任总经理的人员，64%由国药方推荐人选担任，29.4%由民营股东推荐人选担任，6.6%由社会化选聘的职业经理人担任，民营股东在推动国有经济发展中发挥了重要作用。

（四）完善激励约束机制，有效调动全员积极性和创造性

国药集团高度注重人力资本激励，加大按管理、知识、技术等要素参与分配的力度，对核心人才、技术骨干等探索实施多种中长期和短期激励方式。国药集团的上海天伟生物制药有限公司是在上海医工院生物制药部一个课题组的基础上，于2001年成立的混合所有制科研型企业，科研团队骨干作为自然人持股45%。由该公司核心技术成果转化的产品，在国内外市场上处于优势地位，年销售额由成立之初的5000多万元增长到2014年的2.5亿元，2015年实现人均创利115万元。国药集团所属的国药控股于2016年7月，经国务院国资委批准，实施了限制性股票激励工作，以中长期的优秀业绩实现作为获得激励收益的前提条件，从时间约束、业绩约束和持有约束三个方面形成和强化相应的考核约束机制。2017年6月，国药控股完成了股票建仓工作，实际授予175人，授予总量657万股，成为国

资委批准推进混合所有制改革后，第一家正式实施的H股上市公司，迈出了管理者中长期激励的改革步伐。

六、强化风险防范意识，提升内控管理能力，保障企业健康持续发展

国药集团通过不断完善内部控制和监督体系建设，建立了涵盖各治理主体及审计、财务、法律、运营等职能的监督工作体系，健全涉及资金管理、投资管理、安全管理、法务管理等多方面的风险防范机制，切实有效防范国有资产流失。

（一）加强产权管理基础工作，提高国有产权管理效力

国药集团按照有利于建立现代产权制度、有利于混合所有制经济的发展、有利于国有资产保值增值的原则，不断完善产权管理制度，形成以管资本为主，重点管好资本投向、资本流转和资本回报的产权管理制度体系。**在产权登记方面，**国药集团积极改进国有产权登记工作的管理方式，增强国有产权登记管理的及时性、全面性、准确性。**在资产评估方面，**国药集团严格实施资产评估管理办法、资产评估项目备案工作指引等制度，切实做好资产评估备案工作。在产权交易方面，全面落实股东权责对等原则，建立了小股东同比例增资和融资担保风险共担机制，严格监管管理交易，杜绝违规关联交易行为。**在产权和实物资产转让方面，**国药集团充分借助产权交易所的积极作用，确保国有产权转让的“公开、公正、公平”和国有资产的保值增值。**在产权信息化监管方面，**国药集团积极用好国资委的现有产权管理信息系统，实现国有权益监管的实时化、动态化和有效性。**在境外产权管理方面，**国药集团全面监管所属境外企业的项目投资、管理，督促所属各级企业制定其相应的境外企业管理制度，加强对境外投资项目进行全过程监管，严格投资决策程序，并对境外投资项目进行后评价。

（二）强化审计监督作用，提高审计针对性和实效性

国药集团不断完善审计工作机制，重点强化以总部为核心的内部审计管控体系，逐步提高整体审计工作水平，实现审计体系从“分散型”向“相对集中型”转变。**一是**加强审计计划统筹管理。国药集团对下属子公司实行审计计划统筹管理，要求二级子公司审计工作与集团总部及本公司管理重点、难点相匹配，注重大经营事项、重点领域，子公司的审计工作计划每年上报集团总部审核通过后才能实施，有利于审计资源的集约使用。**二是**突出审计重点，提升审计质量。重点围绕企业发展目标，加强经常性审计，对企业的重大重组、并购、国有产权处置转让、重大对外投资、大额采购事项和大额资金运用等，实行专项跟踪审计，高度关注财务收支、资产负债损益以及国有资本保值增值等情况。**三是**完善整改跟踪审计工作机制。国药集团结合实际建立了“审计发现问题整改跟踪审计”“问题清单销账制”和“审计整改提醒函”等一系列工作制度，对审计发现问题的后续整改情况进行跟踪审计，并按照问题清单逐项核实整改措施及结果，努力扩大审计成果的运用范围和提升审计成果的应用深度。

（三）实施专项治理督改，提高资金管控能力

国药集团为确保有质量、可持续、更健康的发展，在国务院派驻国药集团监事会的指导下，从2015年开始深入开展了“两降一减”（降低应收账款占营业收入比重、减少应收账款周转天数、降低资产负债率）专项治理工作，制订了“两降一减”三年工作目标和管控方案，并全面落实“两降一减”治理目标责任“三结合”，即年度目标与绩效考核相结合、三年治理目标与主要责任人任职考核相结合、治理措施的落实与党委主体责任相结合，确保三年管控指标责任到人、考核到人。国药集团从上到下，各级企业党委会、董事会和经营班子分别向上一级公司签署“两降一减”承诺书、年度绩效责任书，并向全体职工公示，做到任务层层分解、压力层层传递。各级企业着力改变经营策略、调整业态结构、提高资金利用效率、

加强清欠工作等措施，“两降一减”工作取得了明显成效。2015—2016 年，国药集团连续两年全面完成“两降一减”年度管控目标，2016 年末应收账款周转天数同比缩短 11 天，资产负债率同比下降 2.01 个百分点，扭转了近年来应收账款规模增速高于营业收入增速的势头，降低了资金风险，有效节约了资金成本。

七、坚持党的领导，全面从严管党治党，开拓党建工作新局面

国药集团近年来通过混合所有制实现快速稳定发展，其中一个重要的因素就是各级企业党组织始终把党建责任扛在肩上，抓在手上，落在行动上，切实把党委的领导作用、党支部的战斗堡垒作用和党员的先锋模范作用体现在企业的改革发展和经营管理的全过程。

（一）坚持把加强党的领导作为推进混合所有制改革的最大原则

近年来，国药集团在布局药品、医疗器械全国网络的过程中，吸收了大量优秀的民营资本参与企业改革发展。但是，这些民营企业中，有的企业党员不足 3 人，或者根本就没有党员，无法建立党组织；有的企业虽然有党员，但是党建工作基础非常薄弱，党组织的地位得不到保障，作用没有充分发挥。针对这些情况，国药集团党委把坚持党的领导作为推进混合所有制改革的最大原则，采取了一些行之有效的办法和措施，形成了“国有与民营”同台竞技、携手共赢的良好局面。

一是把住前端入口，建立党建工作尽职调查机制。国药集团创新性的把党建工作情况作为投资并购尽职调查的重要内容。各子公司在尽职调查过程中，重点了解掌握并购对象党组织和党员的基本情况、企业和职工近三年来是否存在重大违法违规行为，以及主要经营管理者对建立企业党组织、开展党的活动的认同等情况。在投资并购中，国药集团优先考虑和党建基础好的企业进行合作；对确实没有党员或者党建基础比较薄弱的并购

对象，要求把党建工作总体要求写入公司章程，确保并购完成后，能够落实“四同步、四对接”的要求；对于不认同或排斥开展党建工作的民营企业，即便其生产经营等情况比较理想，国药集团也会选择放弃合作。

二是解决存量问题，完善基层党组织覆盖。针对没有党组织、没有党员的混合所有制企业，国药集团按照“企业组织延伸到哪里，党的组织建设到哪里，党的工作落实到哪里”的原则，大力推进基层党组织建设，努力消灭空白点。2015 年初，国药集团约有 200 家企业未建立党组织，全部为混合所有制企业。两年多来，国药集团始终把抓基层打基础作为着力点，通过委派、交流挂职、招聘和发展新党员等方式，加快健全党的基层组织，充实党建工作力量。2016 年底，国药集团内拥有 2 名以上党员的公司已全部成立了党支部或党小组，共设有 91 个党委、52 个党总支部、668 个党支部，19339 名党员，其中在职党员 15075 名。另外还有 20 家公司只有 1 名党员或没有党员，针对这些企业，国药集团党委提出在 2018 年底有党员的企业建立党组织，无党员的企业要有党员、全面实现企业在混合所有制格局下党组织“全覆盖”、党建工作“全覆盖”的目标。

三是落实党建主体责任，创新党建工作方式。国药集团各级党委在发展混合所有制经济过程中，始终牢固树立管党治党意识，坚决落实管党治党责任，不断夯实党建工作的思想基础、制度基础和组织基础，确保国有企业党委的领导作用有效发挥。对党建基础薄弱的混合所有制企业，一般由上一级公司党组织指派党建指导员或党建联络员，帮助指导开展党的活动，对一些新并购的、党建基础和经验不足的企业，党组织关系由上一级公司直接管理，或选派党组织书记，逐步提升党建工作水平。国药集团还有一些混合所有制企业中，领导班子成员没有党员，由上一级公司选派优秀的党员干部，或规定党支部书记可以列席经营班子会，确保党组织对企业经营管理的参与、监督和落实。

国药集团所属国药控股作为集团混合所有制规模最大、层级最多的企业，不断探索党建工作的新特点、新规律、新模式。为有效延伸和增强国药控股总部党委、纪委的管控能力，解决混合所有制企业中业务工作与党建、纪检工作“一手硬、一手软”的突出问题，国药控股党委根据子公司多、分布广、业态各异、党建纪检工作基础差异较大的实际情况，按照区域邻近、一体化协同共建模式，将全国各子公司划分成六个片区，实行片区内公司党建、纪检协同共建，实现了党建工作督导、检查全覆盖，依托片区内党建骨干企业搭建区域内党建和纪检共建平台，实现以大带小、以老带新、以强带弱，推进整体党建纪检工作提升，打造了“区域党建一体化”格局。

（二）坚持党管干部原则和与董事会、经理层依法行使用人权有机结合

国药集团在推进改革发展的过程中，始终坚持党管干部原则，把党委选人用人领导权和董事会、经理层依法用人权有机结合，建立了一套干部选拔任用规范流程，充分发挥了各级党委的领导和把关作用。**一是**落实提名权。改变传统的干部提名“统包统揽”做法，明确了党务干部主要由党委书记或副书记提名，经营管理干部主要由总经理提名，财务干部主要由总会计师或者财务总监提名，纪检干部主要由纪委书记提名。**二是**充分沟通。提名人选必须经过党委书记、总经理、专职党委副书记、纪委书记、分管领导充分沟通之后，才能上党委会酝酿讨论，没有沟通或者沟通不充分的，一律不上会讨论。**三是**党委酝酿讨论。提名人选在充分沟通的基础上，并达成一致意见后，提交党委会酝酿。**四是**考察公示。提名人选由党委组织考察，在对人事档案、个人有关事项报告进行核查并征求纪检监察部门意见后，进行公示。**五是**党委会研究。考察公示等程序完成后，将有关情况向党委会报告，由党委会集体研究决定是否任命或推荐。**六是**归口任命或聘用。董事会、经理层研究决定是否对推荐人选履行聘任手续。

（三）坚持党建工作与经营管理有机结合，解决“两张皮”问题

在过去很长一段时间里，党建工作与经营管理“两张皮”的现象，属

于老大难问题，而且是越往基层越明显。国药集团各级党委进行了认真探索，作了一些积极的尝试。**一是**明确各级党委书记的年度工作任务。国药集团党委将解决“两张皮”的问题作为年度工作要点的重要内容，分解到各子公司党委书记的年度任务书中，作为年底考核的重要依据。在开展党组织书记述职考核评议工作中，把党组织书记推动公司完成年度预算指标情况作为一项重要的考核标准。**二是**发挥党支部在经营管理中保落实的作用。集团党委要求各级企业的党支部要把公司的决策部署特别是阶段性重点任务，作为“三会一课”的重要内容，定期组织党员学习和研究，制定行之有效的办法和措施，确保任务完成。国药控股海南公司针对公司未设立党委的现实情况，由党支部创新性的成立了“重点工作监督委员会”，重点监督检查公司对相关政策和规定的贯彻执行情况、重大项目实施方案和落实情况、贯彻执行中央八项规定精神和廉洁从业的落实情况，并接受员工和客户的举报与投诉，及时纠正和解决管理中存在的问题。**三是**开展党员联系群众活动。充分发挥党员的先锋模范作用，每名党员联系1～3名普通员工，既做好思想政治工作，又帮助提高职业技能，在企业经营活动中形成团体合力。

（四）坚持落实“两个责任”，深入推动党风廉政建设和反腐败工作

国药集团党委始终扎实推进党风廉政建设和反腐败工作，切实把主体责任扛在肩上，建立了权责清晰、职责明确的责任体系，在落实党风廉政建设“两个责任”方面，党委书记履行第一责任人职责，纪委履行监督执纪问责，其他班子成员除承担分管范围内的党风廉政工作责任，做好分管领域的教育、督促和检查工作外，下基层调研、指导和检查工作时，把党风廉政建设作为必听必看必讲必查的内容，履行好“一岗双责”。在贯彻落实中央八项规定精神方面，国药集团纪委始终把纪律和规矩挺在前面，坚持抓细节、抓具体，看住一个个节点，坚持惩戒与教育并重，持续释放

执纪必严、违纪必究的强烈信号，紧盯无视中央八项规定精神、隐形变异的公款吃喝等问题，加大查处通报力度，形成有力震慑。国药集团还着力构建廉洁从业机制，各级企业的领导班子成员、中层管理人员以及重要领域、关键岗位人员，每年持续填报廉洁从业情况自查表，签订廉洁从业承诺书，以此不断增强廉洁从业、合规经营的自觉性，为企业健康发展提供了坚实地政治和纪律保障。

回顾过去，国药集团坚持通过不断改革来解决发展中的问题，一路攻坚克难，一路开拓创新，在深化国企改革、发展混合所有制经济方面取得了一定成绩、积累了一定经验。展望未来，国药集团将认真贯彻党中央、国务院决策部署，坚持以新发展理念为指导，抢抓历史机遇，担当改革先锋，走好发展新路，不忘初心，砥砺奋进，在做强做优做大国药集团的道路上迈出更加坚实的步伐！

14

以市场化改革为突破 下活全面深化改革“一盘棋”

新兴际华集团有限公司

新兴际华集团有限公司（以下简称“新兴际华集团”）是由原解放军总后勤部生产部及所辖军需企事业单位整编重组脱钩而来，公司的成立就带着改革的烙印，历经1994年全国百户现代企业制度试点、2005年规范董事会建设试点又将这种改革基因不断传承和延续下来。党的十八届三中全会以来，特别是被确定为落实董事会职权试点企业后，新兴际华集团按照党中央、国务院关于深化国有企业改革的各项决策部署，根据“1+N”系列文件提出的目标任务，以市场化改革为突破口，走出完善现代企业制度“先手棋”，打好三项制度改革“当头炮”，打出供给侧结构性改革“组合拳”，下活了企业全面深化改革的“一盘棋”，取得了“一招棋胜满盘活”的效果。新兴际华集团已经成为全球最强最大的铸管生产研发基地，国内最大的钢格板和后勤军需品、职业装、职业鞋靴生产研发基地，中国唯一的应急救援产业科技创新联盟牵头单位。

一、深化治理体系，走出完善现代企业制度“先手棋”

（一）健全三级法人治理体系

1. 明确党组织法定地位，做到权责明确

坚持党对国有企业的领导这一重大政治原则不动摇，不仅在集团公司层面，同时严格在所属全资及控股企业落实，将党建工作要求纳入公司章程，明确和落实党组织在公司法人治理结构中的法定地位。

从源头梳理经营管理各环节，列出了 5 方面 39 大类 108 项权力和权限清单，从两条线建立层级分权手册，一个是纵向的有上下级关系或参控股资产纽带关系的单位之间，一个是横向的包括党委、董事会、经理层在内的公司治理各要素之间，做到没有真空地带、没有重叠交叉，基本达到了“集权有道、分权有序、授权有章、用权有度”；形成了权责明确、协调运转、有效制衡、共促发展的格局；实现了“隐蔽的权力公开化、集中的权力分散化”。

严格贯彻落实党组织研究讨论是董事会、经理层决策重大问题的前置程序，修订完善了《公司党委（常委）会议事规则》，重点补充完善了党委的主要职责，讨论决定或研究讨论重大事项的内容和程序，与董事会、经理层的协同运转机制等，只要是涉及企业战略规划、体制机制调整、关停并转、薪酬调整等事关企业改革发展稳定、涉及员工切身利益的重大决策事项，都必须先经过党委会讨论，既确保董事会、经理层的高效运作和科学决策，又保证党组织的意图在重大问题决策中得到体现。

2. 明确各级董事会定位，规范法人治理结构

集团公司层面完善了董事会规范化建设之后，2006 年按照“专业化管理、集约化经营”原则，把所属企业重组为四个二级板块，全部建立了董事会、监事会，外部董事都过半数；到 2007 年底，集团所属企业基本全部完成改制，建立起以规范董事会建设为核心的三级治理体系，实现出资人层层到位。

一是界定三级董事会定位。集团公司董事会是董事会建设的核心，重点是抓战略、抓方向、抓程序、抓风险控制，推动公司改革发展；二级集团（公司）董事会是集团董事会职能的纵向延伸，抓战略分解、落实，推动板块的专业化管理、集约化经营和结构调整；三级公司董事会是二级集团（公司）董事会职能的基本支撑，抓重点项目的实施和年度预算的落

实，推动本企业进步。

二是明确董事会工作重点。随着新兴际华集团持续改革发展的现实需要和做强做优做大的发展要求，明确董事会工作重点为“一个决策、两个决定、五个督导”：“一个决策”，企业改革发展中重大事项的决策，特别是要紧紧围绕集团公司转方式、调结构，加大调研、规划力度，寻找、确定一批支撑企业有质量、有效益、可持续发展的重要项目；“两个决定”，决定本级经理层、下级董事会和监事会选聘，决定本级经理层、下级董事会和监事会业绩考核与薪酬，核心就是建立适应发展新需要的激励约束机制，也就是建立“业绩升薪酬升岗级升，业绩降薪酬降岗级降”的“强激励、硬约束”机制，实现“激励有效、约束有力”；“五个督导”，督导战略推进、项目落地、预算落实、风险防范、改革创新。

三是实现出资人层层到位。截至目前，五个二级公司董事会共有董事41名，其中有29名外部董事或独立董事，占71%；集团所属150家三级企业有34家企业设立了董事会，其余生产型企业只设执行董事，共有董事251名，其中外部董事153名、占61%，其中19家是外部董事担任董事长、总经理兼法人代表。同时结合板块特点进行了一些探索。以新兴发展板块为例，结合自身合资企业较多的板块特点，探索试行股东代表工作制，派驻股东代表出任合资企业我方董事，采取董事会成员专职坐班制，加强对合资企业董事会的管控。

3. 发挥外部董事作用，实现科学决策

多年来，新兴际华集团严格按照国资委“建立健全外部董事制度，是国有大企业加强董事会建设、完善法人治理结构的需要”有关要求，探索实践如何更好发挥外部董事作用，提出外部董事是“经营上的老师、决策上的专家、沟通上的桥梁”。

充分尊重外部董事意见，决策前充分论证和沟通，虚心听取每位外部董事意见，决策意见不一致，一般不上会表决；决策后及时汇报决策执行情况，根据他们的意见，虚心整改；推行外部董事“一票缓决制”，给每名董事留下了重新审慎观察、思考、论证的时间和空间，不打“没把握之仗”，将“好心办坏事”的风险降到最低，真正把好事办好。每年都组织向外部董事专题汇报12次以上，每年组织外部董事调研企业20家以上，每年组织重点项目考察5次以上，每名外部董事每年的工作时间都超过60天。

外部董事作用的有效发挥，提升了集团科学决策水平，有效降低了决策风险。外部董事作用的有效发挥，提升了集团科学决策水平，已经培育了芜湖特钢、南京无纺滤材、邯郸新能装备、商贸物流等一系列新的经济增长点。在国家“一带一路”倡议的指引下，积极“走出去”，新兴铸管印尼项目成功投产。2007年以来，董事会批准了79个投资项目，目前有33个项目已完成、30个项目已开工。尤其是集团公司董事会经过审慎决策，及时中止并退出了16个已批准但不再具备推进条件的项目，没有造成损失。

（二）优化三级业绩考核与薪酬管理体系

1. 考核设计上，坚持薪酬委员会主导

以各级薪酬与考核委员会为主导，将人事权、考核权、薪酬权交给了各级董事会，薪酬执行和兑现情况逐级备案管理，由上级公司董事会统一监督。

集团公司薪酬与考核委员会组成成员，全部由外部董事组成。年均会议4次以上，每年都对董事会企业测试评价目标建议值方案、业绩考核办法、薪酬管理办法以及高管人员年度业绩考核结果和薪酬兑现情况进行审议。根据薪酬考核委员会的建议，经董事会审议，集团每年及时修订业绩和薪酬考核办法，并与经营班子成员签订年度经营业绩考核责任书。

2. 考核指标上，坚持短板考核、动态调整

坚持“哪壶不开提哪壶”，每年根据外部经营环境和企业发展实际情况及时动态调整考核指标，抓发展瓶颈，抓经营短板，注重发挥业绩考核

的导向作用，引导经营管理方向。

2007 年，为鼓励所属企业进一步拓宽国际市场，考核指标增加了出口比率指标，2008 年和 2009 年出口收入分别增长了 37% 和 15.2%。2008 年，面对金融危机，董事会又增加了经营性净现金流量比率的考核，对经营性净现金流为负的企业进行重点督导与监控，也收到明显效果。2009 年，将应收账款周转率和存货周转率两项指标改为应收账款和存货净值进行考核。2010 年，注重了督导二级公司，加大了对三级企业的考核。2011 年，更加注重了企业的发展质量，经济增加值的考核比例达到了 47%。2013 年，删除了全员劳动生产率、流动资产周转率和应收账款净额指标，加重了 EVA、经营净现金流量比率指标。2009—2013 年营业收入年均增长 39%，但应收账款、存货增长率年均增长只有 11.9%、17.9%。2014 年，将存货（产成品）净值和货款回收率作为短板扣减指标，保证企业持续健康经营。同时，还把发展成果共享指标和社会责任指标纳入考核，要求职工人均收入年增长 10% 以上。2016 年，对经理层实行契约化管理后，强化利润指标与年度薪酬的挂钩，同时考核短板指标、保证发展质量。

3. 考核运用上，坚持结果挂钩、刚性兑现

一是经营业绩考核结果与薪酬挂钩。考核中严格体现“业绩升薪酬升职级升、业绩降薪酬降职级降”的原则。2011 年，一个二级板块三项指标完成不好，领导班子降薪 6.8%。2012 年度考核，铸管股份虽然在同行业中业绩只低于宝钢，但没有完成经济责任书目标，班子年薪同比降低 30%；有两个考核 A 级的二级公司年薪同比增长超过 20%。2013 年，实行基薪月考核，年薪季兑现。其中基薪考核 20% 挂钩营业收入、80% 挂钩利润总额，在年度最终考核中“扣的不补，奖的不扣”；绩效部分按指标情况考核，在年度总考核中多退少补。2014 年，虽然部分二级板块各项业绩考核指标相比于 2013 年仍呈增长态势，但因为指标未完成年度预算，薪酬严格按照年度经济责任书兑现，4 个二级板块的班子年薪都同比大幅度下降。其中，铸管股份因利润指标完成不好，绩效薪酬全部扣完，班子年

薪同比下降65%以上。2015年，一个二级板块虽然完成年度考核目标，但因为当年战略发展目标推动较规划滞后，对照责任书战略目标扣除年度薪酬额7.3%。

二是考核结果与干部任免挂钩。近两年结合换届考核，新兴际华共计调整二、三级企业领导人员144人，占三级以上干部总数25%，其中，提职96人、免职42人、降职4人、撤职2人，四大板块中有2个板块总经理因业绩不好被免职。近几年也从三级企业选拔了一批经营业绩考核优秀的领导干部到二级公司任重要领导职务。这种薪酬管理与业绩考核刚性联动的方式对各级经营班子成员起到了有效的激励和约束作用。

（三）完善三级风险管控体系

2007年，新兴际华集团被国务院国资委列为风险管理建设试点单位，新兴际华集团董事会以此为契机，督导完成了风险管理体系框架设计，初步建立起覆盖集团公司、二级公司、三级企业的三级风险管理文化、风险管理组织体系、风险管理制度、风险预警指标体系、风险管理信息系统等全程风险管理体系，并融入企业日常经营管理之中，成为董事会发挥风险防控职能的有效途径。

1. 建立指标体系

建立财务风险量化指标体系，将董事会和经理层关注的重要财务指标，按照不同权重选取12项指标进行综合排名，监测企业经济运行状况。建立非财风险评估指标体系，按照风险发生频率、风险破坏程度等2个维度对集团、二级板块、三级企业等3个层级开展风险评估，从战略风险、财务风险、市场风险、运营风险、法律风险和廉政风险等6大方面、160项末级风险，评估出重大风险18项，其他重要风险33项，一般风险49项，按照重要程度和涉及范围由三个层级分别重点掌控。

2. 实施动态预警

每年形成风险管理年度报告、每季编制《风险动态监测预警分析报告》，每月下发《风险提示书》，及时下发《整改通知书》，进行动态监测预警分析，推动风险整改。

3. 及时跟踪改进

规定提示书《通知书》下达10个工作日内，由涉及企业风险预警事项的成因、解决方案、预计整改结果等内容以书面形式上报集团。对事实清楚、整改措施到位的事项，密切跟踪相关措施落实情况和整改效果；对事实尚不清楚、整改措施不到位的事项，到企业进行实地调查，开展以风险为导向的审计工作，保证监督落实到位。对于所属企业存在的共性问题，或需要加强统一管控的事项，由新兴际华制定相应的制度和流程来加以规范和改进。

目前新兴际华集团全程风险预警与持续改进管理体系已经制度化、机制化、常态化，更好地融入了企业日常经营管理活动，提升了内部控制水平和风险管理成效。

二、推进市场化选聘，打好“三项制度”改革“当头炮”

（一）坚持“一个结合”，推进市场化选聘

2015年10月以来，新兴际华集团作为落实董事会职权试点企业，采取“党组织推荐、董事会选择，市场化选聘、契约化管理”的办法，在中央企业率先完成董事会选聘总经理的基础上，又推广到全部7名集团经理层成员。2016年10月，完成全部二级公司的经理层市场化选聘，包括6名总经理、31名经理层副职；截至目前，完成了92家约90%的三、四级企业374名经理层成员的市场化选聘，其余企业将于2017年底全部完成。

一是董事会依法选聘、党委定向把关。市场选聘工作始终坚持党管干部原则与董事会依法选择经营管理者的有机结合。企业董事会作为选聘主体，在选聘过程中认真制定选聘方案、细化选聘流程、规范选聘程序，确保人岗相适、优中选强，选出“实干家”而不是“考试专家”。党委在选

聘过程中主要履行“管标准、管程序、管纪律、管考察”的“四管”职责，严把人选“入围关、考察关、推荐关”。

二是结合企业实际，实施分类选聘。

——**一方面**，针对企业发展需要，对一些总经理、副总经理岗位采用全社会公开招聘方式。如集团公司总经理就是从国资委党委推荐的 7 名中央企业优秀经营管理者中选聘产生的；新兴际华投资（二级公司）原有经理层全部更换，新聘的 5 名经理层人员中有 2 名来自新兴际华外部、3 名来自新兴际华总部或其他企业；新兴凌云（四级公司）共选聘了 6 名经理层人员，其中 4 名来自企业外部。

新兴凌云（四级公司）作为响应“京津冀协同发展”战略的首家央企外迁典范，在市场化选聘方面也进行了有益实践，体现了“三个特色”，实现了“三个目的”。**体现三个特色：特色一，**体现了上级党委的领导。新兴凌云上级党委专题审议通过了选聘方案及人选，将党管干部原则与董事会按市场化选聘经理层有机结合起来，新兴重工和股东单位的党委严把了“五关”：人选关、标准关、方案关、程序关、考察关。**特色二，**体现了股东主导、程序规范的治理要求。新兴凌云的选聘方案由新兴重工两个全资子公司新兴际华（北京）应急救援科技有限公司和新兴河北冶金资源有限公司两家股东具体批准方案、组织实施。**特色三，**方案和操作是专门为新兴凌云量体打造，突出了针对性、先进性和可操作性。既充分考虑了新兴凌云企业和行业的规律特点，又针对了新兴凌云发展及运营中的瓶颈、短板；既坚持了“能上能下、能进能出、能高能低”的“三能”机制，又充分运用了创新创造激励和股权激励等手段；既吸收了集团公司市场化选聘好的做法、经验，又让新兴凌云管理团队参与其中，注重了可行性和可操作性。**实现三个目的：强化了领导队伍。**通过市场化选聘强化了领导干部队伍建设，提升了新兴凌云决策层及领导班子整体素质和履职能力。一方面积极引进了药品监督管理及财务管理、上市运作方面的 2 位专家担任外部董事，另一方面 3 位在生产组织及药品质量、化验方面具有丰富经验的企业外部优秀人才，成功竞聘为新兴凌云生产副总、总工程师、副总工程师。他们的加入拓展了新兴凌云的发展视野、思维、思路，集合了新兴凌云发展所需的各种资源，促进了新兴凌云产品高质量的生产及新产品的研发。**凝聚了发展合力**。在新兴凌云股东会、董事会上还分别审议通过了《新兴凌云领导班子业绩考核及薪酬管理方案》《新兴凌云董事长、总经理经营业绩考核责任书》。方案和责任书的制定是实现新兴凌云主要领导契约化管理的最重要体现，在方案和责任书中将“利润”这一企业发展的核心作为考核的关键指标，直接决定新兴凌云领导班子的薪酬和去留，同时还结合了新兴重工“登平台、跨四度”的考核体系，既注重短期效益又考虑长远发展，另外还将海外市场开拓、新产品研发、股权分红等因素作为激励项，将安全、稳定、职工人均收入增长等因素作为扣减项，一方面激励企业领导人员不断改革创新，促进企业健康快速发展，另一方面强制企业领导人员重视企业安全稳定，实现发展成果与职工共享。总之，通过方案和责任书将股东、企业、董事会、监事会、高管团队、员工队伍利益和目标实现高度趋同，形成合力为新兴凌云的发展带来巨大的强劲动力。**明确了发展目标**。在新兴重工及股东单位领导的亲自带领和指导下，新兴凌云领导班子经过十多天的激烈研讨和认真分析，开拓了思路，统一了思想，明确了发展方向和目标，找到了发展路径和方法，看清了优劣势和突破口、切入点。决心通过创新模式、完善体系、健全机制，努力实现新兴凌云三年上市、五年利润过亿的阶段性目标，同时新兴凌云领导班子还树立了“再创三十年凌云辉煌，打造新兴凌云百年老店”的远景目标。

——**另一方面**，对企业运行良好的现有经理班子，主要以身份转换为主，采用“站起来再坐下”的选聘方式，经评委会面谈并综合考量，总经理人选由董事会提名，副总经理人选由总经理提名，符合年龄、资历等条件的现职企业经理层人员几乎全部都主动选择了市场化，并在董事会市场化选聘后实行了契约化管理。

（二）抓住"两个关键"，完善契约化管理

在深化市场化选聘改革的实践中，新兴际华集团深刻意识到，对经理层成员实行契约化管理，是在市场化推优选强的基础上更具有决定性意义的一步，从机制上解决了经营管理者"能上不能下、干好干坏一个样"的问题。

一是通过《岗位聘用合同书》实现"身份市场化"。通过《岗位聘用合同书》明确了相关权责，明确经理层成员的生产经营责任，明确了市场化退出机制。如规定"乙方当年考核没有完成年度生产经营利润目标，或者业绩考核在C级以下，且无董事会认可的正当理由，甲方有权解除本合同"。解除聘用合同后，一律只保留工程、经济、会计、政工等相应系列职称岗位和《劳动合同》的普通员工身份，"岗变薪变、易岗易薪"。

二是通过"一书、两办法"实现"管理契约化"。通过《年度经营业绩考核责任书》《业绩考核办法》《薪酬管理办法》明确经理层成员年度及任期目标、任务、奖惩等条款，对于由董事会选聘的包括总经理在内的高级管理人员，坚持激励与约束、权利与义务相统一，坚持责任与职位、薪酬与业绩相一致，突出发展质量和效益导向，各级企业董事会结合企业实际制定个性化薪酬考核办法。如集团公司经理层年度业绩和薪酬考核实行"利润确定总薪酬、关键指标严否决"，任期推行"30%年薪留存追索、3年业绩考核逐年系数与任期总薪酬连乘"的办法。如果年度利润指标完成考核值70%以下只能拿基本生活费并且解聘，完成70%～80%只能拿基本薪酬；超出力争目标每亿元奖励10万，超出创优目标每亿元奖励20万；3项发展质量（EVA权重50%，成本费用占营业收入比重权重25%，经营现金净流量比率权重25%）指标奖一罚二，3项关键指标（资产负债率、存货、应收预付款项）直接否决总薪酬。年度考核系数A+为1.26、A为1.15、B为1.0、C为0.8、D为0.5、E为0，三年系数连乘大于1为正数激励，小于1为负数扣减。任期考核每年都特别优秀的激励薪酬可以大大

超过没有市场化之前；反之，薪酬总额会比选聘前少得多，最低只能拿基本生活费。针对一些成长性企业、拓展性业务，例如在规模较小的新兴凌云，契约化条款中明确提出“新增出口净利润和新产品新增净利润的3%奖励董事长、2%奖励总经理”，并将生活费标准降低了33%，彻底打破经理层“保底”的思想。

新兴际华集团经理层年度经营业绩考核责任书

（三）深化“三能”改革，完善全员激励约束机制

在推进层层市场化选聘后，新兴际华集团形成了广泛改革共识，契约精神不断增强：经理层都市场化了、契约化了，其他人还有什么说的，企业职工的“三能”改革更加顺畅。

在经理层市场化选聘的基础上，又进一步扩大到关键岗位和核心人员。在一些企业推行科技人员“双轨制”，在“名”上给科技人员与同级别管理人员同等的地位和待遇，能调动人、财、物等资源；在“利”上，以产品创新成果转化为导向，让技术要素参与分配，如在新兴凌云（四级公司）经理层市场化选聘中，同步选聘了一位首席工程师，董事会同时给经理层、首席工程师颁发聘书，首席工程师薪酬可以达到市场化总经理的薪酬水平，并且参与新产品开发、净利润5%奖励的二次分配。同时，对营销人员、高管岗位推行“低薪保生活、高薪凭贡献”的“强激励、硬约束”机制。在一些企业把市场化选聘推广到中层，如芜湖新兴（三级企业）的中层市场化选聘，岗位减少了33%。

新兴铸管更是以市场化选聘为契机，把深化“三项制度”改革作为重要突破口和着力点，努力通过深化用人机制改革，构建“能上能下、能进能出”的新机制，理清各级人员的职、责、权、利关系，不断健全激励约束机制，努力实现管理层级压减、机构人员精简、岗位配置优化、组织结构扁平化等目标。

一方面，形成常态化淘汰机制。新兴铸管在全面开展市场化选聘的基础上，结合历年大数据的统计分析结果和各单位装备水平的差异，核定出各单位高层、中层、基层管理职数，按照“能者上、平者让、庸者下、劣者汰”的原则，每年对各层级管理人员分别按3%~5%、5%~8%、8%~10%的淘汰率实行末位淘汰，形成了常态化的硬性淘汰机制。在推进常态化硬性淘汰机制过程中，新兴铸管注重促进经营管理、专业技术和科技研发等各类人才的循环流动，初步形成了公司内部各类人员的新陈代谢系统。以实现各层级管理人员能力保鲜和动态优化为目标，通过管理上“统一规范、分级负责”，评价上“客观量化、基于事实”，任用上“优进劣退、动态管理”等手段，构建了各层级管理人员的流动新秩序，激活了各层级管理团队的工作活力，营造了“有激情、在状态、敢担当、勇作为”的企业团队精神和工作氛围。

另一方面，优化岗位资源配置。第一，根据不同的部门规模制定各级管理岗位职数和比例，自下而上，通过一专多能、一岗双责、岗位优化配置等，提升专业技术人员技能水平和综合素质，严格控制机关管理岗位职数。最小的300人以下实业部，机关管理岗位只能5~7人；最大的1000人以上实业部，机关管理岗位只能8~10人。第二，全面推进纵向管理层级压缩及管理人员管理职数优化计划，主抓直线职权，弱化参谋职权，针对各类管理人员，取消副职岗位，管理职能下沉。由“实业部－工段－班组”三级管理向“实业部－工段”或“实业部－班组”两级管理压缩。同时，设定职能承担原则：同时设立工段及班组的，工段长（副）兼专业技术主管，实业部机关主要负责行政管理职能，班长负责班组行政及技术管理；单设工段的，班组行政管理上移到工段，当班技术管理可通过在主工序岗位设首席操作手负责；单设班组的，实业部同时负责行政及专业技术管理，班长负责班组行政及技术。第三，根据不同企业的规模和性质，通过各级人员工资比例范围的设定，倒逼各企业自下而上优化人员结构，主动进行减员增效、“瘦身健体”。

经过系列改革，新兴铸管管理层级得到明显压减，2017 年 7 月与 2015 年初相比，用工总数减少 24%，三级企业实业部及机关部室减少 79 个，中层管理人员减少 97 人；工段数量减少 98 个，工段管理人员减少 303 人；班组个数减少 558 个，班组长减少 894 人。实现了岗位配置的不断优化，科技研发人员占比不断升高，职工人均收入逐年提高，收入分配去向更加科学化、合理化。

三、持续转型升级，打出供给侧结构性改革“组合拳”

（一）立足自身，强化精益管理

新兴际华集团面对企业发展中的生产成本上升、产品价格下滑、市场空间萎缩、资金链条紧张等外部四大压力，顺应内部管理厚积薄发、集团上下自强超越等内部两大动力，持续强化精益管理，创造性地开展了以“225”管理创新体系为抓手的各项管理创新活动。

1. 创新经营机制，全面推行“两制”

为适应市场经济形势的瞬息万变，新兴际华集团推行“模拟法人运行机制”和“研产供销运用快速联动机制”，实践证明这两套机制有效地降低了成本，顶住了市场压力，取得了良好效果。

“模拟法人运行机制”是指以满足快速联动要求为前提，以向全员赋权配责为出发点，以利润为中心，以考核为手段，将本来不是法人的内部经济主体推行模拟法人运行，实现“人人都要负责，人人都要当家”，形成压力层层传递、指标层层分解、责任层层落实、活力层层激发、绩效层层考核的新机制，把企业经营创新压力转化为员工创新积极性，激发员工主人翁的责任意识，从而使追求可持续发展成为一种刚性动力。

“研产供销运用快速联动机制”是以快速满足用户需求、为用户创造价值为目标，以市场为导向，通过信息共享传递外部市场压力，实现“人人关注市场、人人挖潜算账”的运行机制。

通过将“两制”推广到所有三级企业及车间、班组和岗位，并推进“两制”联动，在国内外经济形势持续不利的情况下，铸管股份的吨产品利润一直保持在行业前三甲，吨钢材成本比全国钢材平均成本低200～300元。

2. 持续降本增效，落实“两个中心”

严峻的经济形势对新兴际华所处的传统行业提出了更大的挑战，为应对经济下行压力带来的冲击，新兴际华集团积极开展“学台塑、降成本、增效益、促发展”主题活动，按照对标先进、优化管理，查找差距、反思不足的思路，提出建立“利润中心”和“成本（费用）中心”，核算单元细化到岗位、到人头。全集团共建立成本中心10356个，利润中心3567个，以管理信息化的落地推广为支撑，不断细化成本费用中心和利润中心，划小核算单元，强化内部市场化考核，真正使成本费用中心成为降低企业运营成本的围栏水坝，使利润中心成为集团效益增长的源头活水。近几年钢铁行业整体亏损的情况下，所属冶金板块通过“成本分析会”“经济活动分析会”“现场办公会”等对各核算单元指标完成情况进行分析，着重在技术攻关、优化配比、改革创新、修旧利废上下功夫，效益一直保持在行业前三。

3. 扎根市场实际，推行“双五体系”

新兴际华集团各级企业按照“五个面向”（面向全体管理者、面向市场营销人员、面向设计研发人员、面向全体党员、面向全体职工），坚持“两个扎根”（扎根市场、扎根基层），落实“三个对标”（与本企业今年三个月的最好水平进行对标、与本企业历史上的最好水平对标、与同行业优秀指标进行对标），建立了全面预算“五个体系”（指标体系、责任体系、跟踪体系、评价体系、考核激励体系），加强全面预算管理。在不断实践过程中，新兴际华集团进一步深化生产经营“五个体系”建设，形成了以生产经营和党建工程的“双五体系”建设为抓手、以“创先争优”为动力的全面管理提升，实现了指标和责任的层层分解，实现了“千斤重担人人挑、人人肩上有指标”，进一步夯实了管理基础，有力支撑了企业的发展。

“225”创新体系不断深化，取得显著成效，每年生产成本可比口径降低都在2%以上，可控费用降低3%左右。

（二）解决近忧，深化提质增效

1. 成本管控出速效

面对经济下行压力加大、所涉行业产能过剩的严峻形势，新兴际华集团上下牢固树立“省一分钱比挣一分钱容易”的观念，不断强化成本管控，通过指标分解、强化对标、采购降本、工艺管控等措施降本增效。积极开展科学的对标管理工作，每月进行各项工序成本的对标管理，加强与本企业三个月以来的最好水平、本企业历史最好水平、国内同行业最好水平、国际先进水平等各层面的对标，并通过“裸对标”等形式深刻剖析企业成本控制的短板，形成集团上下赶超先进的共识和劲头。通过建立二级公司采购促进中心，形成与企业集中采购部门的相互制约激励，合理确定采购费用节省部分的奖励措施，降低采购成本。紧盯单位产品物料消耗、能耗降低，不断优化生产工序组织，采用先进设备，控制生产成本。丰富融资形式，压减存货和应收预付账款占用，降低资金成本。2015年集团冶金板块在行业严冬的形势下严控期间费用，提高销售自提比例及生产自发电比例，实现期间费用同比降低 15.35%，调整特殊件、次常用及常用件库存比例，保持了行业利润前三。鞋靴制造企业基本完成 DESMA 设备改造，工效提升 10% 以上，一次下机合格率达 90% 以上，行业竞争优势明显。

2. “瘦身健体”去负效

按照国务院国资委打好“瘦身健体”攻坚战的部署要求，抓住国家相关政策契机，开展“两降（降低存货及应收账款资金占用）、两减（减少亏损企业户数，减少法人层级）、两消灭（消灭‘僵尸企业’及特困企业）”工作，积极做好“三供一业”分离移交工作及职工分流安置工作，确保“瘦身健体”工作顺利推进，推动企业可持续发展。完善项目退出机制，主动退出非主业项目，及时中止因市场形势变化而不适宜推进的项目，严控投资及贸易业务，防范经营风险。到 2018 年新兴际华将缩减企业法人户数 20%，彻底消灭五级以下企业，缩短法人层级链条，提升管理效率。

3. “三品”提升增市效

开展拓展品种、提升品质、创造品牌的“三品工程”专项行动，扩大市场占有率，提升盈利能力。不断丰富产品种类，以各类特殊接口、涂层铸管，防火防穿刺防辐射类行业服装和鞋靴，履带式农机设备，轻型高机动应急救援设备丰富产品系列，提高供给水平。以提高产品一次下机合格率、提升产品质量稳定性为突破口，提升产品科技含量，产品品质稳步提升，盈利能力强的产品销量占比

军需装备

智能化轻型高机动应急救援系统装备

较上年呈两位数增长。加强品牌建设，保持铸管和纺织服装的行业品牌优势地位，着力打造“际华园”和“安全谷”两大转型发展品牌，充分利用珠海航展、应急产业年会大力宣传集团品牌形象，强化改革发展的集团形象，集团品牌知名度和美誉度得到极大提升。铸管产品连续5年保持销量增长，国内市场占有率达到45%，全球接近20%，稳居世界第一。轻工纺织板块企业积极与米其林、JV等知名公司合作，提升技术实力和品牌档次，军队、武警订单稳步提升，2016年职业工装、行配订单同比增长7.33%，“际华”品牌在亚洲品牌500强排名较上年大幅提升65个位次。机械制造板块新能源设备检测业务大幅增长，农机产品成功开辟俄罗斯远东市场，轻型高机动应急救援装备销售实现零的突破。

4. 整体联动创实效

积极贯彻大市场、大营销的理念，从集团层面统一对接军队装备部门、公安消防部门、地方政府机构和各类企业，通过建立政企合作交流，企业战略合作的形式，探索大客户资源联动机制，通过推动我方与客户“需求换市场”、探索集团与地方“工业换资源”项目在集团不同板块之间互换对接，联动拓展市场空间和发展平台。积极响应“一带一路”倡议、“走出去”战略，以铸管的销售带动军品市场的扩展，以军品的出口促进冶金产品的推广，在中东、非洲及南美市场形成了良好的市场联动拓展。冶金板块管件销量年均增长20%以上，铸管产品成功进入泰国、阿鲁巴、尼加拉瓜、洪都拉斯等新市场。以新商遇激活老品牌，研究对标迪卡侬商业模式，推动“运动＋户外＋应急”商业模式，为轻工纺织企业产品销售打开窗口，拓展渠道。以建设应急救援展厅及应急产业展览中心为切入点，将集团相关板块产品纳入其中，积极摸清产业形势，以煤改气政策支持为契机，向工业用户和居民用户的天然气终端用户市场拓展，实现销量同比增长近五倍。

（三）着眼远虑，推进转型升级

1. 结构优化谋长效

加快产业转型。加快由传统制造业向制造服务业转变步伐，积极推进产业转型升级，形成集团持续发展长效动力。铸管股份成功开发桩管，球管“跨界”应用于建筑市场，积极进入管廊及PPP项目市场，合同量分别达到1.3万吨和6万吨。新兴重工加快安全谷商标注册和项目推进，抢占行业制高点，正在申请纳入国家“十三五”应急产业发展规划。目前已与北京、珠海、成都等地政府达成初步协议，其中成都“安全谷”选址工作已经完成；与美国TEEX公司合作项目设计，与德国国家技术救援署已达成初步合作意向；通过珠海航展专业展馆等形式大力推广，集合产业高端要素，高起点谋长效。新兴发展着眼建筑产业化、养老地产等新兴领域，加强与地方科研机构的合作，抢占市场先机，为企业调整结构、长远发展谋篇布局。

球墨铸铁管广泛应用于南水北调工程

加快品牌升级。瞄准冲刺世界品牌500强目标，利用好“新兴”和

“际华”两大品牌进入亚洲品牌500强契机，进一步强化品牌建设，利用现有品牌，构建集团品牌体系。加强政企交流，主动参与灾害救援行动，积极参与政策标准制定，打造“安全谷”和“际华园”两大转型发展品牌。充分利用珠海航展、应急产业年会、行业展会大力宣传集团品牌。有针对性通过电视、报纸等传统媒体，微信、微博等新媒体加大宣传推介力度，并尝试高铁冠名等多种形式提升集团品牌知名度。借助多次入选国企改革典型宣传契机，以集团改革排头兵形象延伸集团产品创新者品牌。铸管产品连续5年保持销量增长，轻工企业积极与米其林、JV等知名公司合作，提升技术实力和品牌档次，军队、武警订单稳中有升，“际华”品牌位列“中国上市公司创新品牌价值100强”第39名。

加快供需提升。围绕供给侧结构性改革主线，开展增品种、提品质、创品牌专项行动，丰富产品种类，提升产品质量，国际国内市场开拓取得新进展，聚焦新市场的供需平衡正在形成。铸管股份实施产品差异化战略，加大拖拉管、顶管等产品销售，国内市场占有率达到50%，差异化产品比例达到18.4%。阳江30万吨铸管项目年内实现投产，进一步增强华南市场的掌控力。际华股份在巩固和扩大军品市场的基础上，健全大客户管理体系，开拓央企工装及行配市场，开发防火防穿刺防辐射类功能性服装、鞋靴，民品收入同比增长25.57%。新兴重工开发履带式农机设备，丰富应急救援设备产品系列，提高供给水平。加大与政府和大客户的战略合作，以煤改气政策支持为契机，向工业用户和居民用户的天然气终端用户市场拓展，仅2016年就签订工业用户“煤改气”合同185项，执行合同131项。新兴发展不断加强地产项目储备，深耕既有市场，形成稳定的收益保障，物业经营不断提升服务，入住率显著提升。

在国际市场方面，铸管股份扎实开拓“一带一路”沿线市场，在巩固传统中东、非洲出口市场的同时，强力开发泰国、阿鲁巴、尼加拉瓜、洪都拉斯等新市场，全球市场占有率接近20%，出口量占据国内铸管出口半壁江山。印尼镍铁一期实现投产，现日产已突破300吨。际华股份加大海外市场扩展，在成功进入波兰军贸市场的基础上，新开发英国、瑞典、荷兰和罗马尼亚等欧洲军贸市场。新兴重工农机产品成功开辟俄罗斯远东市场。

特别是，新兴际华集团进一步聚焦国家战略需求，依托传统应急产业基础优势，纵向延伸产业链、横向整合产业端，进一步整合和充分挖掘后勤军需保障装备、产品、服务和布局优势，加快结构调整和转型升级的步伐，致力于打造国际一流应急救援科技产业研发及生产基地，实现保军、应急“军民”两线的产业核心竞争力进一步提升，落实军民融合发展战略和京津冀协同发展战略，积极推进供给侧结构性改革。

作为军队军需物资重要提供商，新兴际华集团发挥传统业务优势，依托传统上的大型工程机械和后期新开发的轻型高机动车、远程排水车等应急救援设备，形成覆盖全国、较为完善的六大类应急救援产品体系和较强的应急救援装备研发能力，在军民融合战略格局下，战时保障军队、平时保障民生、急时保障救灾。

2016年新兴际华集团在应急救援产业链中装备制造环节取得突破性进展，研发并投入使用的轻型高机动系列装备，突破了制约我国救援能力提升的关键技术瓶颈，提供符合我国国情的应急救援一体化综合解决方案，实现了关键技术和装备的国产化。该套装备车辆采用东风猛士底盘，是对国内装备进行改造形成的智能化轻型高机动救援装备。该套装备由19台车组成，涵盖搜索勘查指挥、紧急同行保障、技术救援装备、医疗卫生保障、水资源保障、火灾处置、后勤保障7个系列，具备抢险、破拆、排水、后勤保障等功能。最重要的是这套装备具有高机动响应、快速到位、实操性强等特点，可在发生地震、泥石流、洪涝、火灾、水灾等自然灾害时，提供通信指挥、抢险破障、技术救援人员装备运送、医疗救护、消防灭火及后勤保障等作业，最大限度地抢救生命财产损失，突破了制约我国救援能力提升的关键技术瓶颈，提供符合我国国情的应急救援一体化综合解决方案，实现了关键技术和装备的国产化。轻型高机动系列装备也成为新兴际华集团为履行社会责任，保护人民生命和财产安全提供的“新兴际华方案”。

2. 创新驱动育功效

一是调整定位，发挥技术中心（应急研究总院）作用。新兴际华集团把创新驱动摆在更加突出的位置，进一步加强完善了集团技术中心（应急研究总院），将技术中心（应急研究总院）定位为集团科技创新核心机构，重点围绕落实创新驱动发展战略、军民融合发展战略、推动供给侧结构性改革，为集团培育战略性新兴产业提供科技创新动力，致力于通过强化内部协同，整合国内外专业领域高端资源，搭建国家级研发平台，带动新兴际华集团由传统制造业向高端制造业升级、向制造服务业和现代服务业转型。突出三大职能：国家应急领域顶层设计、前沿课题和重大专项的主要承接者；应急服务整体方案设计、产品技术研发的军民融合协同创新平台；新兴际华集团科技创新能力建设与成果转化的组织实施机构。近期以应急产业为切入点，凝聚产业合力，对外引入高端资源、对内推进各板块协同创新，致力于建设国内顶级、世界一流的集“应急技术研发、技术服务、技术交流”于一体的协同创新平台，塑造新兴际华集团应急品牌形象；中长期为新兴际华集团围绕国家战略、市场需求和国际化导向，优化整合板块内部资源、打造新的发展模式提供强大技术支撑和资源支持。

航天员出舱靴

二是协同内外资源，构建“双创”支持平台。探索“互联网＋应急产业＋共享服务”商业模式，即以“互联网＋”为抓手，以共享资源、共享经济、共享社会效益为核心理念，打造应急资源（物资、装备、人员）共享服务平台，通过“双创”模式构建产业共享生态圈，形成“1 个大平台”（应急资源共享服务平台——应急云网）、“4 个子平台”（应急“双创”、应急电商、应急培训、应急金融），最终达到资源的“找得到、调得来、用得好”3 大目标。

打造应急救援产业技术联盟平台。目前新兴际华集团牵头的应急救援装备产业技术创新战略联盟成员单位有 400 多家，联系生产企业 4000 多家，已成为唯一的应急领域国家级联盟，新兴际华集团将依托联盟打造“政产学研用”一体化创新平台，成为应急领域国家重点研发计划的主流载体。新兴际华集团还将在“一带一路”重要节点城市珠海、西部大开发核心城市成都以及长江经济带节点城市武汉等地布局“安全谷”项目基地，逐步形成东西南北中相呼应、辐射全国的应急产业体系。

三是加强技术研发，打造技术引领能力。新兴际华集团共拥有国家级企业技术中心 1 家、分中心 2 家、国家级工业设计中心 1 家、国家级技术创新示范企业 1 家、国家级试点联盟 1 家、国家级高新技术企业 25 家；省级企业技术中心 27 家、省级工程技术中心 10 家、省级重点实验室 1 家、省级工业设计中心 3 家；院士工作站 1 家、博士后科研工作站 2 家。“十二五”期间，新兴际华集团获得 47 项科技奖励，包括：国家级科技奖励 4 项、省部级科技奖励 32 项。其中：获得国家科技进步二等奖 1 项；获得国家知识产权局专利金奖 1 项；获得中国人民解放军总后勤部科技进步一等奖 1 项。“十二五”期间，新兴际华集团 124 个科技项目共获得 6.02 亿元资金支持。

铸管股份以市场需求为导向，积极提供贴合市场需要、更高附加价值的产品和服务。球墨铸管各类特殊涂层工艺已在各工业区推开，大口径内自锚管业内领先，河南范县供水工程开创国内首个拖拉管施工应用先河。际华股份单兵一体化、消防防护、应急救援等特种防护产品开发等重点研发项目成效显著，2016 年新研发产品实现销售收入 26.4 亿元，同比增长 6.24%，并成为单兵装备改革后第一批列入供应商名录的研发、生产企业。新兴重工“大型铝合金薄壁件制造技术”项目整体技术处于国内领先水平，高压气体长管半挂车（711 -7 管）和大容积高强度轻量化气瓶等 9 项成果被鉴定为国际或国内先进水平。

加大科技引进力度，合作开发新产品、新工艺。与美国、意大利、德国等国先进的皮革制造、服装及面料设计、混炼胶生产、应急救援设备研发制造企业合作，以领先的科技实力和先进的设计理念确立国内国际市场的领导地位。建筑产业化项目与清华大学等高校科研机构进行产学研结合转化，已获得一批科研成果，一些专利项目已经获得美国、欧洲、南非和澳大利亚等国家授权。

从教材修编、行业标准制定入手，提升产品竞争力。铸管股份主持或参与国际、国家及行业标准制定、修订 19 项，有力提高了在国际铸管领域的话语权；际华股份主持、参与国家、行业及军需产品类标准制、修订 40 余项，进一步巩固了行业竞争优势；新兴重工制定或参与相关行业标准 11 项。集团所属各级企业积极参与高校教材修订工作，从源头提高产品认知度和市场掌控力。

新兴际华集团正在努力探索并持续前进，并将继续坚定不移地以改革促发展，按照党中央、国务院关于深化国有企业改革的各项决策部署，根据“1 + N”系列文件提出的目标任务，立足长远，埋头苦干，通过扎扎实实的努力，久久为功，努力增强企业活力、控制力、影响力、国际竞争力和抗风险能力，建设世界一流企业，真正实现做强做优做大。

15

不辱使命　勇于探索
全力打造国家级资本运营平台

中国国新控股有限责任公司

自2010年成立以来，中国国新控股有限责任公司（以下简称“中国国新”）时刻牢记自身使命，切实肩负起推进国有经济布局结构调整优化的重任，大胆实践、勇于创新，深入研究探索国资运营管理新理念、新方法、新模式，积极利用业务整合、改制重组、资产剥离等资本运营手段，成功实现了对中国印刷集团公司（现更名为“中国文化产业发展集团有限公司”，以下简称“文发集团”）、中国华星集团公司（现更名为“中国华星集团有限公司”，以下简称“华星集团”）两户划入中央企业的改革脱困，积极支持中央企业“走出去”，充分发挥了国有资产运营平台作用。新一轮国有企业改革启动后，中国国新按照中央关于国有资本运营公司的定位与要求，结合自身新时期的战略与使命，在全面深入总结既有经验的基础上，确立了以投资基金、金融服务、资产管理和股权运作为主业的国有资本运作新模式。在新模式的引领下，中国国新各项业务全面铺开，相关工作积极推进，集团资产体量与权益总额持续壮大，经营效益不断提升，截至2017年6月末，集团资产总额2458.31亿元，负债总额1065.47亿元，所有者权益1392.84亿元，2016年实现利润总额41.74亿元，2017年上半年实现利润总额21.38亿元，有效实现了国有资产保值增值，国家级资本运营平台建设取得阶段性成果。

一、肩负使命成立，努力建设央企中的“新国企”

中国国新自成立以来，就肩负着推进国有经济布局结构调整优化的特殊使命，成为实施中央企业国有资产整合、优化资源配置、推进中央企业股份制改革、服务中央企业提质增效和创新发展的操作主体。2011 年、2012 年，文发集团（时名“中国印刷集团公司”）、华星集团先后整体划入中国国新。中国国新按照科学发展、有进有退、合作开放的原则，在深入调研的基础上，分别制定了两户企业的改革发展工作方案，在认真履行出资人职责的同时，深入开展重组整合，有力推动了两户企业的改革脱困和健康发展。

（一）落实管资本理念，与所出资企业保持一臂之遥

中国国新秉持管资本的经营理念，根据公司业务发展阶段、企业规模、业务发展战略方向、业务布局与关联度、总部管理能力、信息化水平、企业文化等因素，选择适合公司资源能力和发展背景的管控模式。按照市场经济原则，基于现代企业产权制度和企业法人治理结构的框架，充分尊重子公司的独立法人地位和市场主体地位，通过完善法人治理结构、派出股权代表、契约化的公司章程，实现组织管控，形成了一套以资本与产权为纽带的、行之有效的集团管控新模式：

一是管控理念方面，告别“婆婆”、专心“老板”。集团总部与子公司不是上下级而是投资与被投资关系。集团总部不干预子公司日常生产经营，尊重子公司独立法人定位，始终与其保持“一臂之遥”。

二是管控方式方面，轻批复、重决议。集团总部没有沿用传统央企集团总部行政化集权化做法，而是按照现代企业制度要求，通过完善子公司法人治理结构、健全子公司董事会构成、制定子公司契约化章程来决定和影响子公司财务和经营政策，最终达到有效管理子公司的目的。

三是管控内容方面，管住资本、放开资产。董事会主要行使对子公司

重大决策、选人用人、薪酬分配等出资人权利，企业日常经营事项则按照子公司章程与内部管理制度授权子公司领导班子行使，确保子公司自主经营、自负盈亏的市场主体地位和领导班子的责任感。

在管控模式体系建设上，中国国新确定了总部的功能定位及核心职能设计，制定了公司组织结构及职责；初步建立了对所出资企业的管理控制体系，重点在战略规划、人力资源管控和财务投资管控方面，制定了相应的规章制度和管理办法，加强控制力。

经过五年摸索，符合国有资本运营职能定位和运营特点的集团管控体系初步建立，集团总部与子公司，子公司董事会、监事会、经理层各司其职，协同配合，初步形成了既有效制衡又协调运转的良好工作局面。集团各项规章制度不断完善，精简、高效的组织机构和职工队伍逐步建立，为集团升级为国家级资本运营公司打下了坚实基础。

（二）以管战略为核心，推动出资企业转型升级

1. 健全法人治理结构，推进董事会建设

中国国新充分尊重两户企业的市场主体地位，按照以管资本为主履行出资人职责的要求，主要依托公司法人治理结构对划入企业进行管理。一方面，中国国新借鉴在非公司制中央企业建立董事会的经验做法，制定相关规定，完善划入企业的治理结构。在文发集团探索建立了外部董事占多数的董事会，委派来自法律、投资、文化、人力资源管理等专业领域的外部董事参与管理，将投资管理等权限授予其董事会行使；另一方面，按照权责对等的原则，层层落实国有资本保值增值责任。中国国新通过制定实施《股东事务管理暂行办法》《股权代表管理暂行办法》，保障派出董事、监事有效行权履职，切实维护出资人权益。

2. 加强战略引领，推动文发集团扭亏为盈、跨越发展

文发集团划入中国国新后，中国国新立足于国有资本运营公司的职能定位，贯彻落实党中央、国务院国资国企改革精神，研究制定了《关于促

进中国印刷集团公司改革发展的工作方案》，提出了“有进有退，效益优先，开放合作”的改革发展方针，指导和支持文发集团以“瘦身健体”为抓手，以提质增效为目标，推动产业结构调整，实现企业转型升级和可持续发展。

自划入后，按照中国国新提出的“效益优先”方针和“退出不具竞争优势业务”的要求，文发集团解放思想，发展思路不再局限于印刷行业；实事求是，无论主业非主业，只要没有效益一律退出，全面而彻底地开展了“瘦身健体”工作：**一是**通过资产重组退出印刷版材生产业务，将北京科印近代印刷技术有限公司100%国有股权和中印印刷器材有限公司51%国有股权无偿划转航天科技下属企业；**二是**通过引入战略投资退出印刷生产业务，为所属北京新华印刷有限公司成功引入战略投资者——中国出版传媒股份有限公司，文发集团持股比例由100%降为49%；**三是**果断退出纸浆贸易业务，共销售库存纸浆4.71万吨，累计回收资金1.95亿元，有效降低了资金占用，提高了资金使用效率和效益；**四是**快速清理退出低效无效资产，针对一批不具备持续发展能力的业务、长期无回报的股权投资，按照“稳健、高效”原则，通过挂牌转让、清算注销等方式进行清理。截至2015年底，退出不具备竞争优势业务的工作基本完成，文发集团在岗职工人数由1993人减少至761人，回收可用于发展新业务的资金约4亿元，通过关、停、并、转，累计减少亏损约1亿元，“瘦身健体”的目标基本实现。

同时，在中国国新的大力支持下，文发集团产业转型发展持续推进，提出了“基地—基金—基业”的渗透式发展战略。**基地，**即通过打造文化创意产业园作为文创产业发展基地，吸引优秀文创企业入驻，在通过出租物业和提供增值服务获得稳定回报的同时，为广泛接触文化产业细分行业、优质企业、优秀团队创造了条件。**基金，**即通过合作的方式发起成立了北京市文创基金、中文安赐基金、北京市文化科技融资租赁公司、北京市文化产权交易中心、上海文化产业小额贷款公司等文化金融服务机构，通过为文创园区及市场上优质文创企业提供投融资服务，在分享企业成长红利的同时，进一步了解文创企业，把握产业规律，凝聚专业人才，理顺体制机制。**基业，**即在通过文创园区和文化金融服务向文化产业各领域不断渗透的基础上，发掘“市场有空间，央企有优势”的细分行业，实施产业整合，使文发集团在文化产业某一两个细分领域成为行业龙头。

基地方面，文发集团“精准定位、系统设计、整体建设”，创造性地在北京市西城区、东城区、海淀区黄金地段成功打造“新华1949”文化金融创新产业集聚区、“新华1949”人民美术文化园和“新华1949”百花建筑设计园三大文化创意园区，吸引了北京市文资办、北京文投集团、北京市文化创意产业成果展示展览中心等众多文创行业龙头机构的入驻，聚集了一大批文化创意特色的优质企业；通过文创园区的规模化、品牌化经营，盘活了土地资源，获得了稳定丰厚的经济回报，实现经营面积约21万平方米，年实现运营收入约2亿元，实现净利润超过1亿元，成功打造了“新华1949”园区品牌。

文发集团打造的新华1949创意产业园区

基金方面，文发集团大力发展股权投资基金业务，截至2017年7月底，账面投资回报率达到100%，个别项目投资回报达到5倍以上。

基业方面，通过几年的渗透发展，文发集团选择文化教育作为行业转型整合发展的方向，并积极并购有关上市公司，开展资本运作，力争通过三到五年的运营，打造具有产业引领能力和优秀业绩的文化教育上市平台。

经过多年努力，文发集团“瘦身健体—盘活存量—发展新主业”的转型升级之路取得了较好的成果：**一是**经济效益稳步提高，文发集团一改2012年之前连续5年亏损的局面，2012—2016年实现了连续盈利且每年保持较高的增速，2016年全年实现净利润0.71亿元，净资产规模达到了13.12亿元，较2011年增加了10.82亿元；**二是**实现了企业转型发展，五年来，文发集团树立了文创园区央企品牌形象，建立了文化金融市场影响力，伴随着2014年5月“中国文化产业发展集团公司”的更名，作为文化央企的市场形象初步确立；**三是**建立了现代企业管理制度，在推进产业结构调整的同时，中国国新指导文发集团稳步推进体制机制改革，建立健全了企业法人治理结构，建立了外部董事占多数的董事会，针对有条件的企业推行了经营层和骨干员工持股等混合所有制改革措施，初步建立了适应市场规律的人才招聘和激励机制，企业活力明显增强。

3. 打造专业化平台，推动华星集团业务转型

华星集团划入中国国新后，中国国新研究制定了《中国华星集团公司发展改革工作方案》，明确提出氟化工业务从华星集团整体剥离并成立国星集团有限公司（以下简称“国星集团”），分离氟化工业务后的华星集团承担了非主业退出、代管企业清理关闭和离退休人员管理工作，并着力打造成为中国国新资产管理平台公司，为有关中央企业资产优化整合、化解过剩产能、改革脱困和剥离办社会职能等提供专业化服务。截至2016年底，华星集团已基本完成非主业退出、代管企业清理关闭等工作，有组织、有计划、有步骤地实现对分布在全国10个地区的六百余名离退休人员的规范管理。2017年，按照运营公司剥离实体经营业务的要求，中国国新将国星集团无偿划转给了中国化工集团。

通过主业的清退、离退休人员的规范化管理工作，华星集团系统性梳理、提炼和优化了多年来在企业资产重组、处置和离退休人员管理等方面积累的经验，并对标市场化、专业化资产管理公司，找差距、补短板，为搭建国有资产处置及运营平台，并最终成为市场化、专业化的资产管理公司奠定了基础。

（三）大力支持中央企业“走出去”，开启央企海外资本运作新篇章

2012 年 5 月，国新国际投资有限公司（以下简称“国新国际”）正式成立，该公司主要支持中央企业开展的境内外投资项目，贯彻落实国家“走出去”“一带一路”倡议。

国新国际参与投资中国化工安迪苏项目

截至 2017 年 8 月底，国新国际累计批准项目 58 个，合计 325 亿美元；累计交割项目 41 个，合计 187 亿美元，其中国际产能和装备制造合作重点国别规划项目占已投资金额的 30%，属于“一带一路”的项目金额占总交割金额的 73%。国新国际已累计支持了 27 家中央企业的境外投资项目，有效缓解了其境外并购资本金不足的问题，促进了其转型升级及国际竞争力的提高，项目涉及清洁能源、核电装备以及能源化工等多个领域。2016 年公司净资产收益率为 7%。

二、谋定位、明任务、探模式，扎实落实中央组建国有资本运营公司的战略部署

《中共中央、国务院关于深化国有企业改革的指导意见》明确提出“改组组建国有资本投资、运营公司”。中国国新根据自身实际情况及多年发展经验，经过前期大量深入细致的准备工作，积极争取成为试点企业。2016 年初，中国国新被确定为国有资本运营公司试点企业。

（一）贯彻中央精神，明确运营公司战略定位

被确定为运营公司试点企业以来，中国国新认真学习贯彻中央精神，坚决落实国企国资改革关于运营公司试点的各项要求，进一步明确中国国新作为运营公司的功能定位和主要任务；同时，制定实施《全面深化企业改革实施方案》《“十三五”发展战略和规划》，不断增强改革发展的系统性、整体性和协同性。

在此基础上，中国国新明确了符合国有资本运营试点的新战略定位：即以优化央企国有资本布局结构、提高国有资本配置和运行效率为中心，以股权投资基金、金融服务和资本运作为主业，以市场化、专业化运营为基础，将中国国新打造成为能够为央企改革发展做出较大贡献、有效实现国有资本保值增值的一流的国家级资本运营平台。

（二）认真研究探索，明确运营试点各项任务

中国国新在认真总结既有国有资本运营经验的基础上，结合中央精神和试点工作定位，研究明确了运营公司所承担的主要任务。

一是以股权投资基金为主要途径，通过项目投资助力央企技术创新、产业升级、降杠杆、发展混合所有制经济。股权投资基金是中国国新探索发挥中央企业产业升级投资功能、开展市场化资产管理业务的创新举措，是国有资本运作的重要方式和开展试点的有益探索。通过大力筹集社会资本，高效运作股权投资基金，创新国有资本投融资模式，以市场化方式优

化资源配置，有效放大国有资本功能，积极支持央企改革发展，从而优化央企国有资本布局结构：一方面，通过股权投资基金的项目投资，有效推动国内有关领域重大技术突破、更好发挥产业协同效应，促进央企技术创新和产业升级等；另一方面，通过股权投资基金在管理模式、投资决策和激励约束等方面的体制机制创新，推动合作中央企业加快深化国企改革的步伐，进一步显现扩大股权投资基金在深化改革方面的示范效应和影响力。

二是搭建央企金融服务平台，实现产融结合、以融促产，提高央企的资金配置和周转效率。金融服务平台作为运营公司的核心业务板块，对中国国新更好地从事资本运作、支持中央企业改革发展具有十分重要的意义。中国国新以设立国新资本有限公司（以下简称“国新资本”）为起点，搭建央企金融服务平台，聚焦金融服务，立足于央企存量资金盘活、“两金”压缩、国际贸易外币汇兑等业务，以资金合规调剂使用、商业保理、金融租赁、融资租赁、互联网交易和保险经纪等金融服务途径，推动央企提质增效、产融结合、以融促产，加快央企产业转型升级，降低央企资产负债率和融资成本，提高央企资产使用和周转效率。中国国新还积极向银行、证券、保险、信托等金融相关领域延伸，大力拓展新业务、新市场，致力于打造全牌照大型综合金融服务平台，为央企改革发展提供更加全面、高效、优质的金融服务。

三是运作国有股权，提高其市场价值和变现收益，并将变现资金投入国有资本“三集中”领域。股权运作是中国国新开展国有资本运营的重要载体，重点服务于央企国有资本布局调整、产业升级、“一带一路”建设和改革发展等战略目标，依托市场化、专业化的股权运营管理，开展股权分类处置与资产证券化、市值管理与策略性投资、重组并购与投融资顾问等业务。通过股权运作、价值管理、进退流转等方式，促进国有资本合理流动，推动国有资本向关系国家安全、国民经济命脉和国计民生的重要行业和关键领域、重点基础设施集中，向前瞻性战略性产业集中，向具有核心竞争力的优势企业集中，有效提高国有资本配置和运营效率。

四是搭建专业平台公司，处置央企的不良资产和非主业资产，通过重组整合，实现扭亏为盈、提高效率，助力央企“瘦身健体”、提质增效。中国国新资产管理平台是面向央企开展管理创新、资产管理与重组整合、资源优化配置、法人层级调整和资产清理处置的整合运作中心。资产管理聚焦于非主业资产及低效国有资本的整合，以促进央企结构调整和提质增效为目标，以市场化、专业化服务为抓手，充分发挥多业务平台战略协同功能，以增量投资、股权置换、债转股、引入战略投资者、流转变现、清理处置等方式，着力为有关央企业务优化整合、化解过剩产能、改革脱困和剥离办社会职能等提供专业服务，全力打造国内一流、行业领先、共赢共生的卓越资产管理平台。

（三）结合发展经验，明确试点运营模式

在明确公司战略定位和主要任务的基础上，中国国新结合多年发展经验，研究确定了有效的运营模式。

一是以提高央企国有资本配置和运行效率为目标，以金融业务、股权投资、股权变现和资产重组整合为资本运作途径，不承担发展实体产业的使命，也不追求对实体产业和实体企业的控制。这种运营模式的特点是中国国新自主开拓业务，自己负责筹集资金，履行出资人职责的定位是管资本而不管企业，重点是将自身的经济效益与服务央企有机结合。

二是中国国新作为各类平台公司的控股股东或第一大股东，长期持股或者在存续期内持股；对于因开展业务需要而持有产品生产经营企业股权的，一般情况下不控股且阶段性持股。

三是在管资本的原则下有效履行出资人职责，不与所出资企业建立母子公司管理体制。

四是既要运作央企存量资产，又自行筹集社会资本并用于央企改革发展。

三、建体系、搭板块、抓落实，国家级资本运营平台建设取得阶段性成果

依照确立的战略定位、重点任务和运营模式，中国国新依托投资基金、金融服务、资产管理和股权运作等板块，充分发挥国有资本流动重组、布局调整的市场化专业化平台作用，努力打造成为一流的国家级国有资本运营公司，各项工作取得积极进展，经营效益不断提升，实现了稳健起步和良好开局。

（一）建立完善运营管理体系，为国有资本运营公司试点保驾护航

1. 调整完善组织架构，为试点工作开展提供组织保障

根据试点的战略定位及主要任务，中国国新打造了以四大业务平台公司为支撑、以完善的总部职能为基础、高效运作与防范风险相结合、各业务板块协同发展的组织架构。中国国新新设股权运作平台公司和金融服务平台公司，充实和完善了现有投资基金平台公司的业务，并以划入企业为基础改组资产管理平台公司。中国国新总部增设了金融事业部、基金管理部、股权代表管理部，充实和完善了财务部、投资部、资产部等部门在资本运营方面的职能，初步建立了与国有资本运营公司功能定位相适应的组织架构。

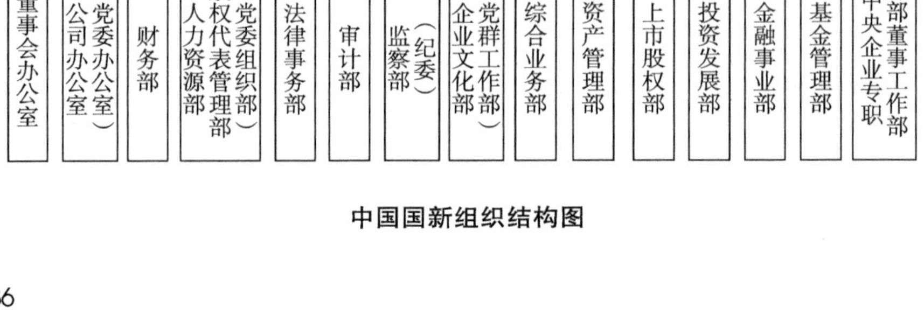

中国国新组织结构图

2. 建立健全制度体系，为试点工作开展提供制度保障

中国国新已建立起包括董事会运作、股东事务管理、投资管理、财务管理、产权管理、人力资源管理、党建管理等相关管理制度在内的比较完善的制度体系。特别是结合国有资本运营公司实际，按照管资本的要求和《公司章程》，中国国新研究制定了《股东事务管理暂行办法》和《股权代表管理暂行办法》，这是中国国新开展试点工作的创新尝试。为加强公司业务生态圈建设，《中国国新公司业务生态圈建设指导意见》也已于2017年正式印发实施。

下一步，中国国新还将结合运营公司试点的需要和业务特点，不断完善现行制度管理体系，重点加强内部控制和风险管理制度建设，使制度管理体系与公司的目标定位和现实需要相匹配。

3. 建立市场化选人用人机制，为试点工作开展提供人才保障

中国国新以职业经理人制度为重点，优化市场化的选人用人机制，拓宽选人用人渠道，建立市场化的选聘、考核评价、薪酬激励约束和退出机制，主要措施包括以下几个方面：

一是优化人员选聘工作，推行职业经理人制度。在对岗位需求情况进行充分研究，明确人员遴选标准后，中国国新通过人才库搜索、对外公开招聘、猎头推荐等方式在总部和部分板块公司开展市场化选聘工作，聘请专业的第三方背景调查公司，对候选人进行背景调查，确保录用人员符合岗位需求，并与其签订市场化用工合同。仅2017年上半年就选聘关键岗位人才46人，其中，总部部门负责人及资深经理以上人员4人，出资企业及板块公司负责人2人。

同时，在部分二级公司及总部部门开展内部公开竞聘工作。2016年1月，文发集团董事会参照市场化选聘职业经理人的方式，通过集团内部公开竞聘选聘了总经理。2016年3月，为配合公司股权运营与投资、金融服务等核心业务的开展，公司组织了国新投资有限公司、国新资本等板块公司主要负责人的市场化选聘工作，引进了2名主要负责人；同时采用市场

化的方式引进资深经理 1 名，负责筹建中央企业财务公司。对这些通过市场化方式选聘的企业负责人，在选聘之初，中国国新就明确，实行领导人员任期制，如果干得不好，就要免去职务回市场，中国国新不负责安排工作。

目前，市场化选聘职业经理人已经成为中国国新部、司负责人选聘的主要方式。在中国国新推动下，板块公司也建立了自己的市场化选人用人制度，市场化选聘团队的骨干。

二是建立强激励、硬约束、差异化的考核分配管理制度。中国国新参考市场上同行业、同规模公司主要负责人的薪酬水平确定板块公司主要负责人的薪酬。金融、投资、基金等板块公司负责人目标薪酬主要以市场对标为基础，参照市场上同行业、同规模公司主要负责人的基薪和绩效薪酬水平来确定。中国国新按照“目标薪酬实行市场对标，参考市场上同行业、同规模公司的主要负责人薪酬水平确定”的思路，收集了一批同类公司负责人薪酬制度及实际支付数据，并依据中国国新确定的经营业绩水平或投资回报率水平，确定这些主要负责人薪酬的市场分位值。

在此基础上，中国国新对所出资企业主要负责人的考核切实做到了“一企一策”，实行不同的考核指标体系和计分办法；薪酬与业绩挂钩办法也做了相应的安排，负责人年度绩效薪酬实行“上不封顶、下不保底”；在基金板块按照公司确定的投资回报目标水平确定考核基准，并建立奖励机制和管理费部分勾回机制；此外，在国新基金管理公司实行核心骨干现金出资入股制度。

三是公司总部强力支持业务板块的市场化用人机制。公司总部不仅大力推动，而且高度重视维护业务板块的市场化用人机制。中国国新规定，公司总部不直接向市场化运作的业务板块派遣总部人员并享受该板块的市场化薪酬，总部部门负责人有意愿去业务板块工作，需先辞去在总部的职务进入市场，由业务板块从市场中选。

四是不断优化劳动合同管理，建立市场化的用工制度。中国国新以考核为基础，以岗位胜任度为维系劳动关系的最主要判断依据，做到以岗位需求、岗位胜任能力为依据开展劳动合同的周期管理。切实开展不胜任岗位人员的管理，经过培训、调整仍不胜任岗位的情况，依法解除劳动关系。

通过深化选人用人制度改革，探索建立职业经理人制度，公司逐步形成了市场化程度高、专业化能力强的职业经理人队伍和专业人才队伍，为试点工作各项业务开展提供了一流的人才支撑。

4. 加强和改进党建工作，为试点工作开展提供政治保障

中国国新深入贯彻落实中央关于在深化国有企业改革中加强和改进党对国有企业领导的要求，在集团各级单位规范扎实推进党建工作。

一是建立完善企业党建工作责任体系。结合巡视整改工作要求，中国国新党委研究起草并形成了以《中国国新加强党建和反腐倡廉工作指导意见》为顶层设计与统领、以中国国新党委《党风廉政建设责任制实施办法》《进一步加强"三重一大"决策制度的意见》为重要支撑、以《中国国新纪委信访举报与案件检查工作暂行办法》《中国国新新闻宣传工作管理暂行办法》和《中国国新党建工作考核评价暂行办法》等为重要配套的文件与制度体系，确保在深化改革中党的领导和建设得到切实加强，为企业改革发展提供坚强支撑和有力保障。

二是把党建工作纳入领导班子综合考核。2016 年 4 月，中国国新印发了《党建工作考核评价暂行办法》，该办法体现了党中央关于加强党建工作的精神和要求，考核评价内容主要分为思想建设、组织建设、作风建设、廉政建设、制度建设、表彰奖励六个考评项目，基本涵盖了党建工作的各个方面。年底前，按照国资委党委工作部署，中国国新党委结合实际研究制定了《关于开展所出资企业 2016 年党风廉政建设工作和领导班子成员落实一岗双责考评实施方案》和《关于中国国新二级单位党组织书记抓党建述职评议方案》，其中，将述职评议考核结果引入所出资企业党风廉政建设工作考核，占党风廉政建设工作考核权重的 20%；党风廉政建设工作考核结果将与领导班子综合绩效考核挂钩，考核评价结果为"合格"的，综合绩效考核评价结果不能为"优秀"，党建工作年度考核评价结果

为“不合格”的单位，综合绩效考核评价结果为不称职，并予以通报批评、限期整改，取消本年度各类评选表彰的参评资格。

三是落实企业管党治党主体责任。中国国新党委始终牢记管党治党责任是最根本的政治责任，组织党员干部认真学习贯彻习近平总书记系列重要讲话精神，与以习近平同志为核心的党中央保持高度一致，做政治上的“明白人”。公司党委多次召开专题会议学习贯彻中央有关会议精神。为进一步贯彻落实全国国有企业党的建设工作会议精神，公司党委研究提出 5 个方面 15 条具体工作措施，使党委发挥领导作用落在实处。

四是把加强党的领导和完善公司治理统一起来，将党建工作总体要求纳入公司章程。按照中央精神，根据国资委统一部署，为进一步明确党组织在公司法人治理结构中的法定地位，2016 年中国国新先后两次启动《公司章程》修订工作，将党建工作总体要求纳入《公司章程》，明确党委发挥领导作用，把方向、管大局、保落实，依照规定讨论和决定企业重大事项。同时，中国国新指导和督促各所出资企业做好相关工作，要求其在公司章程中增加有关党建工作总体要求的规范表述。

五是加强党的基层组织建设。中国国新党委书记、董事长由一人担任，设立专职党委副书记。公司党委认真做好党员组织关系、党费收缴、基层党组织按期换届和党代表、党员违纪违法未给予相应处理情况的专项排查工作。公司不断健全以职工代表大会为基本形式的民主管理制度，保障职工参与管理和监督的民主权利。

六是加强党风廉政建设和反腐败工作。中国国新党委认真贯彻落实中央八项规定精神，驰而不息纠正“四风”，正风肃纪持续加力。2016 年起，中国国新各级党组织做到层层签订党风廉政建设责任书，切实落实各级企业主要领导人党风廉政建设责任，全面实施主体责任、监督执纪问责职责“双报告”制度。

5. 强化内部监督，为试点工作开展提供安全保障

中国国新建立内部审计向企业董事会负责的工作机制。中国国新内部

审计工作由公司董事长分管，未设立董事会的所出资企业由主要负责人分管。董事会定期听取内部审计工作的全面汇报，依法审议批准企业年度审计计划和重要审计报告。董事会审计与风险管理委员会加强对内部审计工作规划、年度任务、审计质量、问题整改和队伍建设等重要事项的管理和指导。未设立董事会的所出资企业，比照上述要求，加强内部审计工作的领导与管理。建立班子成员定期听取审计问题汇报，形成对审计问题整改落实齐抓共管的机制。

中国国新向二级所出资企业委派监事，并提名监事会主席人选。内部监事会按照相关规定对所出资企业的董事会或其他重要决策会议均出席或派代表出席，从出资人的角度提出意见和建议，以维护公司整体利益为出发点，紧密配合董事会工作。各所出资企业严格执行“六要六不”行为规范，为监事会开展监督检查工作创造良好环境。

中国国新建立境外产权报告制度，要求所出资企业定期向中国国新报告境外产权事项，组织所出资企业填报《中央企业境外国有产权管理状况明细表》，根据需要对境外资产开展审计工作。加强境外资金和银行账户管理工作，实行境外公司资金半月报制度，按要求报送境外子企业财务快报和财务决算报表，准确、全面、真实反应境外资产与经营状况，并加强境外财务情况分析，促进提升境外国有资产运营效益。

中国国新针对监事会年度监督检查情况的通报及风险提示函中指出的问题和各类审计中发现的问题，建立“问题清单”，实行“对账销号”，并及时上报整改情况报告；对没有及时完成整改工作的事项，做好动态跟踪，及时了解其最新进展情况，督促整改；在审计发现的重大决策失当、重大管理漏洞和不当作为，按要求调整账务、完善制度、追索损失，有效发挥审计监督对加强管理的作用。

（二）管理基金规模超过 5000 亿，国新系基金实现跨越式发展

中国国新高度重视以股权投资基金模式引领和带动社会资本，以增量

投资优化国有资本布局结构，已逐步形成系列化、差异化、协同化的国新基金系，基金总规模超过 5000 亿元，首期到位资金达 2265 亿元。

1. 设立中国国有资本风险投资基金，助力央企科技创新

2016 年，为贯彻落实习近平总书记关于“要考虑组建国有资本投资公司或运营公司，设立国有资本风险投资基金，用于支持创新型企业包括小微企业”的指示精神，经国务院同意、国资委批准，中国国新作为主发起人和控股股东，联合中国邮政储蓄银行股份有限公司、中国建设银行股份有限公司、深圳市投资控股有限公司等机构共同发起设立中国国有风险投资基金（以下简称“国风投基金”），首期规模 1020 亿元，未来总规模将达到 2000 亿元。基金重点服务于央企技术创新、产业升级，致力于支持国家重大科技创新产业化、创新型企业和小微企业发展，并将进一步发挥国有资本辐射和带动作用，放大国有资本功能、带动社会投资，打造资本与产业技术高度融合、运转高效、专业精益、风控严密、回报良好的基金群。

国风投基金以贯彻落实国家创新驱动发展战略、大力支持企业创新为宗旨，始终坚持服务国家战略、服务央企发展的基本定位，根据国有企业功能定位和国有资本保值增值要求，开展市场化、专业化基金运作，以国有资本为基石投资，吸引中央企业存量资金和社会资金投入，充分利用多层次资本市场的资产配置方式，改善和提升国有资本配置和运营效率，促进经济发展和科技创新。

国风投基金主要投向：**一是**符合国家创新驱动战略方向的项目，包括但不限于新一代信息技术、智能绿色制造、空间和海洋产业、资源高效利用和生态环保、智慧城市和数字社会；**二是**符合国家“十三五”规划明确的创新领域、重点发展项目，包括但不限于先进半导体、机器人、物联网、增材制造、智能系统、新一代航空装备、空间技术综合服务系统、智能交通、高效储能与分布式能源系统、智能材料、高效节能环保、虚拟现实与互动影视等新兴前沿领域创新和产业化；**三是**与国家制造产业升级相

关，且具有可持续商业价值的重大工程项目。

在筛选投资项目上，国风投基金不断加强在战略性新兴产业的布局，围绕国务院印发的《“十三五”国家战略性新兴产业发展规划》提出的七大战略性新兴产业（节能环保、新一代信息技术、生物、高端装备制造、新能源、新材料和新能源汽车）和《中国制造2025》提出的制造强国战略目标，全面推进项目前期研究、储备、开发和投资等工作。目前，已储备一批与央企具有良好协同效应和可以填补国内空白甚至全球领先的投资项目，并已明确一批重点项目，加大推进力度。截至2017年8月底，国风投基金已决策终审9个直投项目和6个子基金项目，涉及投资额约340亿元，已支出投资额137.26亿元，其中，中央企业投资项目占比80.14%；投资领域涉及机器人、人工智能、大数据、移动金融、节能环保、生物技术、电动汽车、新材料、新能源等领域，可填补我国相关领域技术空白，且部分项目技术处于国际一流水平。由国风投基金领投的中船重工债转股项目，对落实党中央、国务院关于国有企业降杠杆的精神，支持国家重大装备制造企业发展，维护国防安全，实施海洋强国战略发挥了重要作用，也为其他企业探索出了一条市场化、法治化债转股的可行路径。

基金助推中央企业改革发展

2. 设立国新央企运营基金，助推央企深化改革

为助推央企“瘦身健体”、提质增效、深化改革，切实增强央企活力、影响力、抗风险能力，中国国新于 2017 年 4 月牵头成立国新央企运营基金，基金总规模 1500 亿元，首期到位 500 亿元，中国国新、广州市政府各出资 100 亿元，浦发银行出资 300 亿元。基金以有限合伙制形式组织，按照市场化机制运作；国新央企运营基金成立后，将与国风投基金形成协同、互补效应，共同推动国有企业布局结构持续优化，促进运行质量和效率不断提升，促进国有资本合理流动，实现国有资产保值增值和社会资本稳健收益。

在投资方向上，国新央企运营基金主要围绕深化国企改革主题，重点投资于央企供给侧结构性改革、混合所有制改革、股份制改制上市、资产证券化、并购重组等兼具社会效益和经济效益的项目，服务产能过剩行业央企去产能、去库存；帮助运行稳定成熟行业央企去杠杆、降成本；支持行业技术水平较高、具有良好发展前景行业央企补短板；在优质资产证券化领域聚焦股权运营，优化国有资本布局结构，服务国有企业提质增效、创新发展，推动实体经济的良性发展。

截至 2017 年 8 月底，国新央企运营基金已决策项目 1 个，涉及投资 50 亿元；已立项项目 2 个，涉及投资 27 亿元；已储备多个项目，涉及金融、新能源、矿产等多个领域。

3. 设立国新国同基金，支持央企国际化经营

为撬动更多社会资本支持中国企业“走出去”，中国国新于 2016 年 11 月底设立国新国同基金，基金总规模 1500 亿元，首期募集资金 700 亿元。国新国同基金投资主要支持央企开展国际产能合作、重大国际工程承包、高端制造领域国际并购，并兼顾央企境内创新发展（参与央企 3D 打印项目），促进央企补短板、去产能、去库存。

国新国同基金设立以来运行良好，截至 2017 年 8 月底，共完成项目预审 7 个、投资 149 亿元；完成项目投资决策 5 个、涉及投资 115 亿元，全

部为国有企业投资项目。

4. 设立国新科创基金，服务央企转型升级

为进一步服务央企提质增效、转型升级，中国国新于2014年8月发起设立国新科创股权投资基金（有限合伙）（以下简称“国新科创基金”），委托国新基金管理有限公司运营管理，已完成募集资金45.45亿元。国新科创基金以服务中央企业和市场化结合为主，重点投向央企、地方国有企业、大型民族企业科技创新进入产业化发展阶段的项目，重点关注节能环保装备及服务、新一代信息技术、新能源及高效能源利用、高技术服务业、高端装备制造、生物医药及医疗设备、新材料制造及应用、新能源汽车关键零部组件等行业领域中的重大项目，以促进科技创新成果产业化。同时为进一步提高投资回报，国新科创基金适度投资央企和地方国有企业、中央级大型机构、大型民族企业的资产证券化项目，获得合理投资收益。在未来基金投资过程中，国新科创基金按照产业链、价值链将对上述领域进行分解，瞄准价值高地、产业短板、转型升级的关键环节开展投资布局，并结合我国产业结构调整以及城镇化的巨大需求，挖掘高成长行业的龙头和新经济中蕴含的投资机会，实现基金价值增值。

截至2017年8月底，国新科创基金共决策投资项目8个，项目涉及央企重组、核电建设、互联网和环保等领域，决策投资金额36.5亿元，已投资金额30.5亿元。基金成立以来运营良好，截至2016年底，年化收益率达13.3%，部分项目年化收益率超过20%。

此外，中国国新还积极推动设立国新央地共同发展基金，促进地方国有企业改革及产业发展，相关工作正在积极推进过程中。

（三）助力央企提升资金配置能力，金融服务平台功能不断完善

自成为运营公司试点企业以来，中国国新加快完善央企金融服务平台功能，以服务央企为宗旨，以最大限度发挥央企整体资源优势、充分满足央企金融服务需求为切入点，重点围绕“三去一降一补”改革等，着力支

持央企提质增效、改革发展。

国新商业保理有限公司（以下简称“商业保理公司”）2016 年 7 月正式成立以来，以“立足央企、循序渐进、优势发展、综合布局”为原则，以为央企提供高质量的保理金融服务为己任，逐步走上了既有效满足央企压降应收账款、提质增效，又兼顾实现自身良好经济效益的差异化、盈利式、健康可持续发展之路。截至 2017 年 8 月底，商业保理公司累计向 50 多家央企提供保理融资服务 195.86 亿元，保理资产余额 138.9 亿元，为央企压降“两金”、去杠杆发挥了积极作用，目前已成为国内最大的商业保理公司。

国新融资租赁有限公司（以下简称“国新融资租赁”）2016 年 11 月 28 日成立以来，以服务央企为战略定位，以央企需求为创新导向，积极响应党中央、国务院“三去一降一补”、国资委“压降两金”的政策要求，结合融资租赁的实际特点，提出建设资产处置服务平台、存货周转消化平台、负债现金流调节平台、省息节税融资服务平台、新兴领域投资支持平台等五大平台目标，集中力量开展业务模式创新，目前存货租赁项目已成功落地，创新战略初见成效。截至 2017 年 8 月底，国新融资租赁已向 10 余家央企投放融资租赁项目款 82.27 亿元，租赁资产余额 68.3 亿元，储备央企租赁项目 169 亿元，为央企提质增效、转型升级作出了积极贡献。

浙江南湖金融资产交易中心有限公司于 2017 年 3 月正式开业，获得了开展定融、投资收益权、实物、不良债权等业务资格，致力于率先建成国内“智能化 + 交易所 + 跨境业务”的金融资产交易平台，为金融改革和央企、国资改革提供综合金融服务。

国新汇通保险经纪有限公司（以下简称“国新保险经纪”）于 2017 年 6 月获得中国保监会颁发的经营保险业务许可证。以此为契机，国新保险经纪充分挖掘前期储备项目，大力开展央企保险统保业务、装备制造类央企首台套保险业务、央企员工综合保险业务、产权经纪业务、保险资金与央企对接业务，在为央企及央企员工提供保险服务的同时，实现了自身的快速发展。

此外，中国国新深入推进综合金融服务平台建设，积极探索新设或并购财务公司、商业银行、保险公司、证券公司等，不断健全金融服务能力。

（四）助推央企资产重组整合，资产管理平台完成多项重大任务

为贯彻落实党中央、国务院关于推进供给侧结构性改革、剥离国有企业办社会职能和中央企业“瘦身健体”、提质增效等精神，中国国新积极参与央企有关资产整合工作。

中国国新会同中煤集团，联合诚通集团、神华集团于2016年7月8日正式组建央企煤炭资产整合平台国源时代煤炭资产管理有限公司（以下简称“国源公司”），国源公司主要通过资产管理、委托经营、资本运作等方式，配合落实中央企业化解煤炭过剩产能任务，推动涉煤央企煤炭业务优化整合，促进有关央企脱困发展。国源公司已先后推进完成了国投、中国中铁、保利集团等涉煤央企以及中煤集团有关煤炭资产划转移交，认真做好前期商谈、现场调研、协议拟定、签约仪式、交接过渡以及资料保管等各环节工作，仔细核实数据，夯实资料质量，力求高质高效，发挥了应有作用。以上企业共移交划转总资产880多亿元、煤炭总产能超过1亿吨、煤炭资源储量300多亿吨、员工57000多人。通过一年的整合工作，帮助三家中央企业退出全部煤炭业务，聚焦主业发展，同时实现了专业煤炭央企产量提升、规模壮大，在推动落实煤炭去产能方面发挥了重要作用。

积极配合大唐煤化工企业中新能化科技公司重组脱困工作。中国国新正在积极推动国新系基金与拥有自主知识产权、煤气化技术领先的企业合作，探索通过技术改造促进中新能化扭亏脱困的可行性。

同时，中国国新对铁塔公司投资77.6亿元、对北方公司投资15亿元，并各派出一名董事，积极支持其专业化重组和改制、上市等工作；参与航材共享平台等央企有关资产专业化重组整合工作；参与华龙国际改革重组工作。

按照中央深化国有企业改革的精神和战略部署，国有企业改革已经进入“攻坚区”和“深水区”，面临的形势更加严峻，任务更加艰巨。作为支持优化中央企业布局结构调整的重要平台，中国国新将在推动中央企业改革发展中发挥更大的作用，使命光荣，责任重大。中国国新成立时间不长，在国有资本运营方面还有很长的路要走，未来将更加深入探索研究国有资本运营有效途径，不断创新业务模式，为中央企业改革发展，做强做优做大国有企业，不断增强国有经济活力、控制力、影响力、国际竞争力、抗风险能力发挥新作用，做出新贡献。